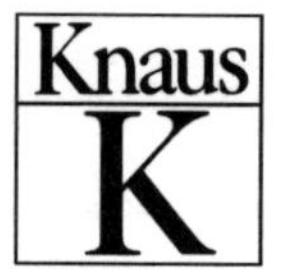
Knaus
K

Margret Greiner

Charlotte Salomon

»Es ist mein ganzes Leben«

KNAUS

Alle kursiv gesetzten Texte sind wörtliche Zitate.

Die Bilder aus Charlotte Salomons Werk *Leben? oder Theater?* sind vom Joods Historisch Museum in Amsterdam ins Internet gestellt worden: http://www.charlotte-salomon.nl/collection/specials/charlotte-salomon/leben-oder-theater und unter der jeweiligen Nummer aufzurufen.
Die von Charlotte Salomon hinzugefügten Musiktitel stehen jeweils unter den Bildern und können parallel angehört werden.

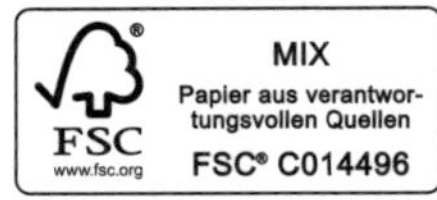

Verlagsgruppe Random House FSC® N001967

1. Auflage

Dieses Werk wurde vermittelt durch Aenne Glienke/
Agentur für Autoren und Verlage, www.AenneGlienkeAgentur.de.
Redaktion: Cornelia Adomeit
Umschlaggestaltung: Favoritbuero, München
Satz: Buch-Werkstatt GmbH, Bad Aibling
Druck und Bindung: GGP Media GmbH, Pößneck
Printed in Germany
ISBN 978-3-8135-0721-8

www.knaus-verlag.de

Für Bernhard

Das war, wenn ich beim Tuschen saß. Die Farben, die ich dann mischte, färbten mich. Noch ehe ich sie an die Zeichnung legte, vermummten sie mich selber. Wenn sie feucht auf der Palette ineinanderschwammen, nahm ich sie so behutsam auf den Pinsel, als seien sie zerfließendes Gewölk.

Walter Benjamin, Berliner Kindheit um Neunzehnhundert

Leben? oder Theater? Kein Werk kann mich besser daran erinnern, für was es sich im Leben zu kämpfen lohnt … Sie [die Bilder] sind einfach mein Gegengift gegen Gleichgültigkeit.

Jonathan Safran Foer

Prolog

Sie hätten ein Flugzeug nehmen können, von Amsterdam nach Paris fliegen, dann umsteigen nach Nizza. Es war nicht der enorme Preis, der sie abhielt, obgleich sie aufs Geld schauen mussten. Aber es stand für sie außer Frage, dass sie mit dem Zug fahren würden, wenn sie sich auf die Suche nach Spuren der letzten Jahre von Charlottes Leben begeben wollten.

Auch wenn die Fahrt von Amsterdam an die Côte d'Azur einer anderen Route folgte als von Berlin nach Villefranche und die Voraussetzungen zwei Jahre nach Kriegsende völlig andere waren als im Januar 1939, als sie Charlotte zu den Großeltern geschickt hatten, so waren sich Albert und Paula Salomon einig, dass die langsame und zögernde Annäherung mit der Eisenbahn die einzige Option war, sich diese Reise zuzumuten. Sie konnten Nebenstrecken wählen, Zwischenhalte einlegen und sogar den Entschluss fassen umzukehren, wenn sie sich nicht gewappnet fühlten, der Vergangenheit ausgesetzt zu werden – und der Trauer, die durch die lokale Nähe zum Leben und Tod ihrer Tochter noch tiefer dringen würde.

Immer wieder wogen sie das Für und Wider dieser Reise ab, und schließlich war es die resolute Paula, die eines Abends sagte:

»Albert, wir fahren. Das sind wir Charlotte schuldig, auch wenn es uns schwerfällt. Sonst finden wir nie Ruhe. Und vielleicht entdecken wir in Villefranche nicht nur Spuren des Leids, sondern auch solche von Charlottes Glück, das könnte uns trösten.«

»Und die Spuren ihres Unglücks, können wir die ertragen?«, hatte Albert gefragt und war in tiefes Schweigen verfallen.

Jetzt saßen sie im Zug, jeder in seine Gedanken und Empfindungen versponnen. Sie fuhren über Brüssel nach Frankreich, der Zug hielt lange in Reims, sie schauten aus dem Fenster, ob die Kathedrale zu entdecken war. Sie fuhren durch das Département Marne et Champagne, und Albert Salomon dachte daran, wie diese Erde getränkt war vom Blut Hunderttausender deutscher und französischer Soldaten, die in den Schlachten des Ersten Weltkriegs ihr Leben gelassen hatten. Als er damals als hochdekorierter Offizier von Frankreich nach Berlin zurückgekehrt war, hatte er es für undenkbar gehalten, dass sich auf Europas Boden jemals wieder Menschen in einen Krieg hineinziehen lassen würden. Aber es hatte nur 25 Jahre gedauert, nur eine Generation, bis erneut deutsche Truppen in Frankreich einfielen. Jetzt überdeckten Sonnenblumenkulturen die Schlachtfelder.

Manche Bahnhöfe sahen zwei Jahre nach Kriegsende immer noch aus wie Ruinen, nur die Gleise waren repariert. Dörfer erweckten aus der Ferne den Eindruck ländlicher Idylle, aber der Blick in die Städte eröffnete melancholische Bilder nicht behobener Schäden: halb zerstörte Häuser, deren Ruinen wie grotesk verbogene Zinken einer Heugabel in den Himmel ragten, Schutthalden, wo einst Parks angelegt waren, aufgerissene Bürgersteige. Ramponierte Busse fuhren langsam durch die Straßen, als suchten sie Wege, aber kein Ziel. Abgemagerte Hunde wühlten im Abfall nach Fressbarem. Nur die Kinder schienen unberührt von den Nachwehen des Krieges: Sie hüpften über aufgebrochenes Straßenpflaster und spielten Fangen, auf ihren Rücken trugen sie Tornister mit altmodischem Fellbesatz, mit denen vielleicht schon ihre Eltern zur Schule gegangen waren.

»In Berlin müssen die Schäden noch viel schlimmer sein«, sagte Paula.

Albert reagierte unvermutet heftig: »Berlin gibt es für mich nicht mehr. Ich werde nie wieder nach Deutschland zurückkehren, nie.«

Sie schwiegen. In der Champagne sahen sie erste Weinberge. Anders als an Rhein und Mosel wuchs der Wein hier nicht an Hügeln, sondern auf flachen Feldern, die Rebstöcke waren niedrig, die Trauben mussten mehr liegend als gebückt geerntet werden.

In Dijon verließen sie den Zug, um zu übernachten. Es war schwer, ein Hotel zu finden, aber schließlich hatten sie Erfolg, weil Albert fließend Französisch sprach. Der Patron gab sich äußerst reserviert und ließ die beiden Deutschen seine Abneigung spüren. Auch wenn sie zu alt waren, um aktiv am Krieg teilgenommen zu haben, waren sie wie alle Deutschen Nazis gewesen, daran gab es für ihn keinen Zweifel. Doch als Paula sich anschickte, den Wirt aufzuklären, hinderte Albert sie daran.

»Er hat ja recht. Denk daran, was die Deutschen angerichtet haben.«

»Aber …«

»Halt dich um Gottes willen zurück. Wir wollen uns nicht als Opfer aufspielen. Und vielleicht hat er etwas gegen Juden. Lass uns zum Bahnhof gehen.«

Burgund, das mit seinen sanften, mit Wein bestandenen Hügeln und den im Sonnenlicht leuchtenden Dächerlandschaften an ihrem Zugfenster vorüberglitt, war so anmutig, dass es etwas Unwirkliches ausstrahlte, wie auf Glas gemalte Bilder, die von einer Laterna magica an die Wand projiziert wurden. Und als hinter Lyon die Vegetation immer mediterraner wurde, Oleander die Bahndämme säumte wie in Deutschland Ginsterbüsche und Bougainvilleen sich in einer Üppigkeit verschwendeten, als hätte es niemals auf dieser Erde Mangel und Kargheit gegeben, da sagte Albert, als sie sich Marseille näherten, wo sie umsteigen mussten in den Zug nach Nizza: »Unter diesem Himmel und in diesem Licht hat Charlotte gelebt« – und ein Abglanz dieses Lichtes erschien auf seinem verschlossenen Gesicht und öffnete die strenge Falte zwischen seinen Brauen.

Sie wussten seit zwei Jahren, dass Charlotte tot war, ermordet in Auschwitz. Das Jewish Search Centre in London hatte ihnen eine Nachricht zugesandt.

»Wieso Charlotte Nagler?«, hatte Albert zunächst gefragt und für einen Augenblick gehofft, es könne ein Versehen sein, nicht seine Tochter sei den Nazis zum Opfer gefallen.

Aber die Hoffnung war der Wahn einiger Sekunden, der mit dem Zusatz »née Salomon« erlosch. Charlotte musste im Exil geheiratet haben.

Albert und Paula hatten den letzten brieflichen Kontakt zu ihr unmittelbar nach dem Tod der Großmutter im Jahr 1940 gehabt, von Charlottes letzten Jahren wussten sie nichts, auch nichts vom Tod Ludwig Grunwalds, des Großvaters. In ihren ersten Briefen aus Villefranche hatte Charlotte immer wieder Madame Ottilie Moore erwähnt: »meine einzige Freundin«, »die Frau, die mich versteht, die mich als Künstlerin ansieht«.

So hatte Albert in wohlgesetztem Französisch einen Brief an Mrs. Moore in der »Ermitage« in Villefranche-sur-Mer geschrieben und sie um ein Treffen gebeten. Mrs. Moore hatte nicht geantwortet, vielleicht lebte sie gar nicht mehr in Villefranche, vielleicht lebte sie überhaupt nicht mehr. In Charlottes Briefen tauchte auch mehrfach ein Dr. Moridis auf, der der Großmutter in ihrer Krankheit sehr geholfen habe. Die Municipalité von Villefranche, bei der Albert schriftlich die Adresse des Dr. Moridis erbeten hatte, schickte nur ein Formschreiben, dass persönliche Daten von Bürgern der Stadt nicht weitergegeben werden dürften.

So fuhren sie ins Dunkle, ins Ungefähre, hofften, etwas von Charlottes Leben in Villefranche zu erfahren, mussten aber darauf gefasst sein, nach kurzer Zeit wieder den langen Heimweg anzutreten, ohne jegliche Erkenntnis.

Sie sprachen nicht von ihren Befürchtungen. In Nizza logierten sie in einem Hotel nahe dem Bahnhof, nahmen ein ruhiges Zimmer mit Blick in den Innenhof. Charlotte und ihr Mann hatten vier Tage in diesem Hotel gewohnt, kaserniert durch SS-Hauptsturmführer Alois Brunner, der die Gefangenen in diesem Hof hatte foltern und demütigen lassen, während aus den angrenzenden Häusern Franzosen aus den Fenstern zugeschaut und sich am makabren Schauspiel ergötzt hatten. Aber das wussten Albert und Paula nicht.

Ein Bummelzug brachte sie am nächsten Tag nach Villefranche-sur-Mer. Der Bahnhof war winzig und wirkte schäbig. Von den Bodenkacheln im Bahnhofsgebäude, helle Fliesen mit Blumendekor, waren viele gesprungen und so angeschmutzt, dass sie allen Charme verloren hatten. Es gab keine Taxis. So mussten sie sich zu Fuß auf den Weg in den Ort machen: zwei sehr formell gekleidete Menschen, die sich sehr fremd fühlten. Albert schleppte zwei schwere Ledertaschen – als Kavalier alter Schule hätte er Paula niemals erlaubt, sich mit dem Gepäck abzumühen. Paula trug einen Hut.

Es war nicht schwer, den Weg zur Ermitage zu erfragen, aber als sie dort ankamen, war das schmiedeeiserne Tor verschlossen. Dahinter war ein großes Gebäude zu erahnen. Durch zerzauste Lorbeerhecken an den Seiten des Tores blickten sie in einen üppig verwilderten Park. Paula und Albert versuchten, um das Areal herumzugehen, die Hecken verloren sich, die Wege endeten vor Steinwällen oder undurchdringlicher Macchie.

Es war ein heißer Tag, Albert setzte die Hitze zu. Unaufhörlich wischte er sich mit dem Taschentuch über den kahlen Schädel, als wollte er mit dem Schweiß auch die sich ausbreitende Enttäuschung wegwischen. Im Rathaus war man zuvorkommend gewesen, Ottilie Moore sei aus Amerika zurückgekommen, sie lebe jetzt in der Altstadt, jeder in Villefranche könne ihnen die Straße zeigen, jeder kenne Madame.

»Ist dir aufgefallen, wie der Beamte ›Madame‹ gesagt hat?«, fragte Paula. »Also, ich habe da jede Menge ironischer Apostrophe mitgehört.«

»Ich nicht«, wiegelte Albert ab. Es bereitete ihm Unbehagen, ohne Voranmeldung einfach an einer Wohnungstür zu klingeln. Hätten sie doch wenigstens eine Telefonnummer herausfinden können. Als niemand öffnete und niemand in der engen Straße zu finden war, den man um Auskunft hätte bitten können, war er fast erleichtert. Ein feines Viertel war das nicht, in das es Ottilie Moore verschlagen hatte. Vor jedem Haus lag Müll, der in der Sonne faulte und stank. Paula schlug vor, in ein Café zu gehen und später einen neuen Versuch zu wagen.

Da sahen sie am Ende der Straße eine Frau in ihre Richtung wanken. Wie von der Sonne um ihren aufrechten Gang gebracht, schlingerte sie hin und her, stützte sich an einer Hauswand ab, drehte zur gegenüberliegenden Seite, blieb dort eine Weile stehen und hielt sich an einer Tür fest, um dann wieder ungewisse Fahrt aufzunehmen. Beim Näherkommen verstärkte sich der Eindruck einer seltsamen Erscheinung; die Frau war groß und korpulent, sie trug, der Hitze zum Trotz, einen warmen Mantel und einen eher für den Winter geeigneten Kapotthut. Entweder ist sie krank, Morbus Menière zum Beispiel mit starkem Schwindel, diagnostizierte der Arzt in Albert, oder sie ist betrunken. Bald wurde ihm klar, das Torkeln kam nicht aus dem Innenohr, es kam aus der Flasche.

Sie hatten sich Charlottes beste Freundin anders vorgestellt, sehr anders. Aber es musste eine enge Bindung zu Charlotte gegeben haben, wie sie erkannten, als sie im Wohnzimmer Ottilie Moores saßen. Die Wände hingen voll mit Bildern, die so unzweifelhaft ihre Tochter gemalt hatte, dass Albert und Paula den Atem anhielten. Wie gern hätten sie die Bilder in Ruhe betrachtet, die Selbstporträts – mindestens zehnmal schaute die gemalte Charlotte sie an, fast immer mit einem fragenden Blick –, die Landschaftsaquarelle, Bilder der Promenade des Anglais in Nizza, Porträts von Kindern.

Aber Ottilie redete und redete. Am Anfang hatte sie stur auf Französisch geantwortet, wenn Paula sie auf Deutsch etwas fragte. Dann wechselte sie ins Deutsche, betonte dabei ihren amerikanischen Akzent. Paula nahm die Konversation in die Hand, fragte nach Charlottes Leben in der Ermitage.

»Sie hat immer nur gemalt«, sagte Ottilie Moore, »sie wollte nichts anderes. Ich habe ihr alle diese Bilder abgekauft. Davon hat sie gut leben können und sich alles leisten, was sie brauchte.«

»Und was hat sie sich geleistet?«, fragte Paula schnell.

Ottilie lachte überspannt, ein kleines Rinnsal Speichel lief ihr aus dem Mund, sie schien es nicht zu bemerken.

»Rien, absolument rien, gar nichts, nur Zeichenblöcke und Farben. Sie war eine Lilie auf dem Feld, bedürfnislos, schweigsam. Wie heißt noch einmal das deutsche Wort, wenn man von allem genug hat, weil man nichts braucht?«

»Genügsam«, half Albert aus.

»Genau«, fuhr Ottilie in ihrem Redeschwall fort, »sie machte sich nichts aus Essen, aus Trinken schon gar nicht und interessierte sich nicht für schöne Kleider. Für nichts, was junge Mädchen lieben. Sie liebte nur ihre Malerei – und das Meer.« Ottilie wies auf ein Fenster, als läge dahinter das Meer. Aber durch die verschlierten Scheiben fiel nur trübes Nachmittagslicht. »Charlotte war eine begabte Künstlerin, eines Tages bringe ich sie in den USA groß raus: Alle diese Bilder werden Höchstpreise erzielen.«

Albert saß in dem Sessel, den Ottilie Moore ihm angeboten hatte, wie ein Erschlagener. Unfähig, sich zu rühren, sich gegen die Anmaßung dieser Frau aufzulehnen, die sich als Charlottes Freundin bezeichnete, aber nur ihre Vermarktung im Sinn hatte, starrte er auf den Boden und schwieg.

Da ergriff Paula erneut das Wort: »Sie können sich vorstellen, was uns diese Bilder bedeuten. Vielleicht könnten wir sie aufteilen und Sie uns die Hälfte geben? Sie werden vermutlich auch nicht alle gekauft, sondern einige von Charlotte geschenkt bekommen haben. Oder sie hat sie Ihnen vorerst in Verwahrung gegeben, weil sie uns nicht erreichen konnte.«

»Das schminken Sie sich mal ab«, fuhr Ottilie sie an. Ihre Stimme war schneidend. »Die Bilder sind mein Eigentum, kein einziges davon gebe ich her. Ich kann mit ihnen machen, was ich will.« Wie von einer plötzlichen Wut gepackt, nahm sie einige Bilder von den Wänden, löste sie aus den Rahmen und zerriss sie vor den Augen ihrer Besucher. »Das ist Didi, meine Tochter«, sagte sie und zeigte auf die Fetzen, »ich habe die Bilder nie besonders gemocht, sie sind ihr gar nicht ähnlich.«

Albert wand sich. Dieser Auftritt war so unglaublich taktlos und peinlich, dass er es nicht ertragen konnte. Er wünschte sich weit weg, weg von dieser Verrückten, die glaubte, über Charlottes Nachlass und Nachleben verfügen zu können. Lieber verzichtete er auf die Bilder, die er sich so sehr als Andenken an seine Tochter wünschte, als noch eine Minute länger die Luft mit dieser Frau zu teilen.

Aber Paula gab nicht auf. »Wir kennen den Direktor des Städtischen Museums in Amsterdam, ich glaube, er wäre bereit, Ihnen einen stattlichen Betrag für Charlottes Bilder zu zahlen.«

»Ich denke nicht an Amsterdam, ich denke an New York«, erwiderte Ottilie Moore. Offenkundig genoss sie die Macht, das Ehepaar Salomon zu Bittstellern zu degradieren. »Ein einziges

Bild würde ich Ihnen verkaufen, aber welches, bestimme ich.« Sie zog sich an der Stuhllehne hoch und ließ die Augen über die Wände wandern. »Wie wäre es mit diesem Selbstporträt? Sie hat es 1940 gemalt, nach ihrer Rückkehr aus Gurs.« (4639, Abb. 1*)

Es zeigte Charlotte im Viertelprofil, das Gesicht ganz in Gelb, die Augen geheimnisvoll dem Betrachter zugewandt.

Albert nickte Paula zu: Nimm es, nimm es, egal, was sie dafür verlangt.

Ottilie Moore verlangte viel. So viel, dass sie wohl selbst der Anflug eines schlechten Gewissens streifte.

»Im Keller stehen noch drei Kartons, die mir Charlotte durch Dr. Moridis hat schicken lassen, bevor sie … na, Sie wissen schon. In ein Paket habe ich reingeschaut. Mit den Bildern kann ich nichts anfangen, sie sind unverkäuflich. Die können Sie in Gottes Namen haben.«

Albert und Paula Salomon nahmen die verschlossenen Kartons mit der Aufschrift »Propriété de Mme Moore« in Empfang und verließen fluchtartig die Wohnung. Da wussten sie noch nicht, dass sie über 1300 Gouachen Charlottes in Händen hielten, darunter die 769 Blätter, die ihre Tochter zum *Leben? oder Theater?* gebündelt hatte, dem einzigartigen Projekt, ihr ganzes Leben in Bilder zu fassen.

* Die mit Sternchen versehenen Abbildungen sind im Bildteil abgedruckt. Die Bildnummern verweisen auf http://www.charlotte-salomon.nl/collection/specials/charlotte-salomon/leben-oder-theater.

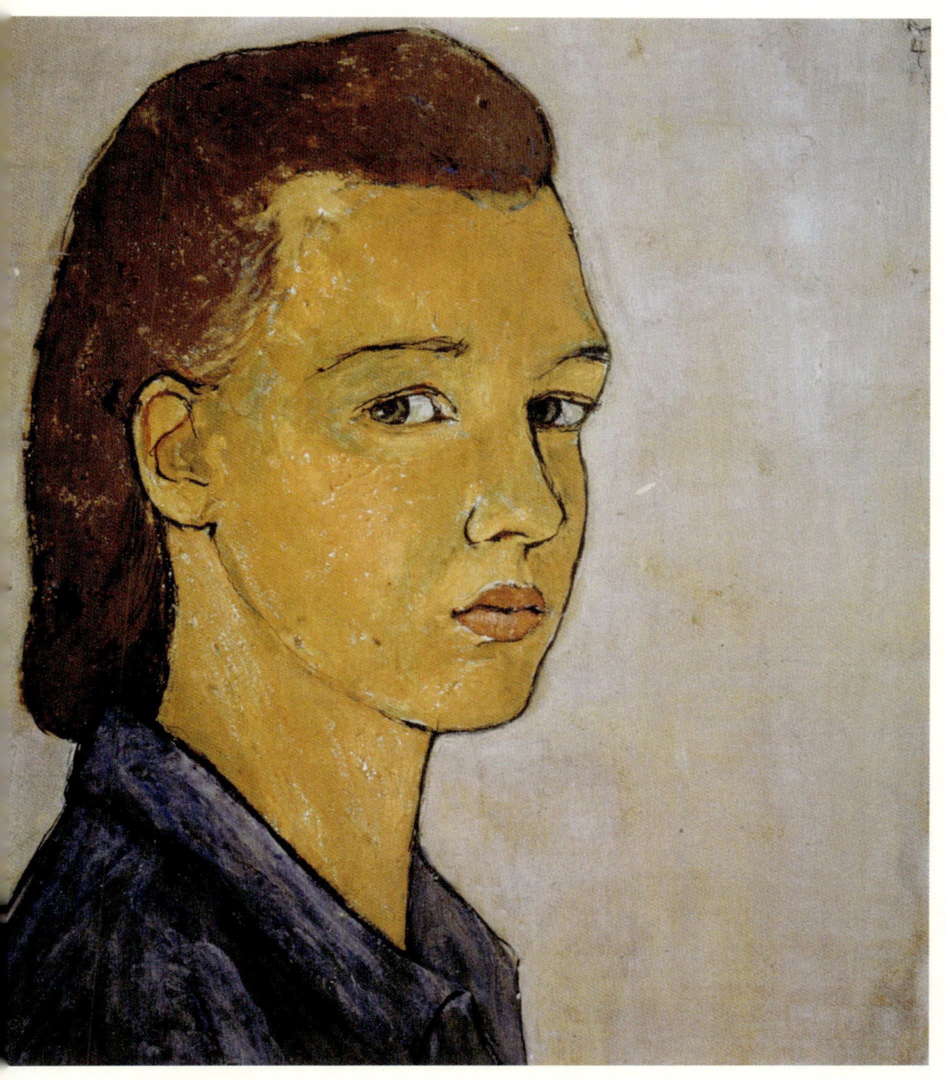

Abb. 1: Selbstporträt Charlotte, Gouache, 1940

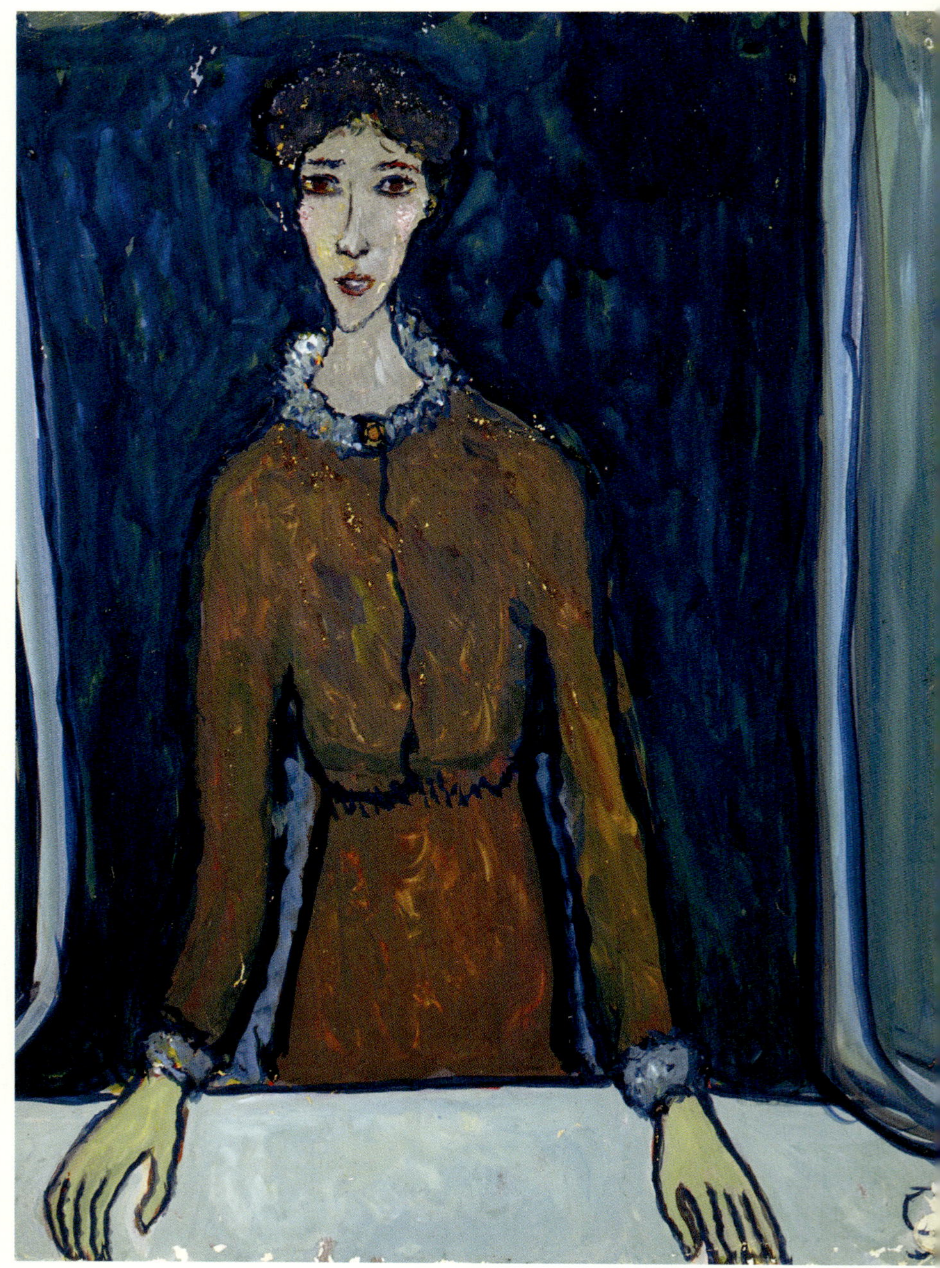

Abb. 2: Franziska Grunwald steht am Fenster, aus dem sie sich stürzen wird. (4299)

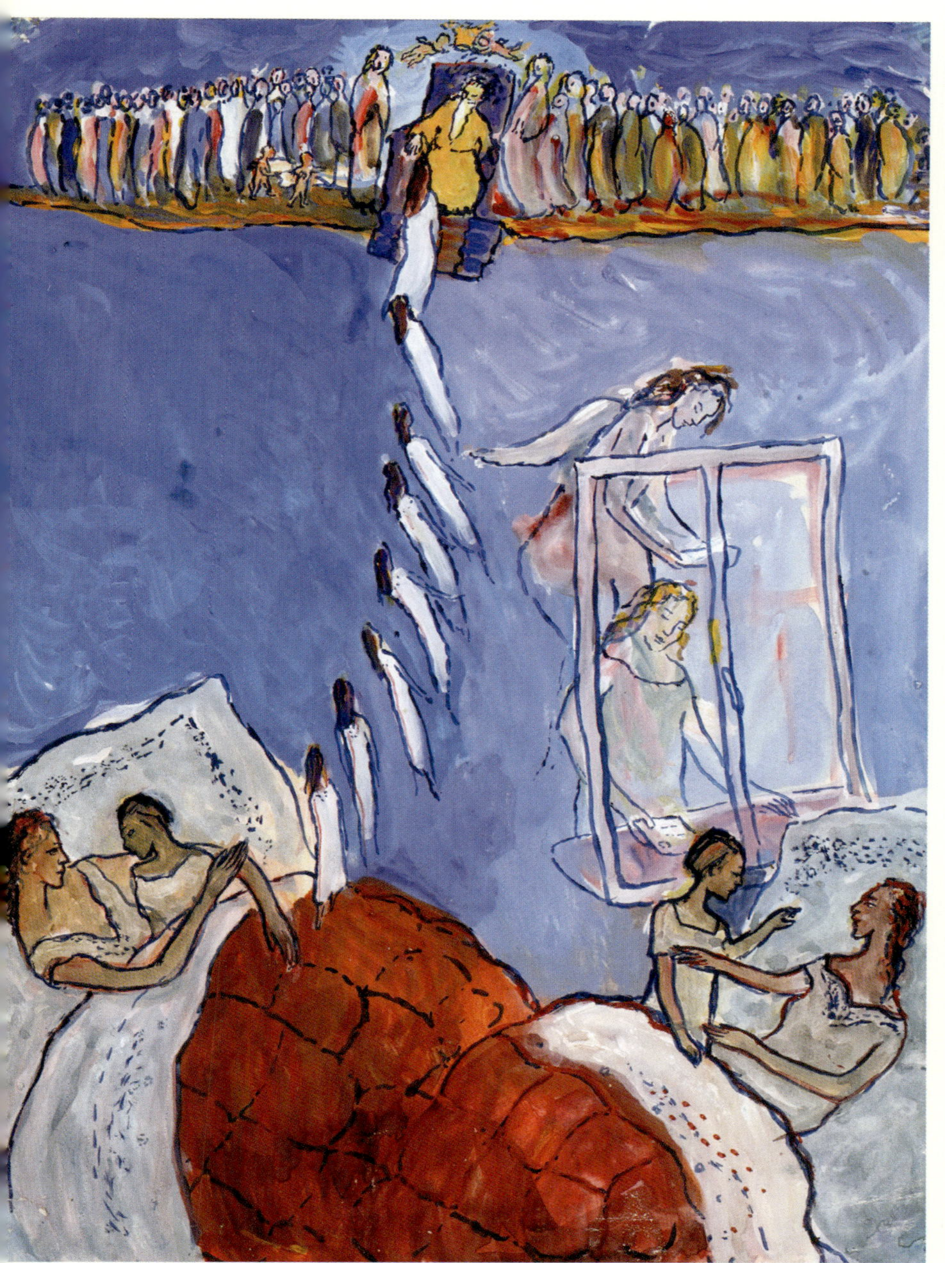

Abb. 3: Charlotte träumt den Tod der Mutter. (4175)

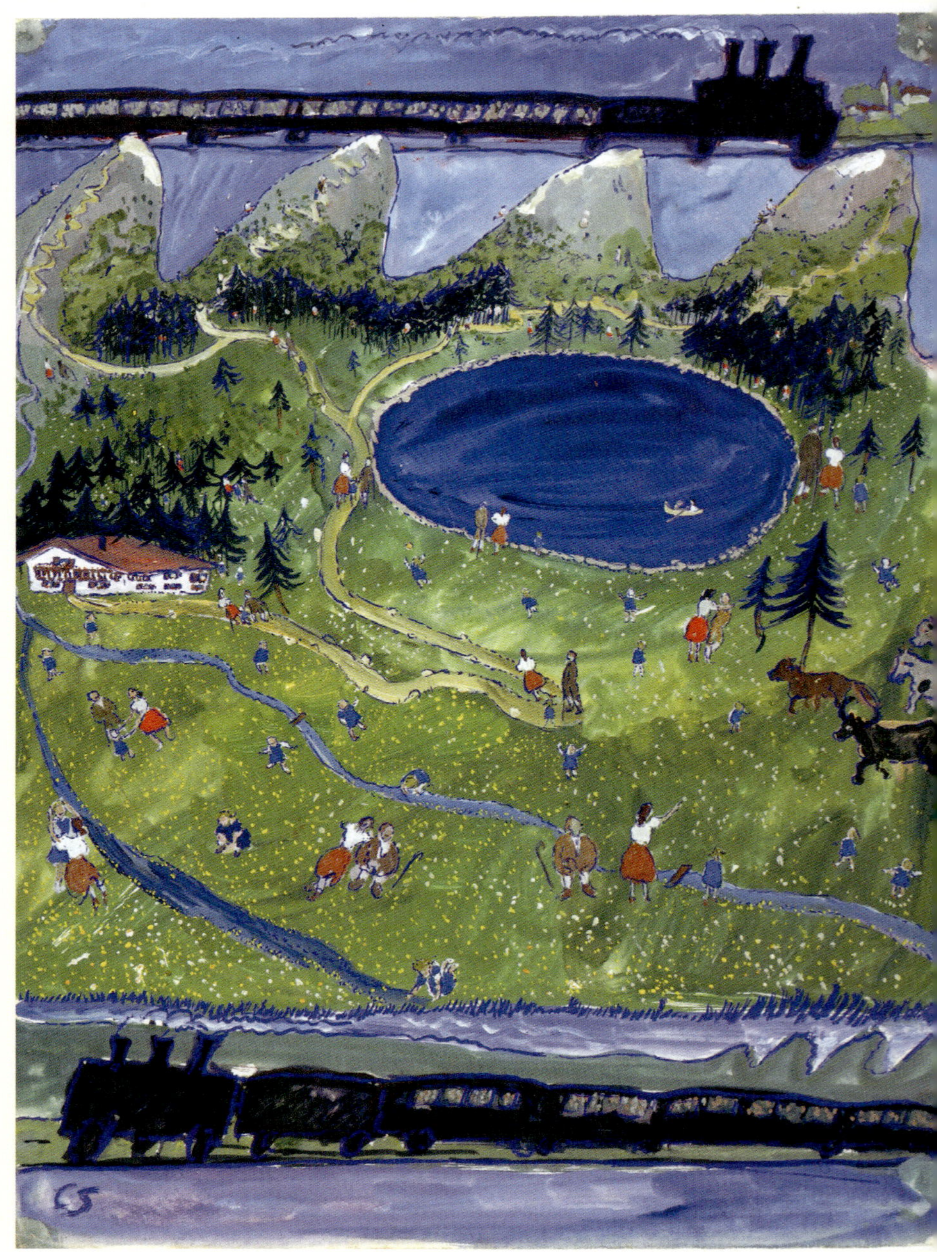

Abb. 4: Glück der Kindheit: Ferien in Bayern (4173)

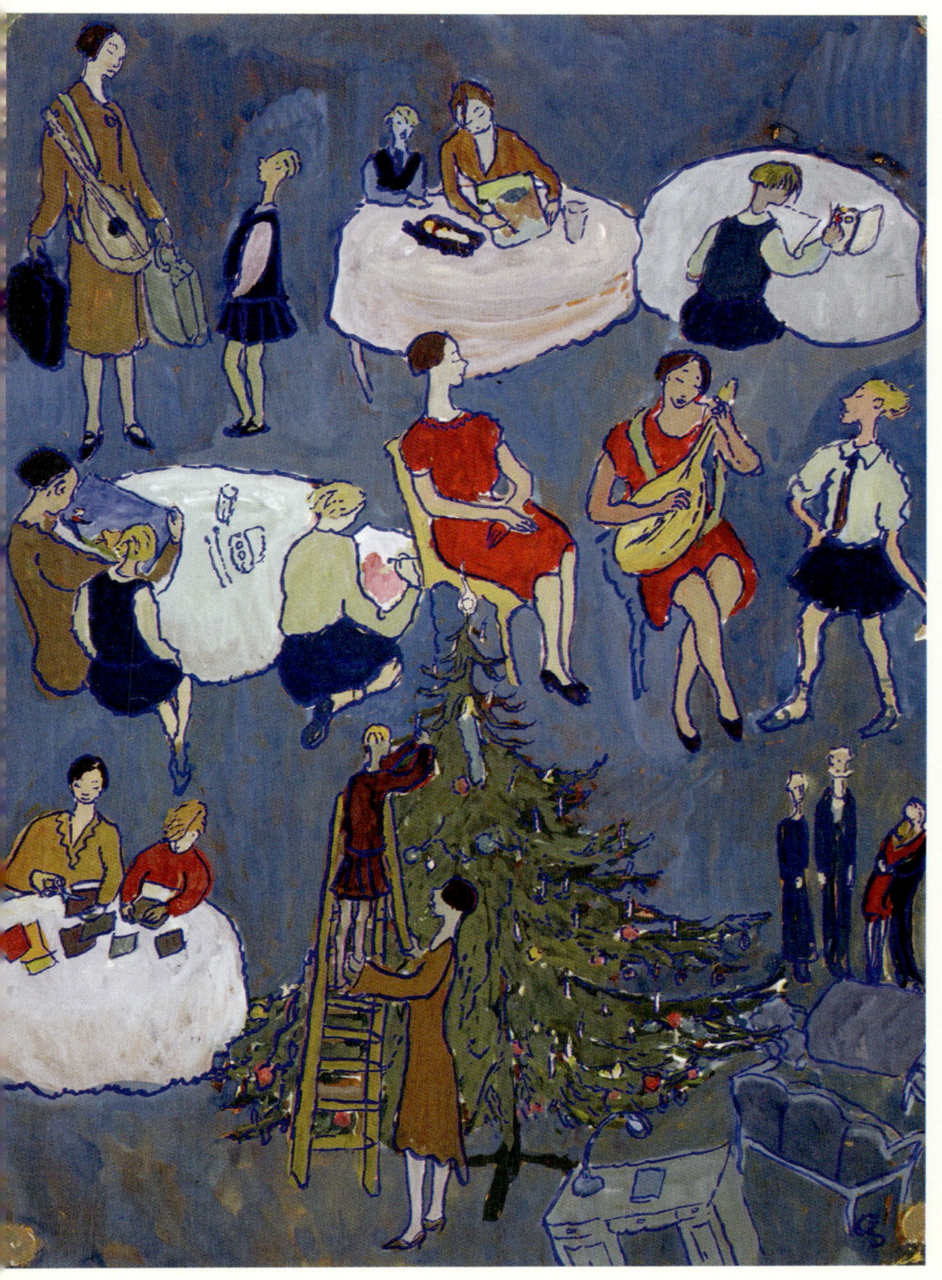

Abb. 5: Das neue Kindermädchen vermittelt Charlotte Freude am Zeichnen. (4196)

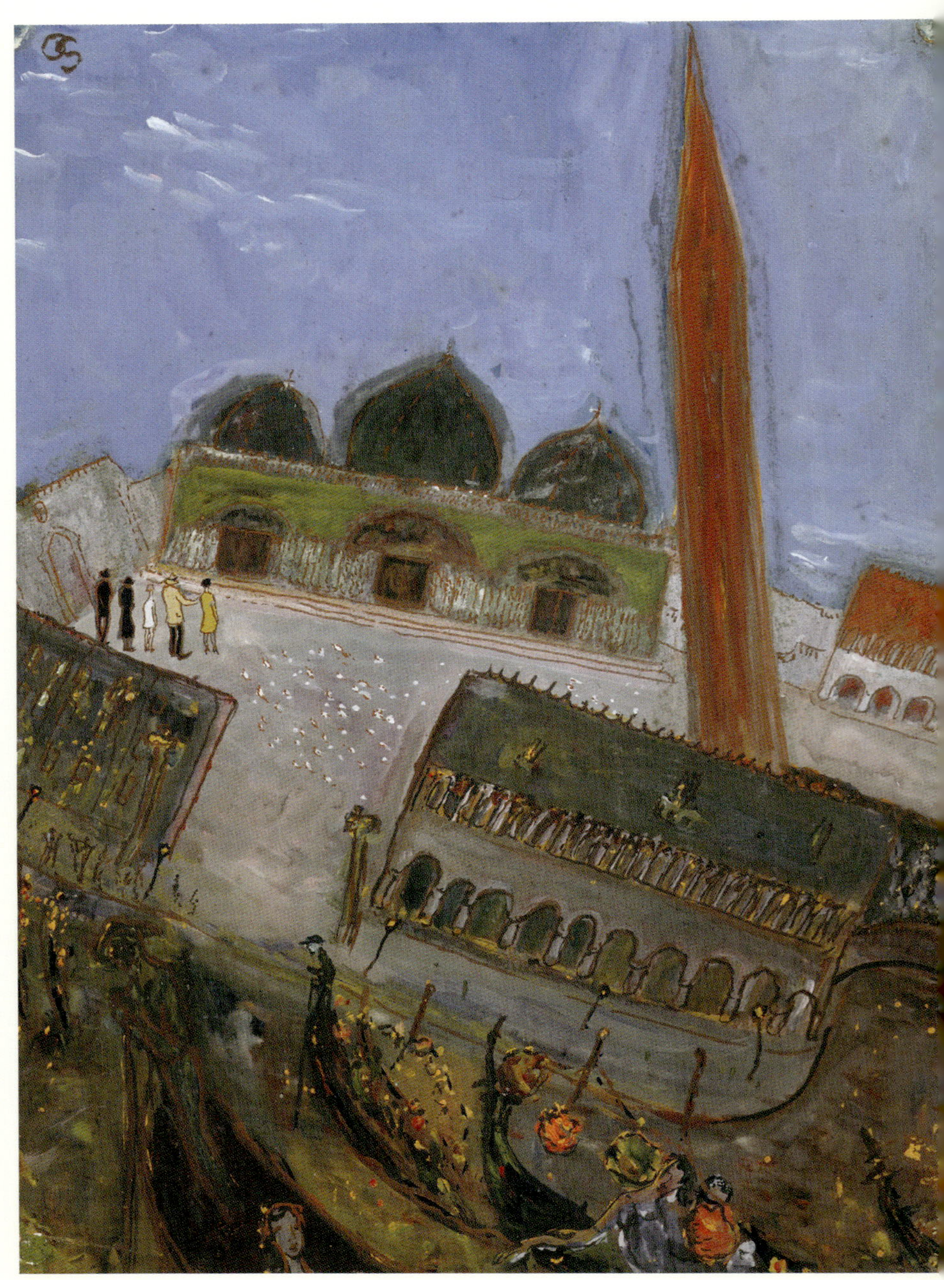

Abb. 6: Venedig (4199)

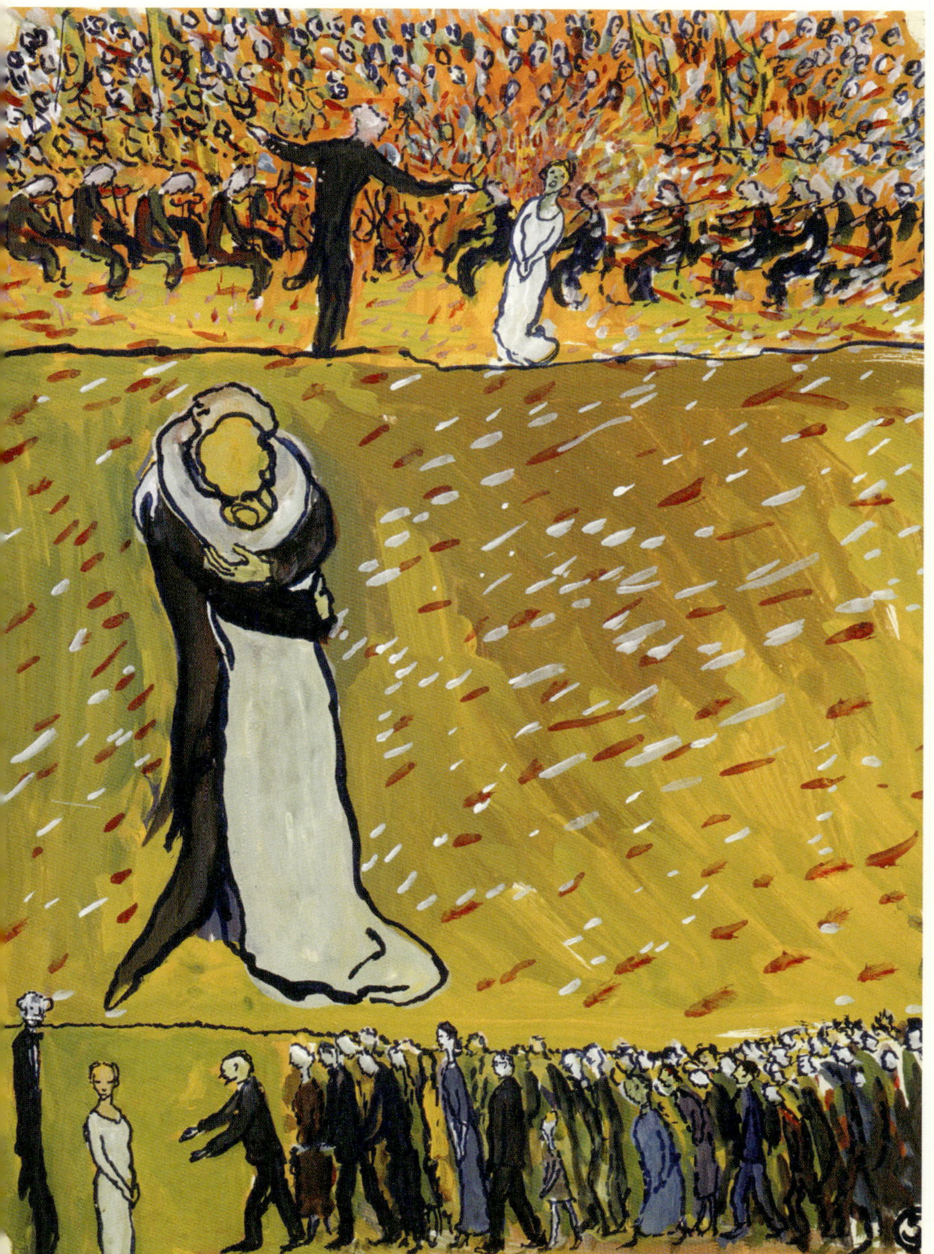

Abb. 7: Paulinkas Erfolg als Sängerin (4217)

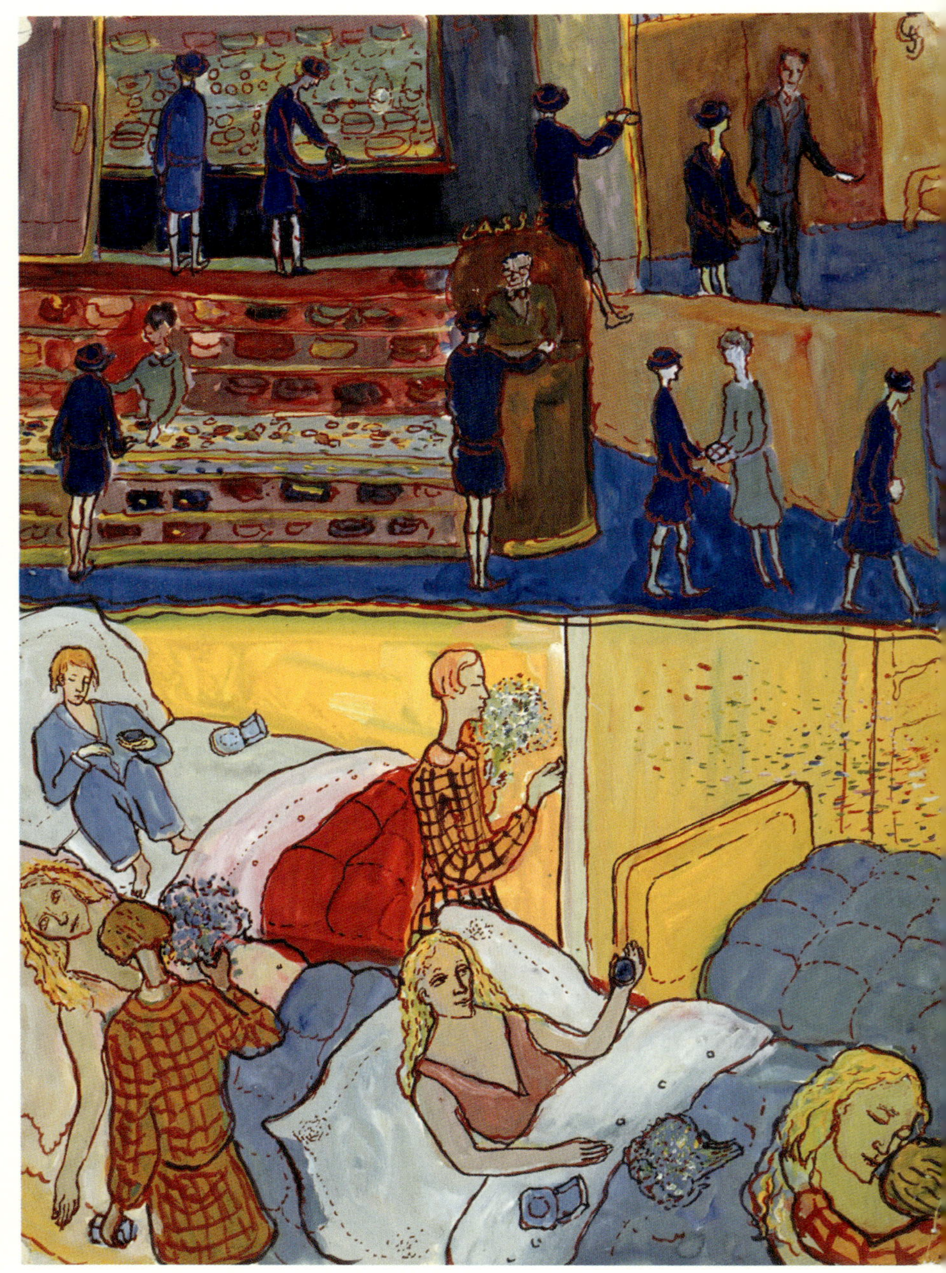

Abb. 8: Das Geburtstagsgeschenk für Paulinka (4240)

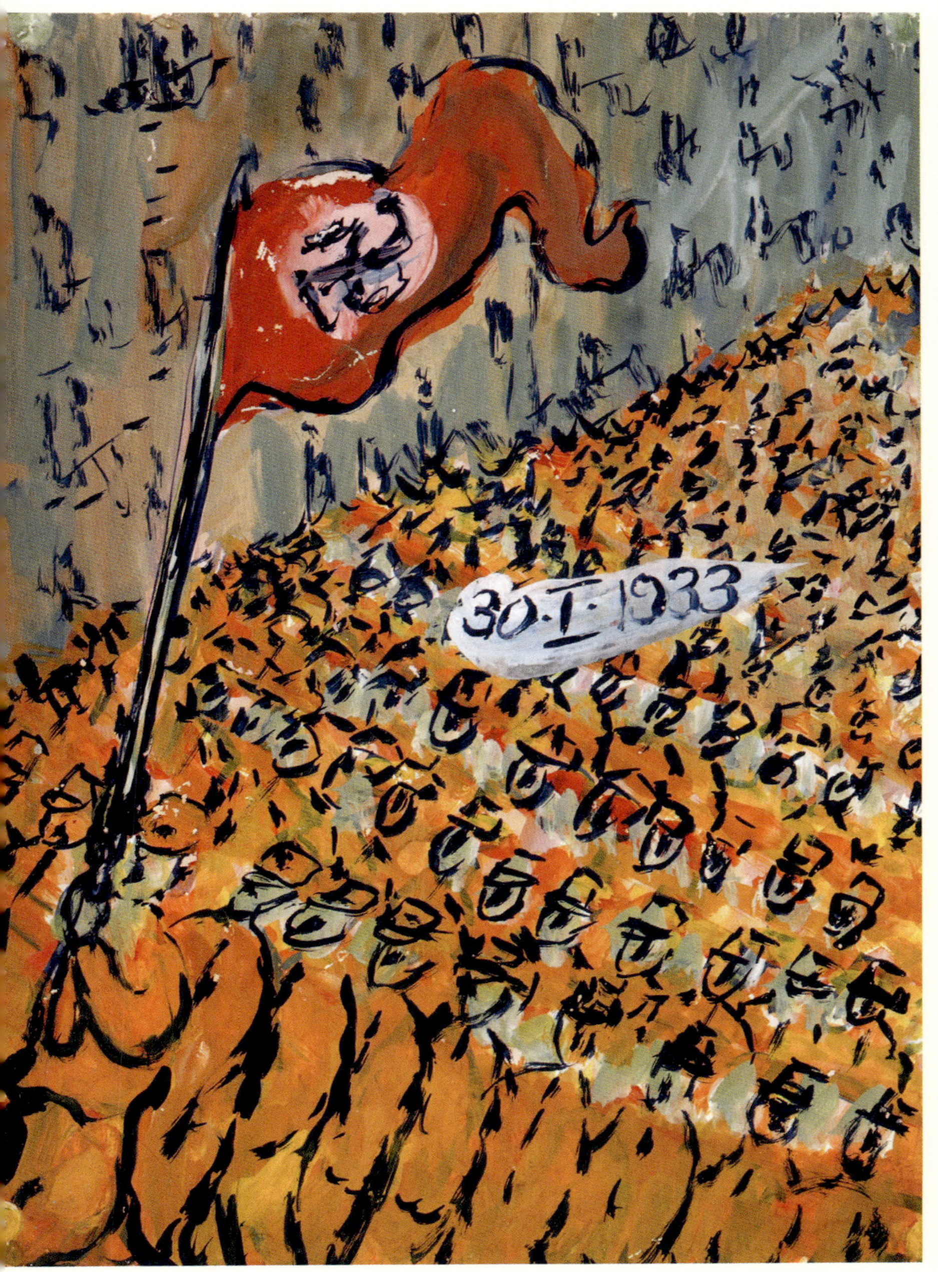

Abb. 9: Der Tag, an dem Hitler Kanzler wurde. (4304)

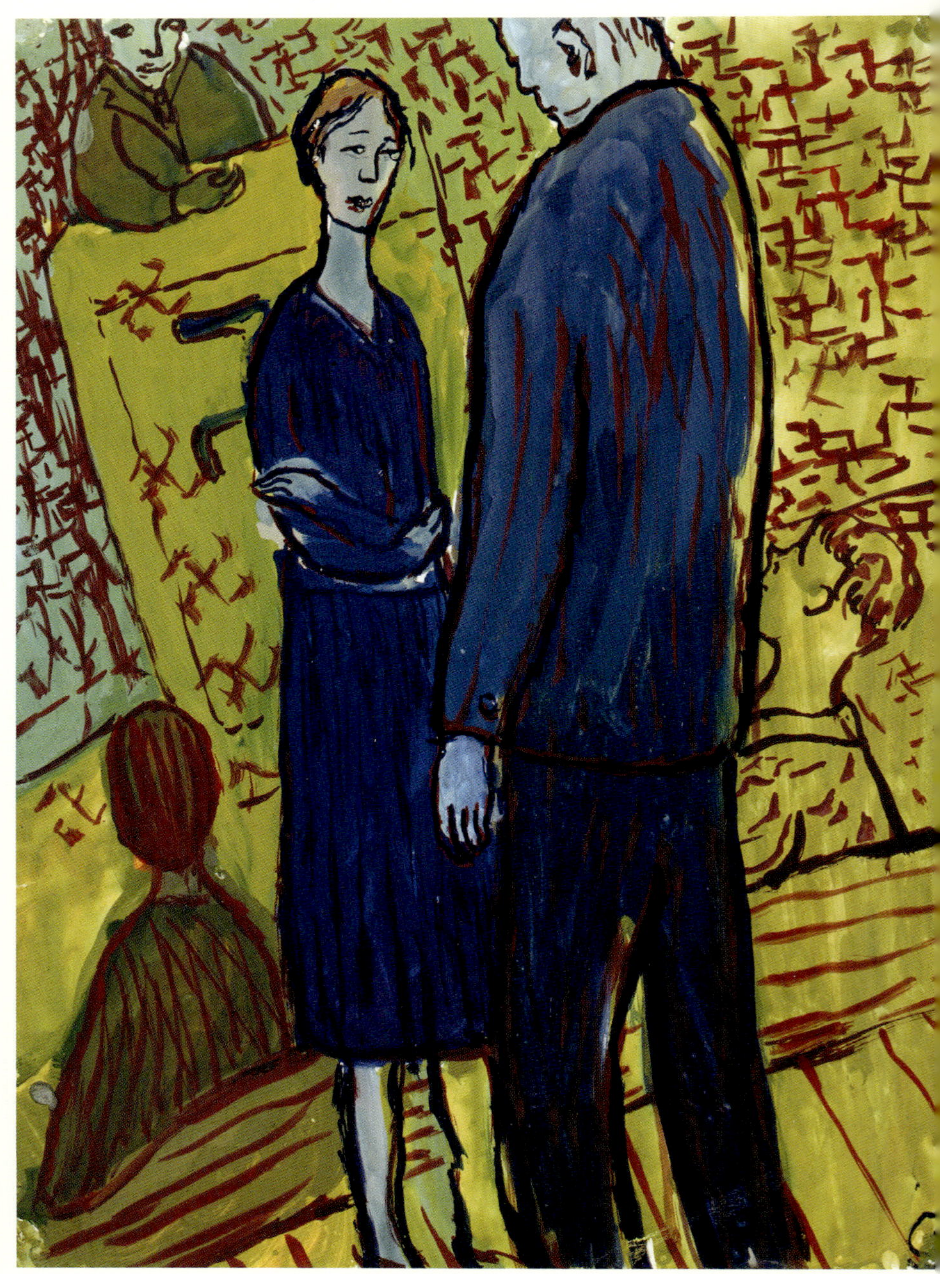

Abb. 10: Charlotte will die Schule verlassen. (4318)

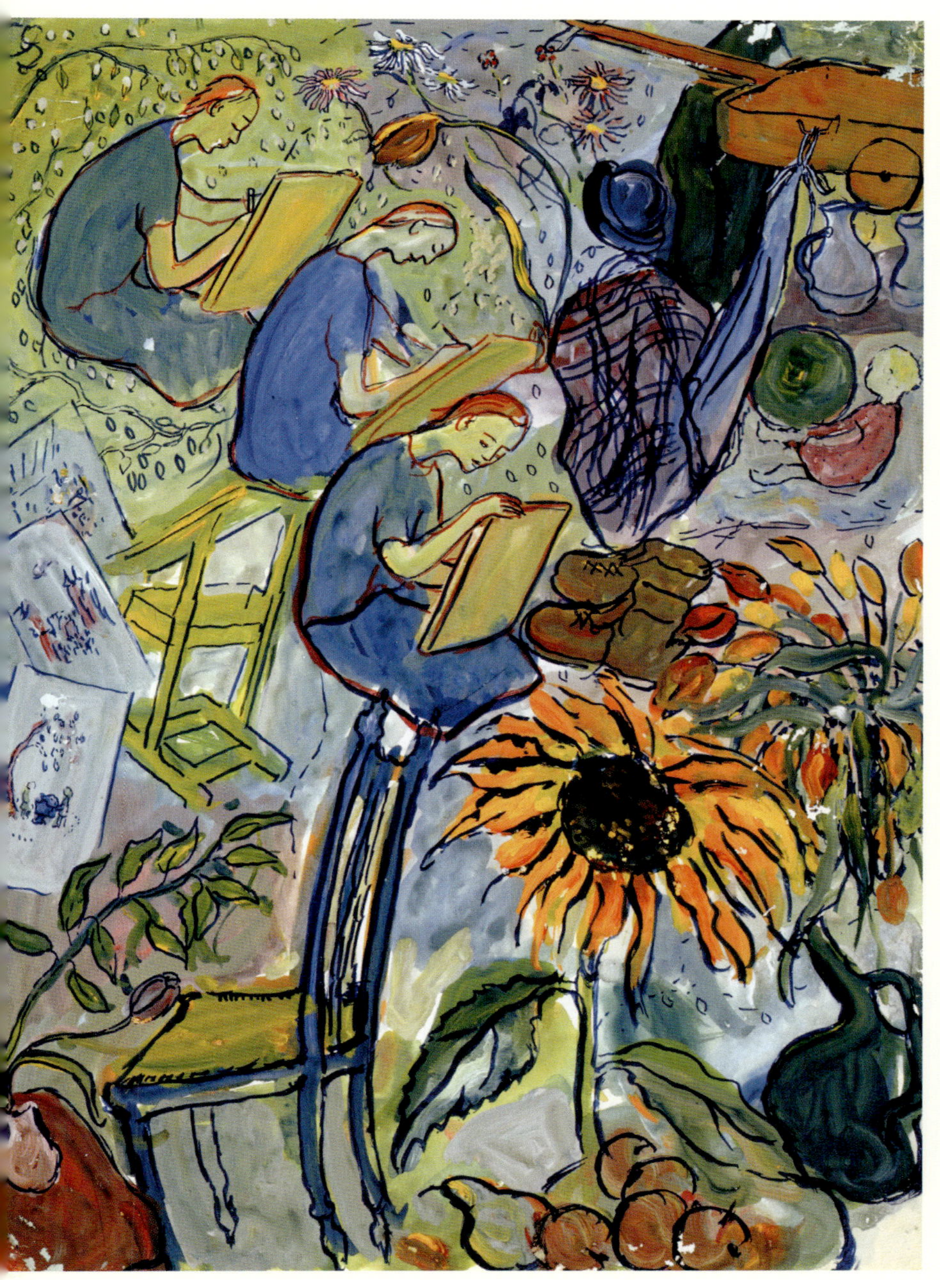

Abb. 11: Das große Vorbild ist van Gogh. (4351)

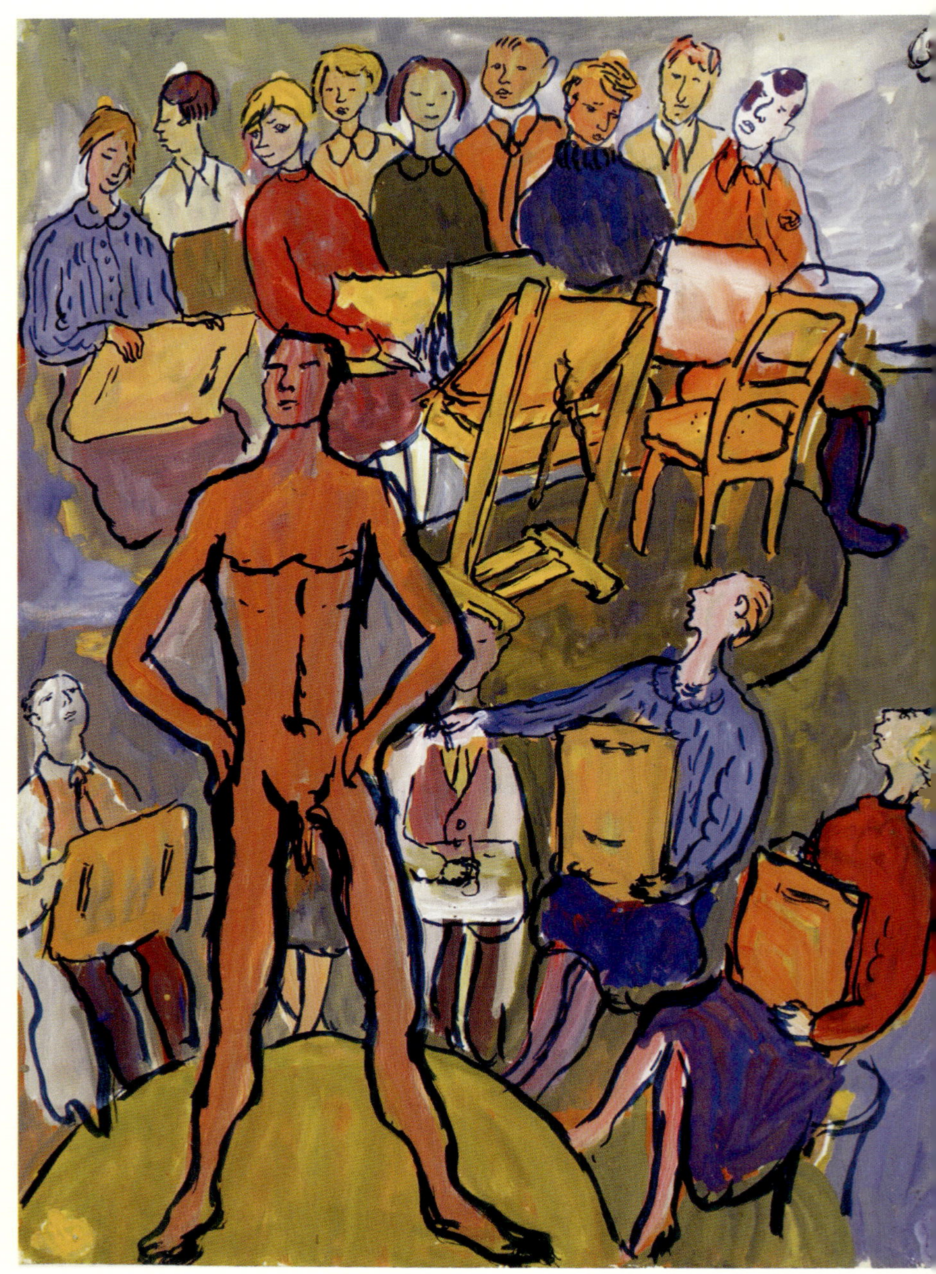

Abb. 12: Aufnahmeprüfung an der Kunsthochschule (4353)

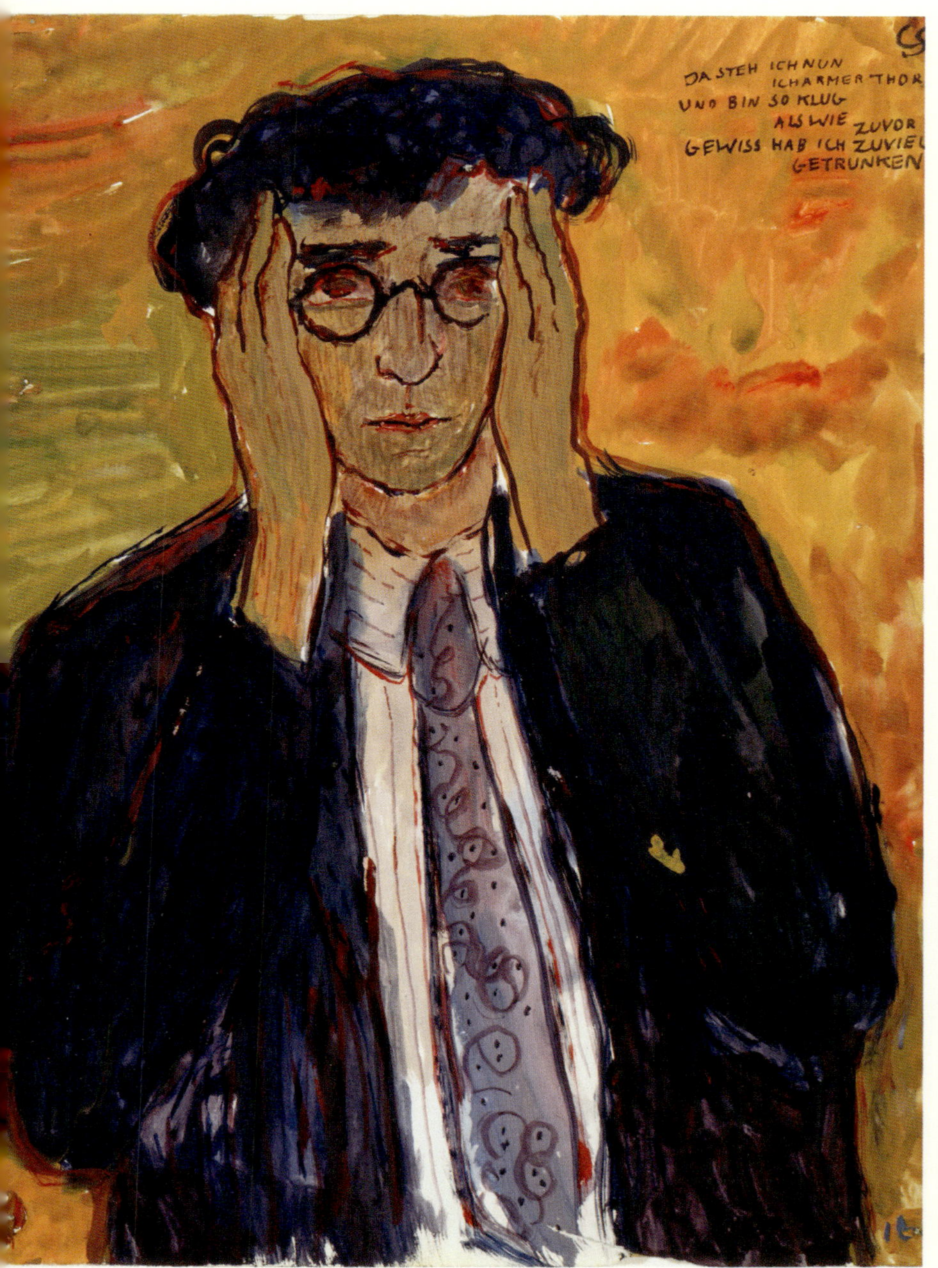

Abb. 13: Amadeus Daberlohn, Gesangspädagoge (4386)

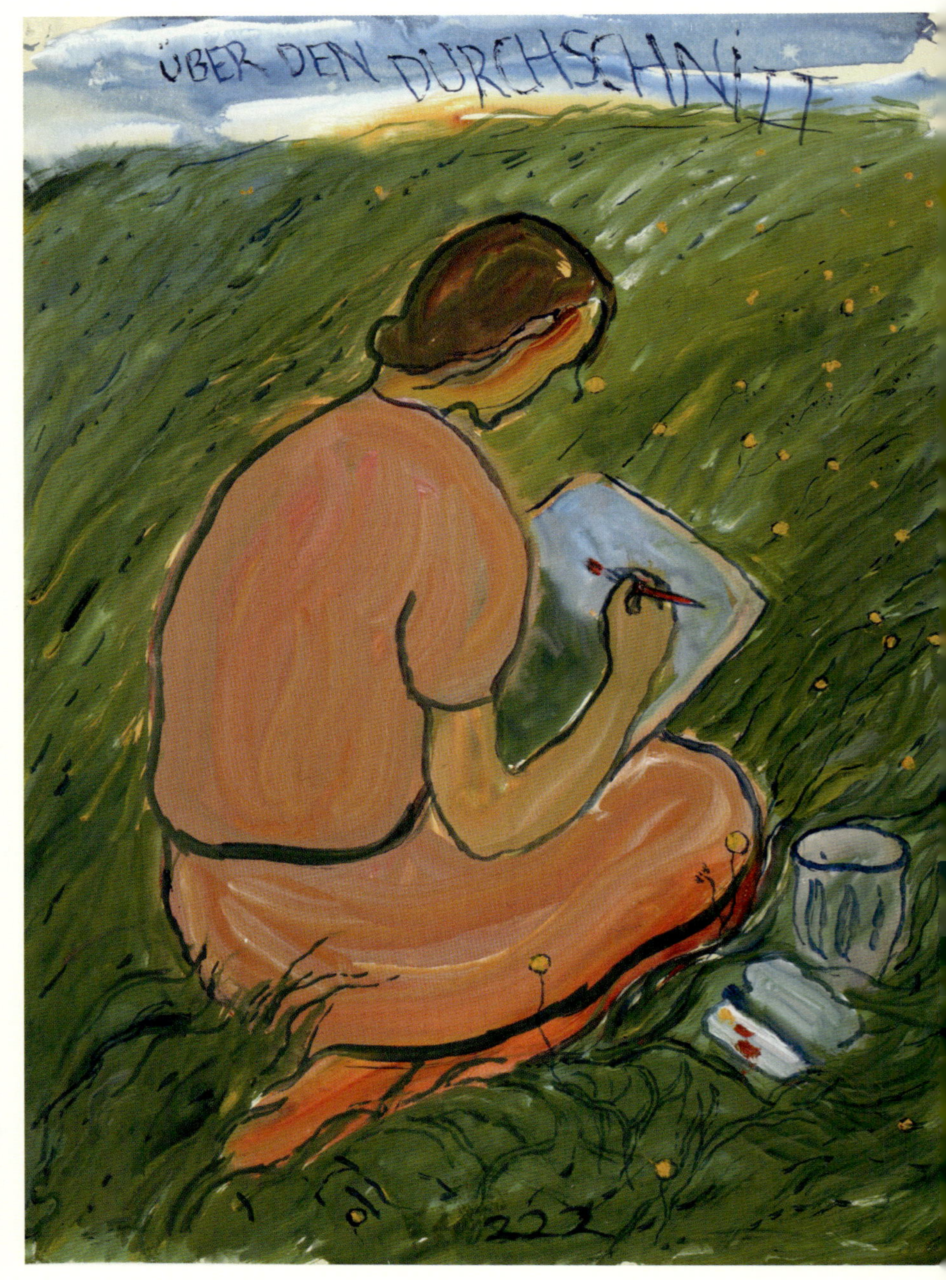

Abb. 14: Daberlohn bewertet Charlottes Malerei als »über dem Durchschnitt«. (4600)

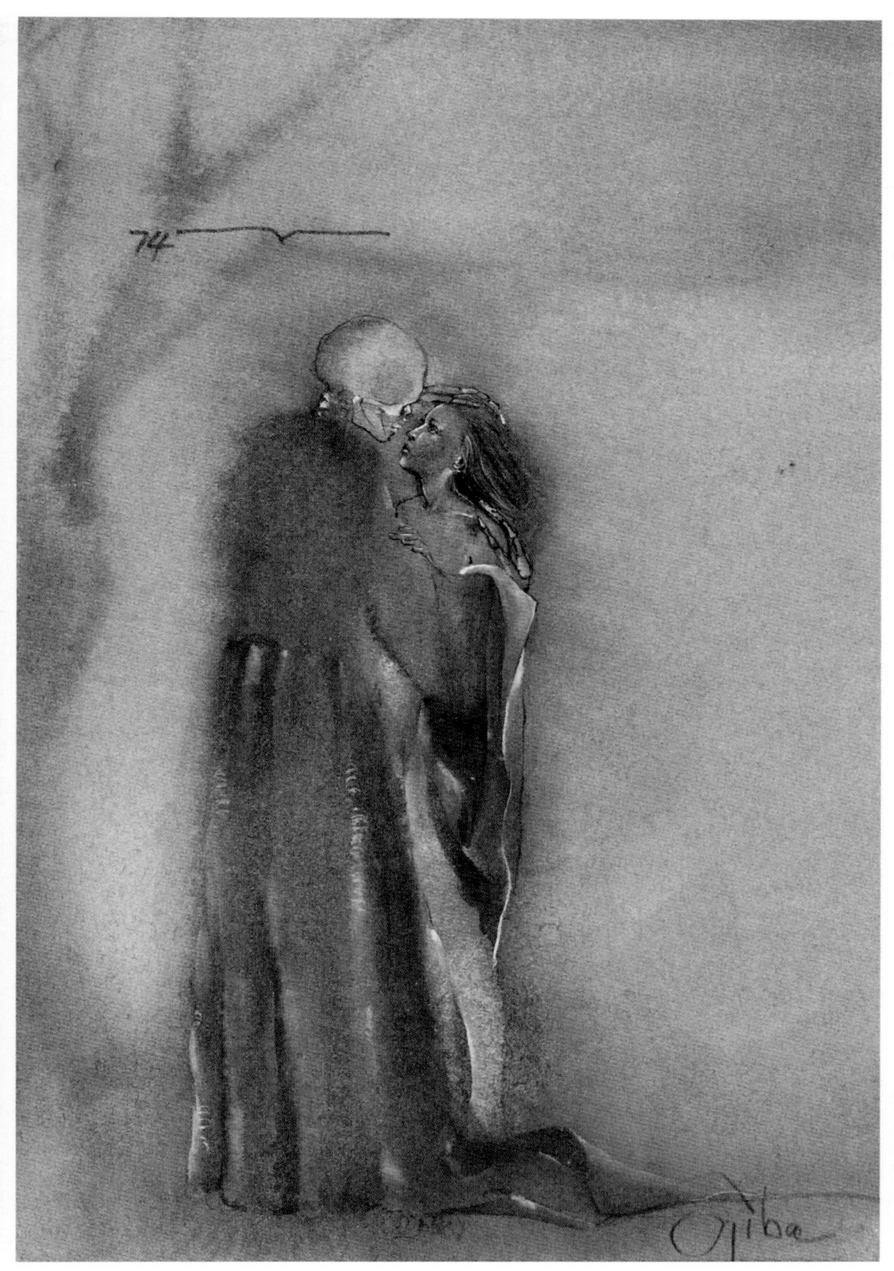

Abb. 15: »Der Tod und das Mädchen«

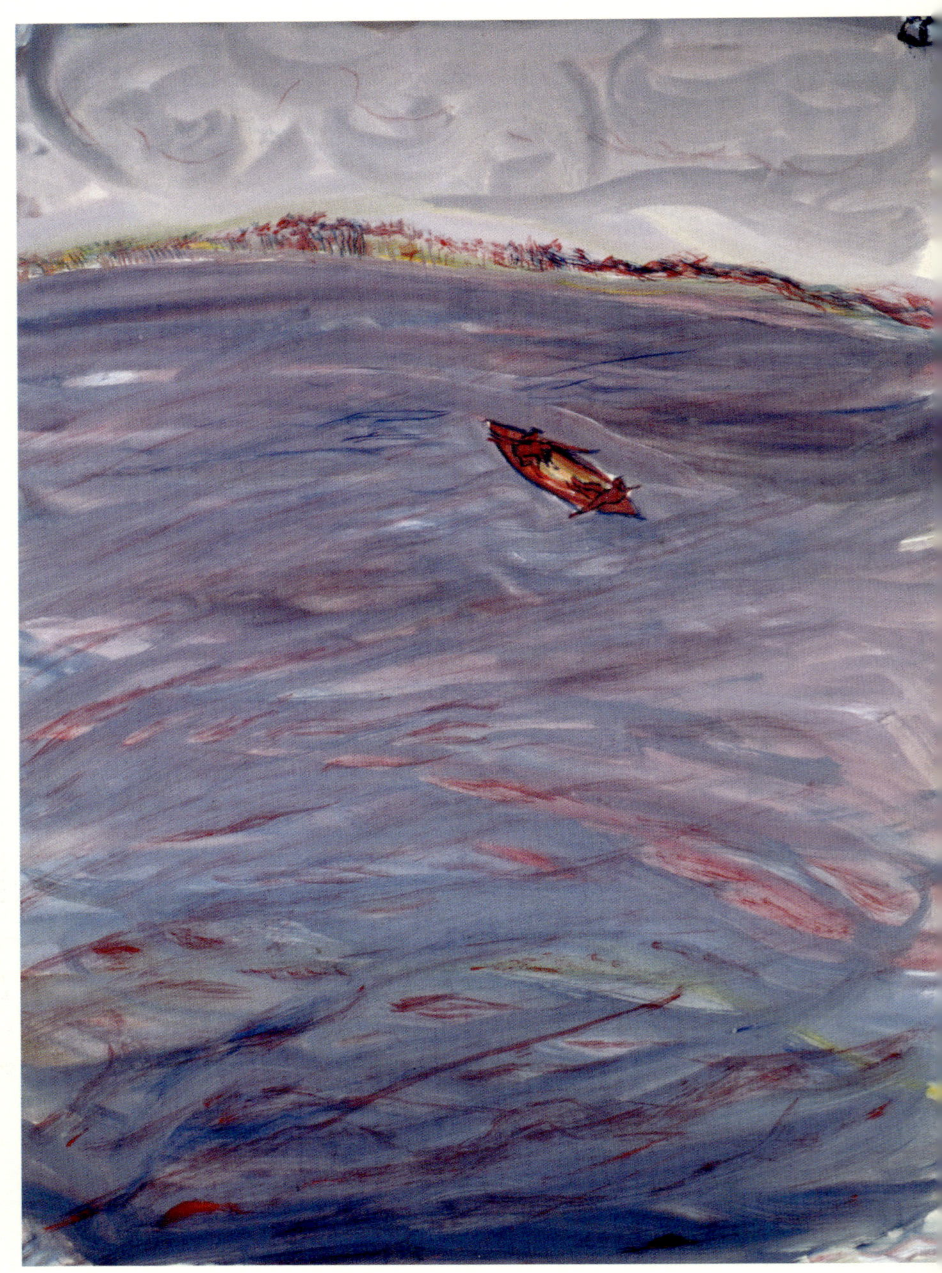

Abb. 16: Des Wannsees und der Liebe Wellen (5002)

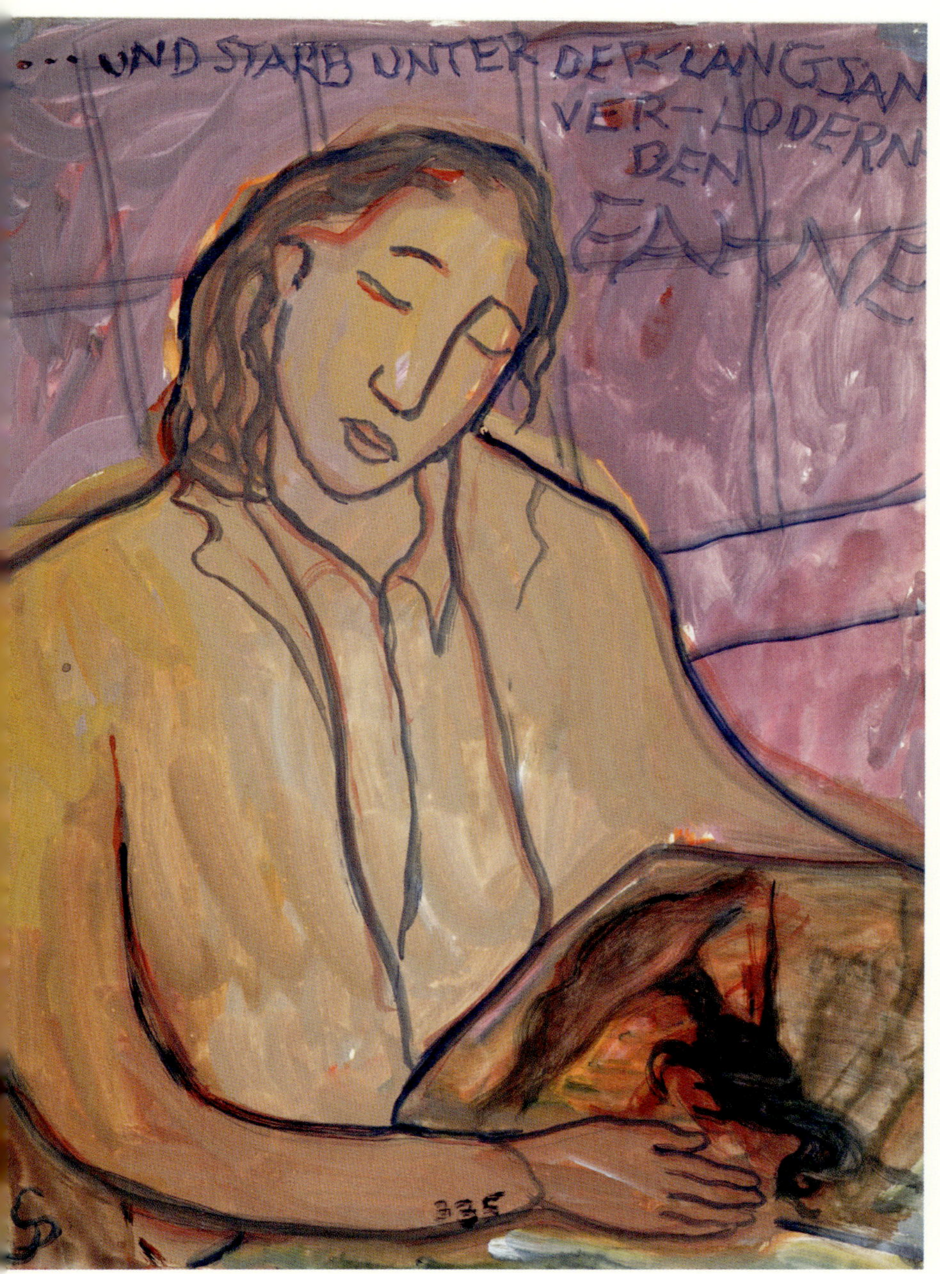

Abb. 17: Charlotte illustriert Rilkes »Malte«. (4711)

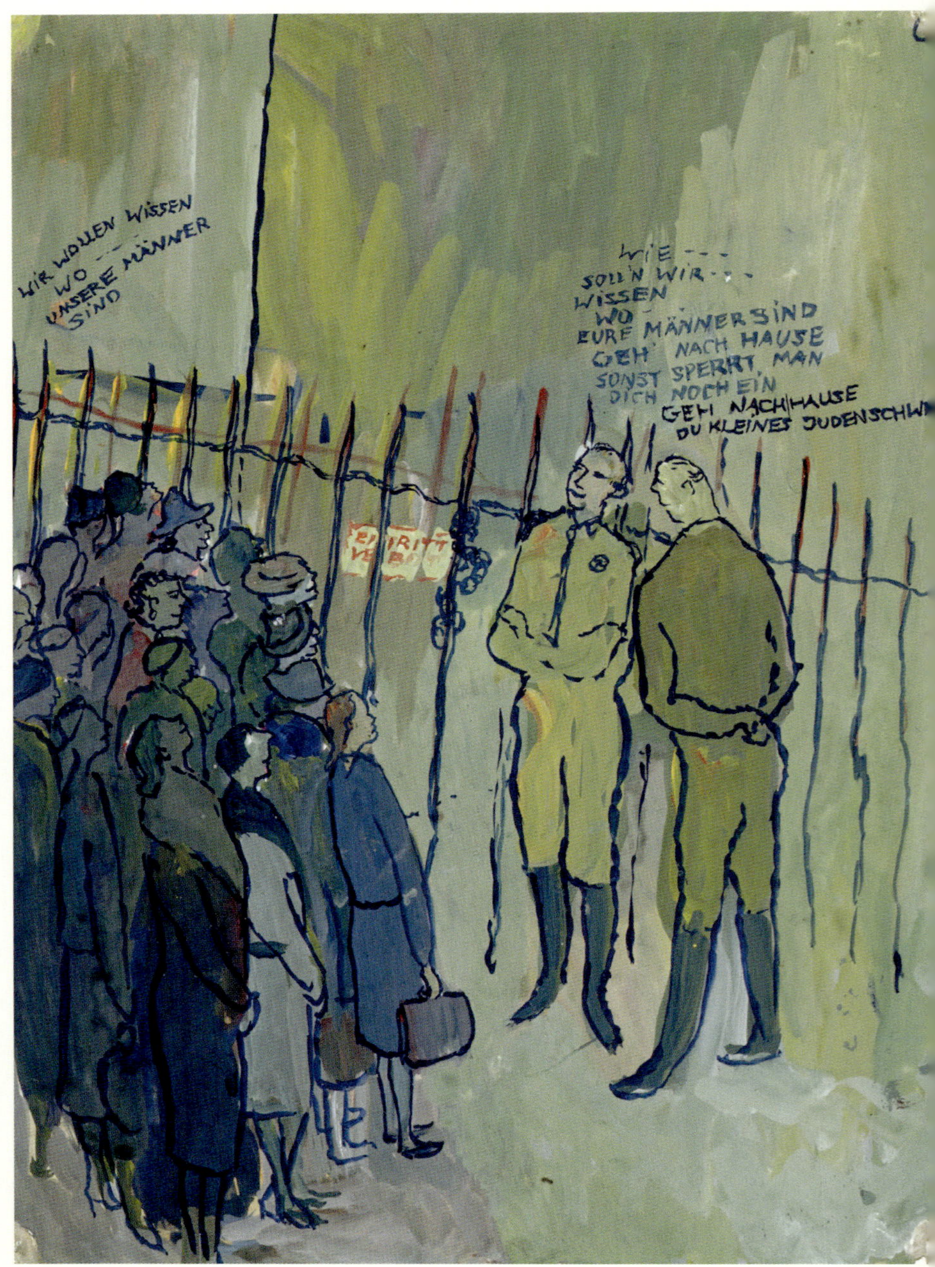

Abb. 18: Nach der Verhaftung des Vaters (5020)

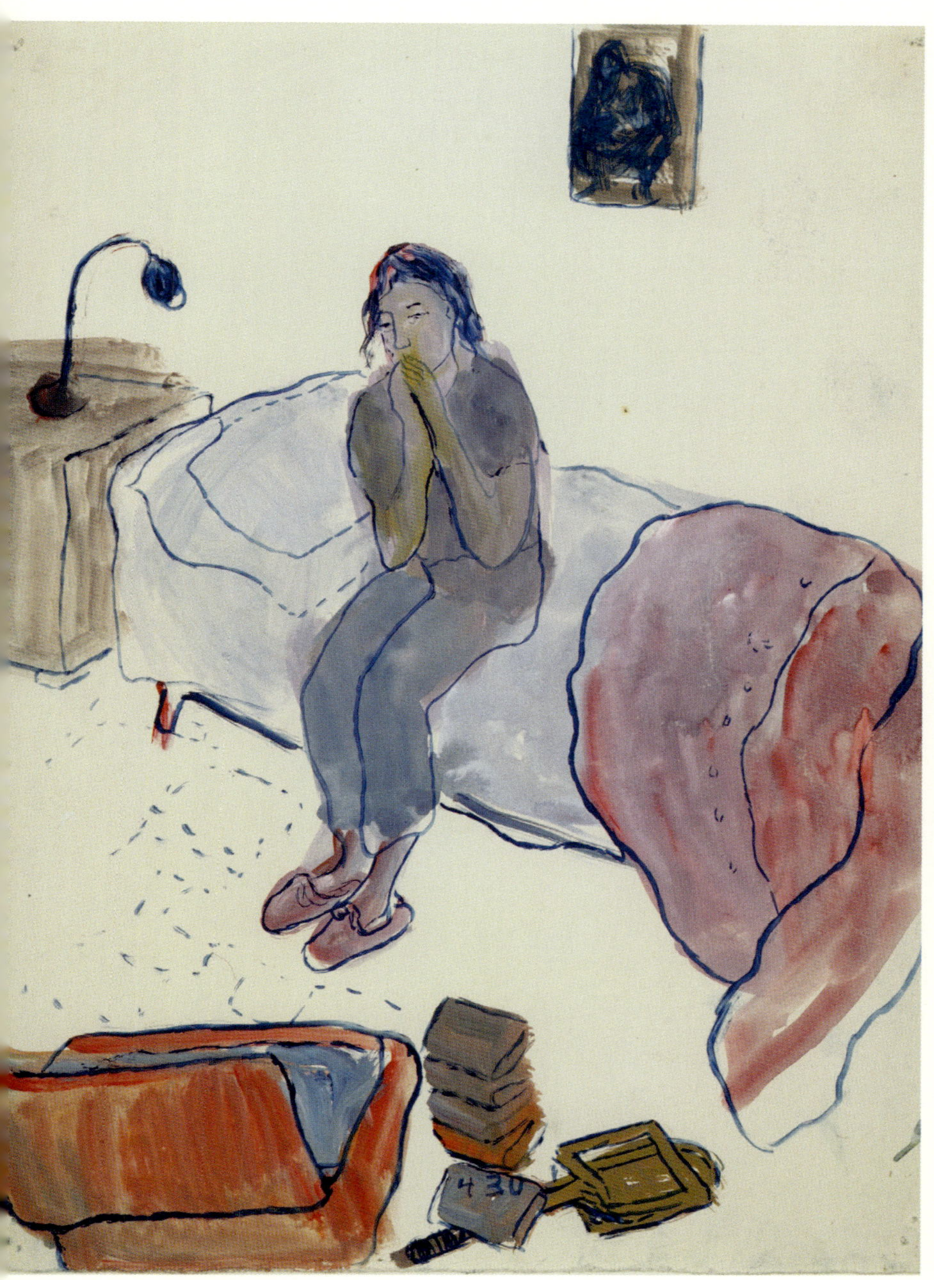

Abb. 19: Vor der Fahrt ins Exil (4808)

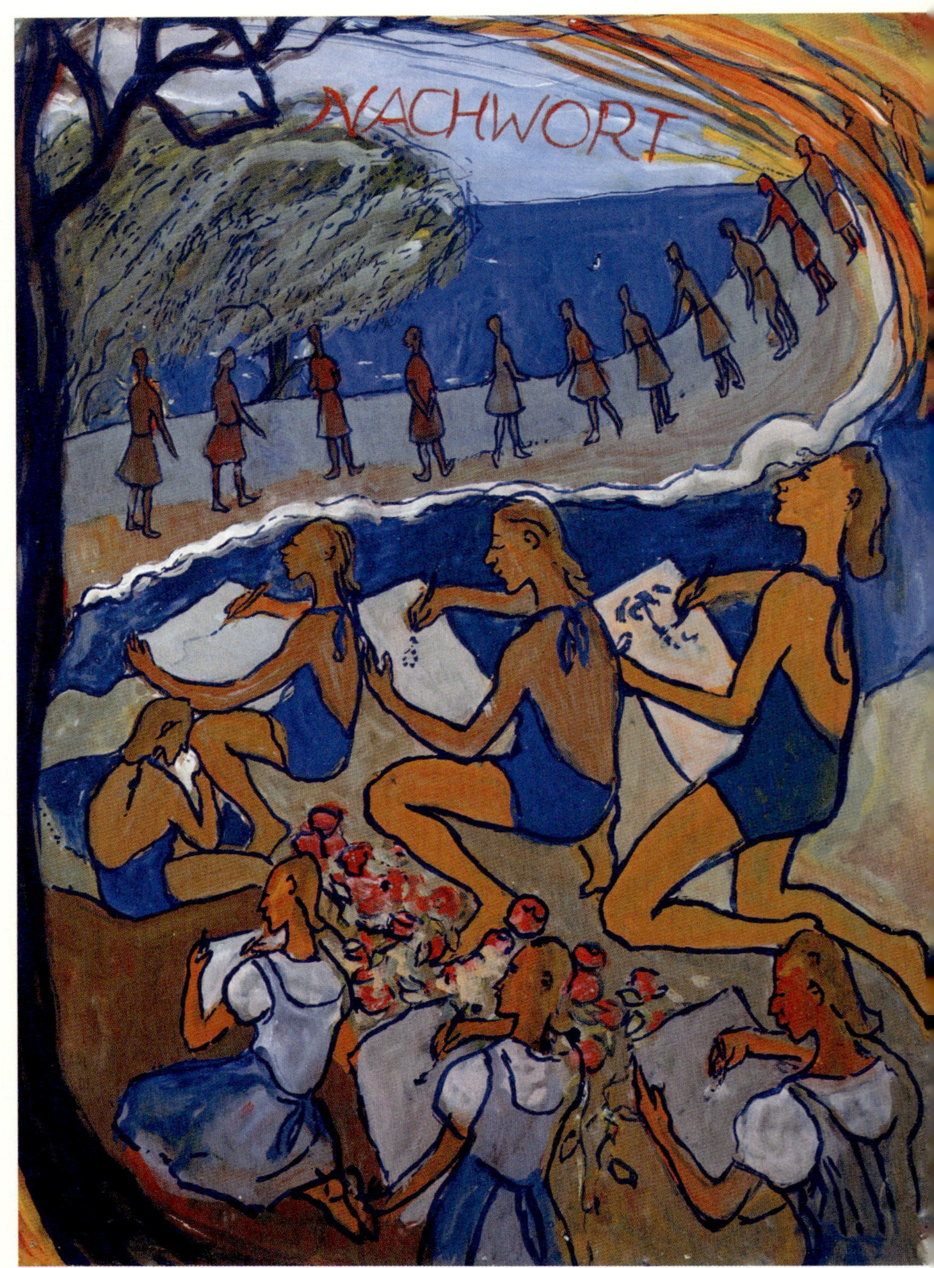

Abb. 20: Am Mittelmeer blühen »Träume auf blauem Grund«. (4835)

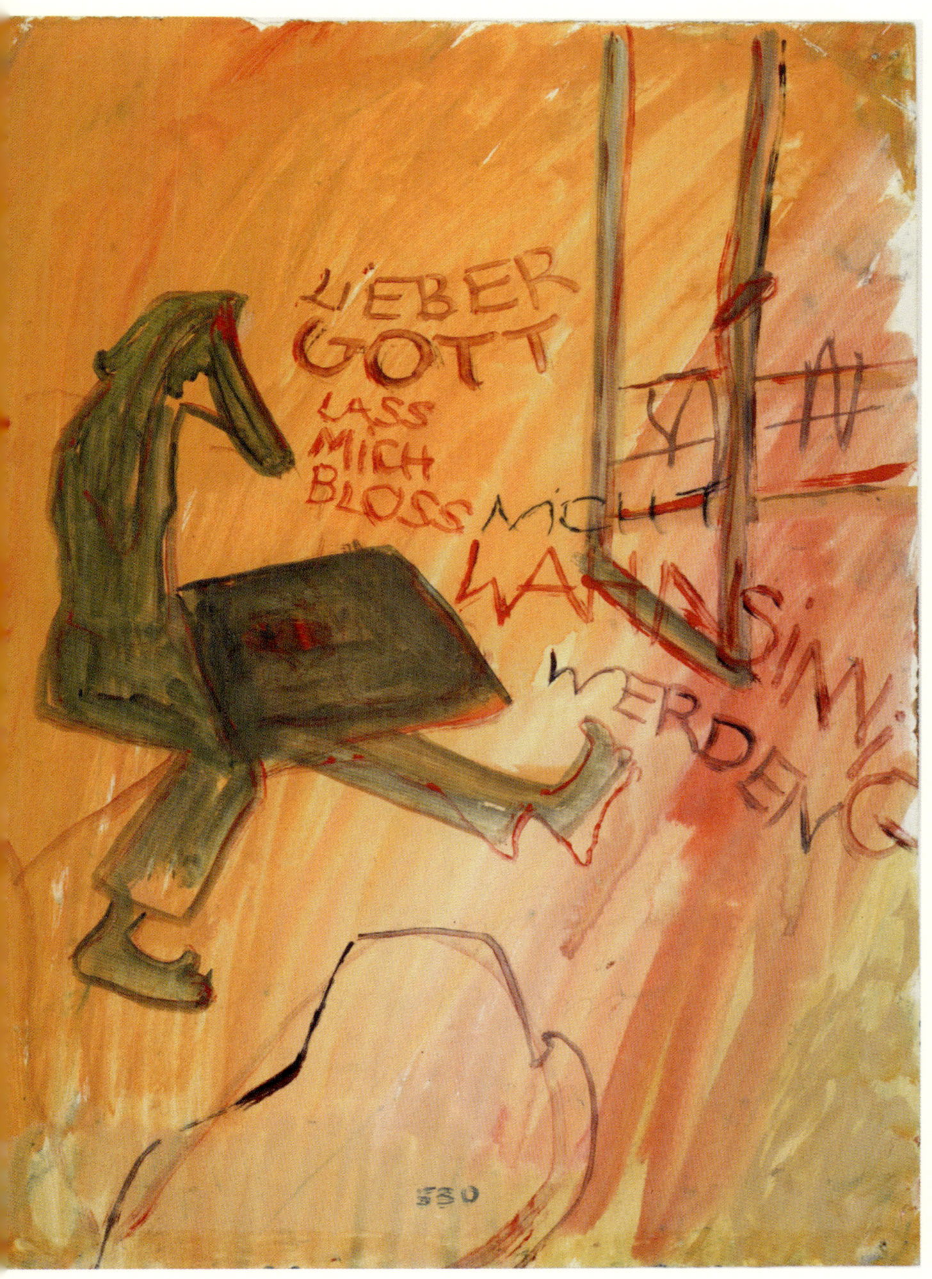

Abb. 21: Verzweiflung nach dem Selbstmord der Großmutter (4907)

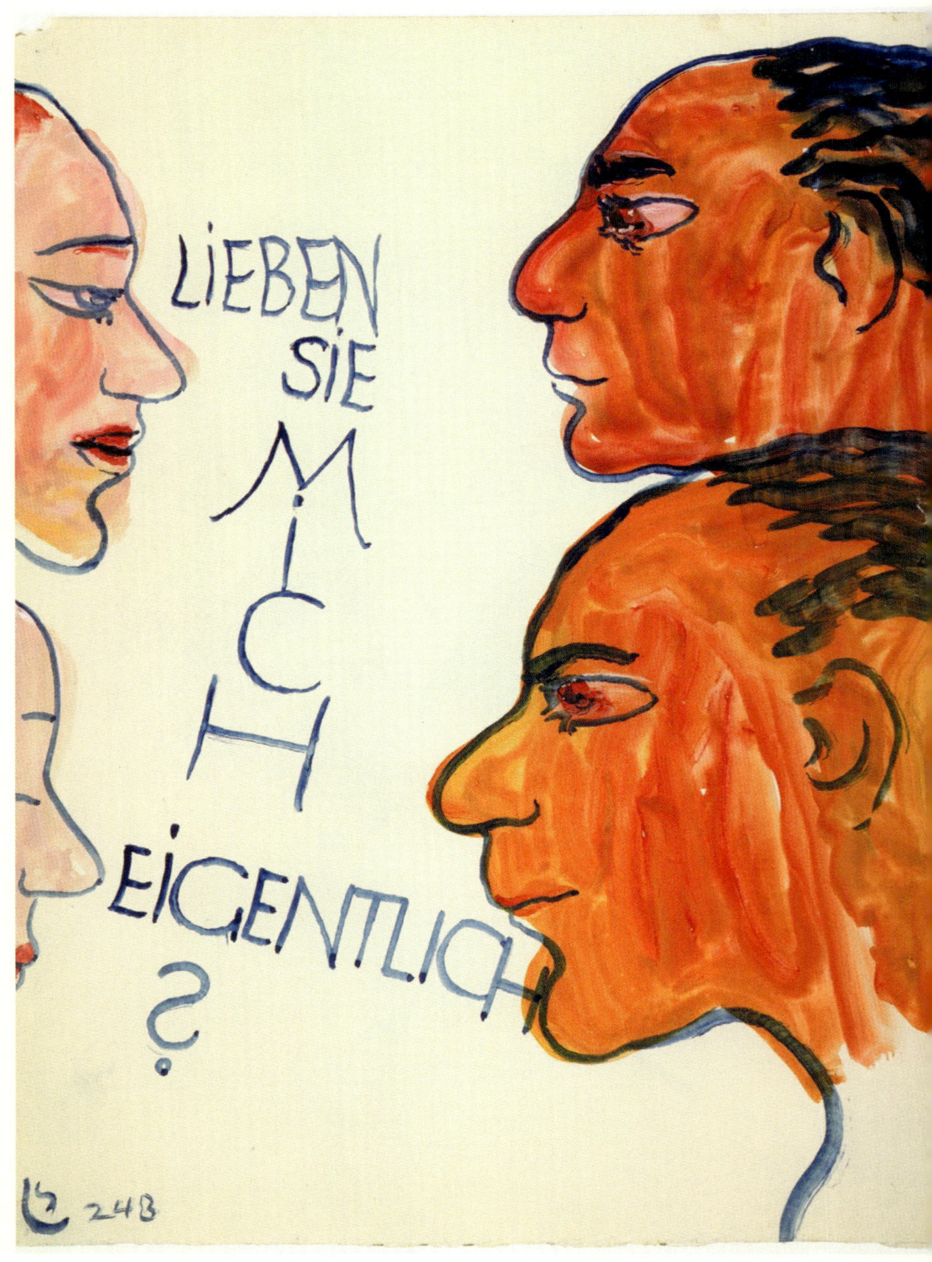

Abb. 22: Der unwürdige Liebhaber (4626)

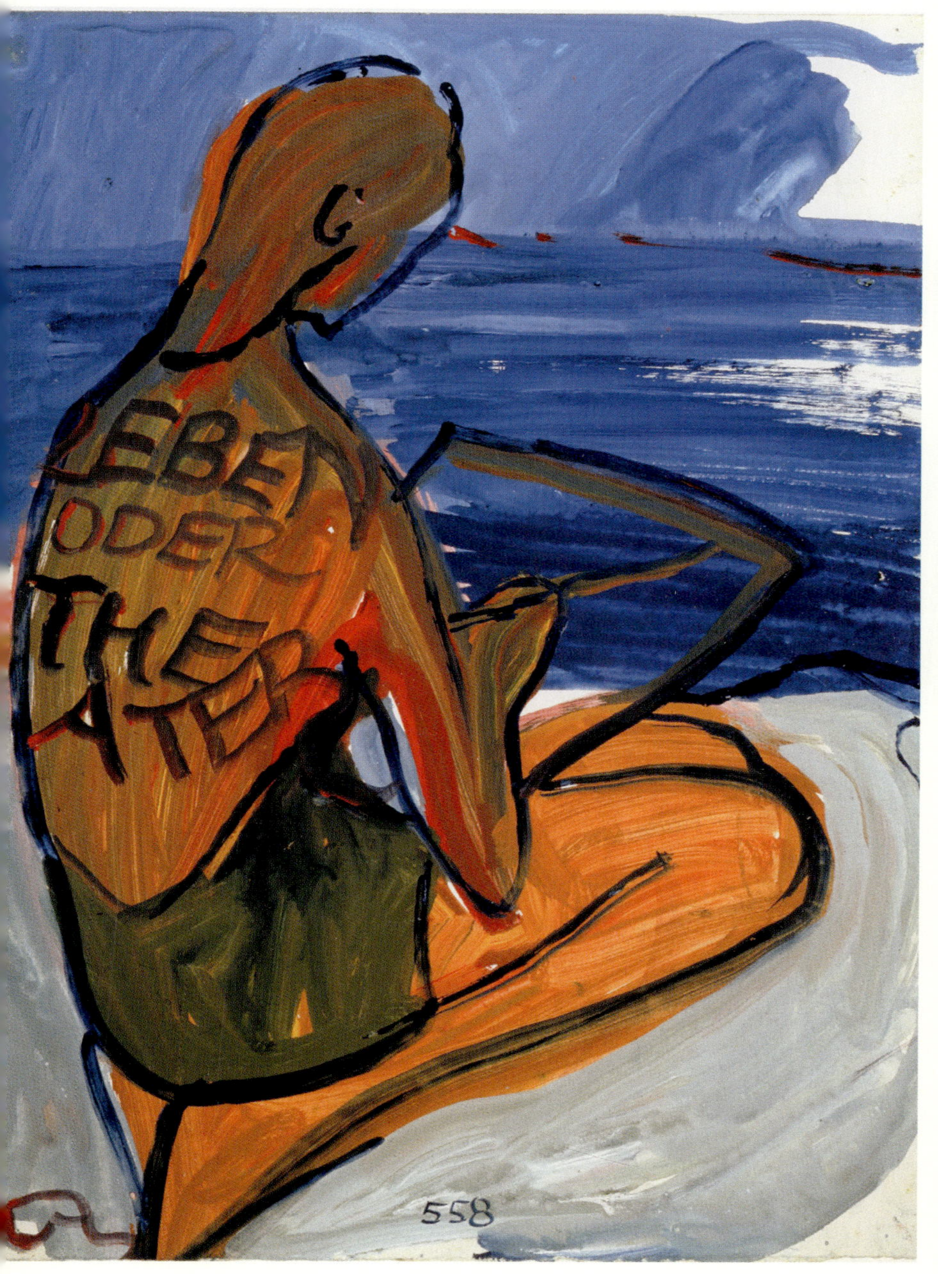

Abb. 23: Gemalt mit dem Wasser des Meeres: Leben? oder Theater? (4925)

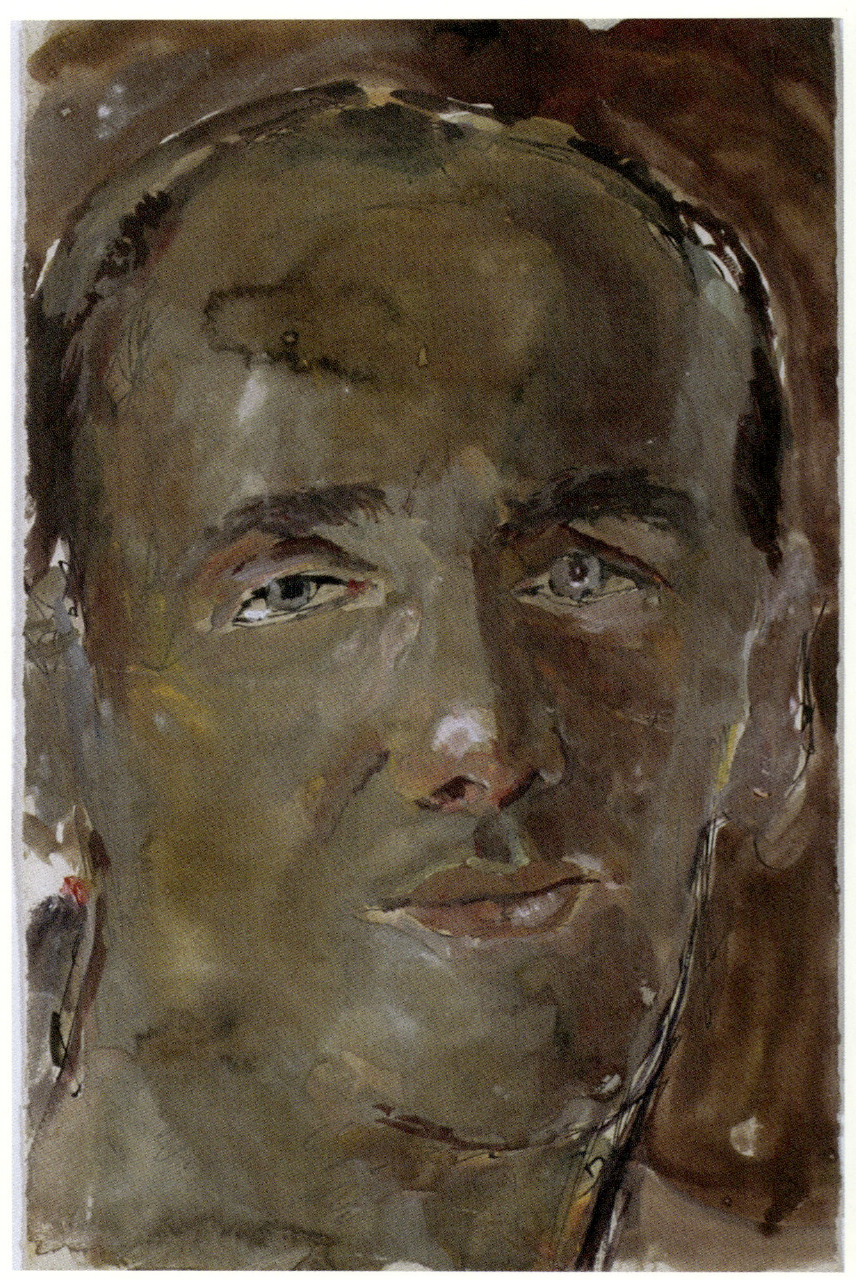

Abb. 24: Porträt Alexander Nagler (5116)

Leben? oder Theater?

Als Charlotte im Juni 1940, einen Tag nach ihrer Rückkehr aus dem Internierungslager in Gurs, in die Praxis von Dr. Moridis kam, verfiel sie unvermittelt in einen Weinkrampf. Dabei wollte sie ihn nur um Schlaftabletten bitten, um Pillen, die die Nachtmahre von ihrem Bett fernhielten, die sich auf ihre Brust setzten und ihr die Luft zum Atmen abdrückten.

»Tabletten helfen überhaupt nicht«, sagte Dr. Moridis und legte seinen Arm um ihre Schultern. »Charlotte, Sie können nur sich selbst helfen. Den Alb vertreiben Sie nicht, indem Sie auf ihn schießen. Sie müssen ihn an die Hand nehmen, damit er mit Ihnen hinabsteigt in das Reich der Vergangenheit und Ihnen hilft, Ihre Kränkungen und Schmerzen an die Oberfläche zu befördern, wie verborgenes Erz, das in tiefen Bodenschichten eingelagert ist.«

Er nahm Charlotte am Arm, führte sie um seinen Schreibtisch herum und ging mit ihr ans Fenster. Eine Weile blickten sie gemeinsam in den Garten, Blumen und Büsche wuchsen wild durcheinander, nur die Beete mit üppig blühenden Rosen verrieten die Hand des Gärtners.

»Rosen brauchen einen guten Boden, reich an Humus, und lehmig muss er sein. Sie sind Tiefwurzler, manche Wurzeln treiben sich über zwei Meter in das Erdreich hinein«, sagte Dr. Moridis. Für einen Augenblick öffnete er das Fenster, als wollte er den Duft der Rosen in das Praxiszimmer locken. »Verzeihen

Sie, Charlotte, ich bin wirklich ein Feld, Wald- und Wiesendoktor. Immer suche ich in der Natur nach Entsprechungen für das Leben.«

Charlotte probierte ein Lächeln. Es fiel verzagt aus.

»Was ich sagen will: Wie die Rosen müssen auch Sie in die Tiefe gehen. Nur wenn Sie alle Verstörungen noch einmal durchleben, die aktuellen aus dem Lager, aber auch die verdrängten Ihrer Kindheit, können Sie sich von ihnen befreien. Das erfordert viel Mut. Aber Mut haben Sie doch!«

»Ich kann nicht über meine Kindheit sprechen.«

»Aber Sie können sie malen!«, riet Dr. Moridis.

Was war das: ihre Kindheit, ihr bisheriges Leben? Die Fakten, wie man sie in einen kurzen Lebenslauf presst? Geboren 1917 in Berlin als Tochter des Arztes Dr. Albert Salomon und seiner Frau Franziska, geborene Grunwald; früher Tod der Mutter, erzogen von wechselnden Kindermädchen; 1933 wegen antisemitischer Anfeindung von der Schule gegangen, 1937 die Kunsthochschule wegen antisemitischer Anfeindung verlassen, seit 1939 im Exil bei den Großeltern in Villefranche? Oder gab es andere Ereignisse, die schwerer zu fassen waren und doch ein Leben ausmachten? Fantasien, Gefühle, Wünsche, Träume, Albträume? Was war Wirklichkeit, was Vorstellung?

Ihrer Großmutter hatte sie geraten, ihr Leben niederzuschreiben, um die Depression zu überwinden. Es hatte nicht geholfen. Es war leicht, anderen Menschen Ratschläge zu erteilen. Doch wollte sie selbst mit dieser Krise fertigwerden und sich nicht wie die Großmutter aus dem dritten Stock auf die Straße stürzen, um als blutig-amorphe Masse auf dem Pflaster zu enden, musste sie einen Weg finden, sich aus dem Schattenreich zu befreien. Es hatte sich nicht erst im Lager in Gurs mit Schreckgespenstern gefüllt: mit Ratten und Typhus, mit Einsamkeit und Gefangensein. Davon war sie fürs Erste befreit, auch wenn das Trauma sie länger bedrängen würde als die elektrischen Grenzzäune.

Zum bedrohlichsten Geist aber hatte sich ihr Großvater entwickelt. Das Leben mit ihm war unerträglich geworden: seine Art, sich ihrer zu bemächtigen, zu fordern, ihr Leben ganz in seinen Dienst zu stellen, auch seinen späten sexuellen Wünschen zu gehorchen. Und jeden Tag verhöhnte er sie als eine Frau, die zum Selbstmord bestimmt war, weil Mutter, Tante und Großmutter ihr Leben so beschlossen hatten und sie die Serie besiegeln müsse: »Wann willst du dich endlich umbringen?«

Und sie sah sich vor die Frage gestellt, sich das Leben zu nehmen oder etwas ganz Verrückt-Besonderes zu unternehmen. (4922)

Etwas Verrückt-Besonderes. Etwas Wagemutiges, Unerhörtes. Vielleicht hatte Dr. Moridis recht mit seinem Rat. Sie musste ihr Leben nieder-malen. Nicht ein paar Erinnerungen illustrieren, nein, Hunderte, vielleicht tausend Bilder ihrer Vergangenheit entwerfen. Was sich zunächst wie ein flirrendes Gespinst in ihrem Kopf eingenistet hatte, gewann an Festigkeit, nahm Kontur an, wurde zum Plan: Sie würde zeichnend und malend ihr Leben neu erschaffen, es inszenieren als ein Theater, in dem Bild, Musik und Text zu einem Ganzen verschmolzen. Als ein *Singespiel,* in dem sie alle Funktionen übernähme: Dramatikerin, Regisseurin, Bühnenbildnerin, Kostümbildnerin, Musikerin, Technikerin, Schauspielerin und auch die Rollen aller Dramatis Personae: *Ich war meine Mutter, meine Großmutter, ja, alle Personen, die vorkamen in meinem Stück, war ich selbst.*

Als Kind hatte sie mit Kasperlepuppen gespielt und erinnerte sich des großartigen Gefühls, die Figuren nach ihrem Willen zu lenken, sie Abenteuer bestehen und Heldentaten vollbringen zu lassen, sie verlieren, gewinnen, triumphieren oder geschlagen am Boden liegen zu sehen. Alles war Spiel im Theater, und alles war wahr. Sein und Schein durchdrangen einander, Wirklichkeit wurde zur Vorstellung und umgekehrt. »Wir stehen immer auf dem Theater, wenn wir auch zuletzt im Ernst erstochen werden«, hatte sie bei Büchner gelesen.

So begann sie, die Menschen, die zu ihrem Leben gehörten, in Spielfiguren zu verwandeln, ihnen neue Namen zu geben und sie aus der irritierenden Nähe in eine Distanz zu verschieben, die es ihr ermöglichte, alles und alle wie mit einem Scheinwerfer oder einer Kamera aus einer gewissen Ferne zu beleuchten, zu beobachten.

Zunächst war das Umtaufen ein mutwilliges Spiel, nicht mehr als der Spaß an Abgrenzung und Ironie. Das Namengeben erinnerte Charlotte an den biblischen Adam, der von seinem Schöpfer den Auftrag erhalten hatte, »all die Tiere auf dem Felde und alle die Vögel unter dem Himmel« mit Namen zu versehen. Wie Adam vor dem Sündenfall wies Charlotte jedem Geschöpf ihres Universums seinen ihm gebührenden Platz zu. Aus den Großeltern mit ihren biederen deutschen Namen Ludwig und Marianne Grunwald wurden Herr Dr. Knarre und Frau Knarre. Da hörte man den knarzig-preußischen Tonfall des Herrn Sanitätsrats, wenn er seinem Dienstpersonal Befehle erteilte, ebenso heraus wie Mariannes Lamentieren über ihren nicht standesgemäßen Schwiegersohn.

Ihre Stiefmutter Paula Lindberg, die gefeierte Opernsängerin, holte Charlotte vom Podest, indem sie ihr den lächerlich klingenden Namen Paulinka Bimbam gab. Der erinnerte an das Ding-Dong-Glockengeläute in Kinderliedern wie »Frère Jacques«. Aber mehr noch schwang für Charlotte in dem Namen die Musik Gustav Mahlers mit, in dessen dritter Symphonie der fünfte Satz mit dem Bimm-Bamm, Bimm-Bamm des Knabenchors einsetzt. So konnte sie Paula, die sich ihres jüdischen Namens Levi entledigt hatte, mit der Verbindung zu Gustav Mahler doch wieder eine Anmutung des Jüdischen verleihen.

Auch für andere Götter des Berliner Musiklebens fand sie klingende Namen. Den *vielseitigen Menschen* Kurt Singer, Arzt und Dirigent, verwandelte sie in Dr. Singsang und den *berühmten Dirigenten* Siegfried Ochs in Professor Klingklang. Die Liebe ihres jungen Lebens konnte sie boshaft zurechtstutzen. Alfred Wolfsohn, mittelloser Gesangspädagoge, der sich im Rausch Nietzsches und dessen Übermenschentums als göttliches Geschöpf stilisierte, wurde zu Amadeus Daberlohn, einem Menschen, der sich der Musik verschrieben hatte, es aber nur zu »darbem Lohn« brachte. Von Paulinka wusste sie, dass *daber* im Hebräischen als Anrede an eine männliche Person »Sprich!« bedeutet – eine ironische Aufforderung an einen Menschen, dessen unaufhörlicher Redefluss nicht einzudämmen war.

Nur bei ihrem Vater und ihr selbst versagte das Spiel. Ihr Vater war die Verkörperung eines Menschen, der das Gute in die Welt bringen wollte und auch im Scheitern Würde bewahrte. Seine Person entzog sich der frivolen Verwandlung in eine komische Figur. Lange grübelte Charlotte über seinen Bühnennamen nach, dann schrieb sie: *Dr. Kann* – ein Arzt, *Charlotte Kann* – seine Tochter. »Können« bedeutete doch die Fähigkeit, eine Wirklichkeit zu erschaffen und ein Versprechen zu geben auf reales Sein.

Die Bühne ihres Lebens war aufgeschlagen, mit den Namen hatte sie ihre Figuren auf die Bretter gestellt, die Farben für die Kulissen standen bereit. Das Grammofon war eingeschaltet, damit Musik ihre Geschichte inspirieren und die Szene beschallen konnte: Charlotte Salomon versuchte ihrem Leben durch die Kunst Form zu geben, brach mit herkömmlichen Ausdrucksmitteln und experimentierte mit neuen ästhetischen Möglichkeiten. Sie vermengte Elemente von Stationen-Drama, Stummfilm, Comicstrip, Daumenkino, Moritat und Cartoon, mischte wie ein Toningenieur im Studio Musik und Sprache unter und über die Malerei und kreierte so ein höchst originelles künstlerisches Produkt, wie es Vergleichbares bis dahin nicht gab – und bis heute nicht gibt. Sie riskierte viel, öffnete ihr Innerstes, trug ihre Haut zu Markte – um ihre Haut zu retten, sich als Person zu bewahren. Im Sommer 1940 begann sie ihr Werk, eine Operetta furiosa: *Leben? oder Theater?*

Dem ersten Entwurf folgten die Mühen der Praxis: Wie sollte sie vorgehen bei diesem Projekt? Womit beginnen? Im Schauspiel konnte man mitten in eine Szene hineinspringen, von da aus das Geschehen vor- und zurückrollen und es dem Zuschauer überlassen, im Kopf einen Zusammenhang herzustellen. Aber sie wollte eine chronologische Ordnung, auch wenn ihr bisheriges Leben alles andere als geradlinig verlaufen war, Brüche und Verwerfungen kannte, Umwege und Verirrungen. Sie würde sich zuerst mit den Frauen in ihrer Familie beschäftigen, in deren Schicksale sie sich eingebunden fühlte; das ihrer Tante Charlotte, der Schwester ihrer Mutter, die sich als junges Mädchen ertränkt hatte; das ihrer Mutter Franziska, die ihr das Leben geschenkt, sich ihr eigenes aber genommen hatte; und schließlich das ihrer Großmutter Marianne, deren Leben sie, Charlotte, hatte retten wollen, die aber vor ihren Augen aus dem Fenster gesprungen war.

Der Großvater redete von dem Zeichen, das er auf ihrer Stirn sah. Sie wollte das Zeichen auslöschen, aber sie musste es anschauen und sich mit dem Fluch, der auf den Frauen in ihrer Familie zu lasten schien, auseinandersetzen. Das könnte das Vorspiel ihres Werks sein. Im zweiten Akt, dem Hauptteil, müssten die entscheidenden Personen auftreten, die ihre jungen Jahre in Berlin geprägt hatten, ihre Stiefmutter Paula Lindberg und der Geliebte

Alfred Wolfsohn. Das Nachspiel würde in Südfrankreich stattfinden und damit schließen, dass sie ihrer Malerei ein Ende setzte – aber eben nicht ihrem Leben.

Fenster zum Leben

Eine Frau steht am Fenster. Sie steht vor einem Hintergrund aus tiefem Königsblau. Dagegen hebt sich die Figur ab, gekleidet in ein sanft rehbraunes Kleid. Die Gesichtszüge der Frau sind von fragiler Schönheit: die Augen übergroß und dunkel umschattet, das Haar hochgebunden, das Gesicht lang und schmal, am Kinn in einen spitzen Winkel zulaufend, der Mund leicht geöffnet, der Hals gestreckt wie bei den Frauen Modiglianis. Die überlangen Hände liegen auf dem weißgrauen Fensterbrett, als suchten sie einen Weg nach draußen.

Charlotte Salomon malt ihre verstorbene Mutter Franziska mit den Augen einer liebenden Tochter; Sanftmut, Schönheit und Melancholie geben der Porträtierten eine gewinnende Ausstrahlung. Entrücktheit in Blau. Den Text hat die Malerin auf Tonpapier geschrieben und über die Gouache gelegt, sodass das Motiv und die intensive Farbigkeit durchscheinen: *Lange stand sie so am Fenster – sehnsuchtsvoll und träumerisch.* (4289, Abb. 2*)

Das nächste Bild nimmt das Motiv auf, wechselt aber die Perspektive. Die Frau am Fenster steht mit dem Rücken zum Betrachter, schaut in eine blaue Nacht, die konturlos erscheint, in groben Pinselstrichen mehr gebürstet als gemalt. Am Oval des Hinterkopfs deuten braun-rote Tupfer einen Knoten an. Das

Kleid ist hochgeschlossen, mit langen Ärmeln und von einem Blau, von dem man dachte, dass Yves Klein es erfunden hätte. Die Arme hängen lose am Körper herab. Die Hände halten sich nicht mehr am Fensterbrett fest, sie berühren es nur noch, weisen dabei nicht – wie die übrige Figur – nach außen, sondern mit den Fingern nach innen: Sie strebt fort ins Ungewisse und sucht gleichzeitig im schützenden Raum zu verharren. Aller individuellen Züge beraubt, ist sie nur noch ein Schatten, eine Hülle aus zu höchster Intensität verdichtetem Blau. Noch mehr Sehnsucht, noch weniger Halt im Leben: *Lange stand sie so – Ja, sie stand an diesem Fenster, denn –* (4290)

Das dritte Bild dieser Sequenz öffnet die Fensterflügel weit. Das Zimmer ist leer, der Fußboden nimmt ein Drittel der Komposition ein, die Bohlen streben vertikal auf die Fensteröffnung zu. Die Wand, die das Fenster einrahmt, ist in kaltem Grün gehalten, die Flügel heller abgesetzt. Der Blick geht ins Leere, in einen einförmig hellblau verwischten Himmel, vor dem am unteren Rand der Brüstung ein schmales, mit rötlich braunen Ziegeln bedecktes Dach erscheint, darunter ein Streifen Häuserwand. Das Zimmer muss in einem hohen Stockwerk liegen, wenn man von ihm auf Dächer blicken kann. Ein stilles Leben breitet sich vor dem Betrachter aus, still und geisterhaft: Das unbehagliche Grün stört die Vorstellung eines romantischen Tableaus. Der Text vollendet die Geschichte der Frau, die sehnsuchtsvoll am Fenster stand: *Jetzt steht sie nicht mehr dort. – Ach, an einem anderen Ort – weilt sie nun.* (4291)

Charlotte Salomon malt die Geschichte ihrer Mutter Franziska, die sich aus dem Fenster stürzte, als die Tochter acht Jahre alt war. Drei Bilder von ungeheurer Eindringlichkeit und schockierender Verknappung entfalten die erste Katastrophe in Charlottes Leben. Das Fenster als Motiv in ihrem Werk wird sie nicht mehr verlassen, immer wieder taucht es als Symbol der Verführung auf, sich fallen zu lassen ins Nichts. Aber Charlotte Salomon findet die Kraft, es von einer Einladung zum Tode zu einer Anstiftung zum Leben umzuwidmen. Auf einem ihrer letzten Bilder wird ihr der Zeichenblock zum durchsichtigen Fenster, durch das in weiß-blauer Schönheit das Meer schimmert.

Franziska zieht in den Krieg

»Das kommt überhaupt nicht infrage!« Ludwig Grunwalds Stimme hatte die schneidende Schärfe eines Mannes, der es gewohnt ist, seinen Willen durchzusetzen. Das Besteck klirrte, als er es unachtsam auf den Teller fallen ließ.

»Pas devant les domestiques!«, mahnte seine Frau Marianne, da im selben Augenblick Grete eintrat, um den Braten nachzulegen.

Es war Ende Juli 1914, der Krieg schien unausweichlich. Erst hatte es nach der Ermordung des österreichischen Thronfolgers so ausgesehen, als sollte der Konflikt lokal begrenzt bleiben. Aber mit den Verlautbarungen des deutschen Kaisers, Österreich im Kampf gegen Serbien und dessen möglichen Verbündeten Russland bedingungslos zu unterstützen, war auch in Deutschland die Kriegsbegeisterung gewachsen. »Serbien muss sterbien«, sangen betrunkene Burschenschafter in Berliner Kneipen. Die Zeitungen schrieben, nur ein Krieg könne die Situation auf dem Balkan ein für alle Mal bereinigen und Russlands Gier nach Expansion eindämmen.

Es war ein Bilderbuchsommer. Die Menschen in Berlin standen an den milden Abenden lange auf den Trottoirs und Plätzen und diskutierten die Weltlage. Der Krieg würde nicht lange dauern, drei Monate vielleicht, und an Weihnachten wären alle Soldaten wieder zu Hause. Die Einberufungsstellen vermeldeten einen Ansturm von Kriegsfreiwilligen. Am 28. Juli war der Krieg erklärt, und die ersten Soldaten rückten an die Front.

»Das kommt nicht infrage«, wiederholte Ludwig Grunwald, nachdem Grete das Esszimmer verlassen hatte.

Franziska hatte den Eltern soeben eröffnet, sich als Krankenschwester an die Front melden zu wollen. Als Hilfsschwester, genauer gesagt. Sie habe ja nichts Ordentliches gelernt. Aber auch ungelernte Kräfte würden in den Lazaretten gesucht. (4158)

Ludwig und Marianne Grunwald waren entsetzt. Der Idealismus ihrer 23-jährigen Tochter in Ehren, aber was stellte sich denn das Mädchen vor? Als ginge es in den Krieg wie zu einem Wohltätigkeitsball? Ludwig wusste von älteren Kollegen, die im Deutsch-Französischen Krieg 1870/71 gedient hatten, was die Arbeit in Lazaretten bedeutete. Nur die stärksten Naturen konnten das tägliche Elend verkraften, ohne verrückt zu werden. Und Gefahr für Leib und Leben drohte immer, auch wenn das Rote Kreuz auf den Krankenzelten deutlich sichtbar angebracht war.

Es war erst ein Jahr her, dass sich Franziskas Schwester Charlotte in einem Anfall von Melancholie als Achtzehnjährige im Schlachtensee ertränkt hatte. Die Trauer über den Verlust saß bei den Eltern tief. Und jetzt eine zweite Tochter verlieren? Sie in den Krieg schicken und nicht wissen, ob sie heil zurückkommt?

»Das kommt nicht infrage«, wiederholte Ludwig ein drittes Mal. Marianne hatte den Teller mit Braten und Teltower Rübchen weit von sich geschoben und ihre Serviette an die Augen gedrückt. Franziska hielt den Blick gesenkt. Aber sie hatte immer noch das Tafelmesser in der Hand, als müsste sie sich damit verteidigen.

Fränze, wie Franziska genannt wurde, setzte ihre Eltern in

Erstaunen. Das Mädchen, das oft unlustig und untätig in den Tag geblickt und sich die Zeit mit Französischstunden, Lesen und Klavierspiel vertrieben hatte, entwickelte plötzlich eine Stärke, die ihr niemand zugetraut hatte. Und sie packte ihren Vater an seiner schwächsten, der patriotischen Stelle.

»Jetzt, wo ich endlich einmal etwas Nützliches für Volk und Vaterland tun kann, willst du es mir verweigern?«

Sie sah aus wie ein Strich in der Landschaft, ein ätherisches Wesen, das sich aufzulösen drohte, sollte sich ein starker Wind erheben. Schon mit zwanzig Jahren legte sie Wert auf elegante Kleidung, betonte ihre schlanke Figur durch lange, bleistiftenge Röcke und schmal geschnittene Jacken. Konnte man sich Franziska mit blutverschmiertem Kittel und derben Schnürschuhen vorstellen?

Sie konnte sich so sehen – und sie setzte sich gegen die besorgten Eltern durch. Sie wurde Krankenschwester, nicht an der Front, aber im Lazarett des Auguste-Victoria-Krankenhauses in Berlin-Weißensee. Wenn sie am Wochenende nach Hause kam, erschöpft und gleichzeitig heiter, setzte sie sich ans Klavier und spielte Chopin-Polonaisen, spielte sie nicht so lyrisch wie früher, nicht mehr sostenuto, sondern appassionato.

Es dauerte eine ganze Weile, bis die Eltern darauf kamen, dass nicht nur der neu gefundene Sinn durch Arbeit ihre Tochter so strahlend und unbesiegbar erscheinen ließ, sondern ein Ereignis eingetreten war, das gemeinhin junge Mädchen aufblühen lässt: Franziska Grunwald hatte sich verliebt. Hatte sich in den Arzt Dr. Albert Salomon verliebt, der als Chirurg an ihrem Lazarett tätig war. Vielleicht war es auch umgekehrt gewesen: Albert hatte Franziska umworben, und sie hatte seine Liebe erwidert.

Wie ihre Eltern sich kennen und lieben gelernt hatten, war für Charlotte Geschichte. Vielleicht hatte die Mutter ihr von der ersten Begegnung mit dem Vater erzählt. Dass der von Natur aus eher schweigsame Albert Salomon mit dem Kind darüber gesprochen hatte, war unwahrscheinlich.

Charlotte stellt sich die Ereignisse, die 25 Jahre zurückliegen, in der Art eines Comicstrips vor und malt die Annäherung des ungleichen Paares, des Oberarztes und der Hilfskrankenschwester aus großbürgerlichem Hause, als diagonal verlaufende Bildergeschichte. (4160) Sie spielt in einem Ambiente, das allgemein nicht als Ort romantischer Verführung gilt: im Operationssaal. Franziska Grunwald assistiert dem Doktor Salomon beim Operieren. Der Unterleib eines Patienten liegt nackt da, den Kopf hält die Schwester mit dem Laken zugedeckt. Im weiteren Verlauf des chirurgischen Eingriffs muss Franziska dem erkälteten Operateur die triefende Nase putzen: ein Körperkontakt, der alle Vorstellungen von erotischer Annäherung der Lächerlichkeit preisgibt.

Nach der Operation geht Franziska im Krankensaal von Bett zu Bett und versorgt die Patienten. Die weitere Geschichte entwickelt sich wie die Sequenz eines Stummfilms: Chirurg und Assistentin bewegen sich aus verschiedenen Richtungen aufeinander zu, treffen sich zunächst wie absichtslos am Ende der Visite, kommen miteinander ins Gespräch, die Köpfe werden größer, rücken einander immer näher …

Im Jahr 1916 erschien der 33-jährige Dr. Albert Salomon, der immer noch aussah wie ein junger Mann Anfang zwanzig und schüchtern und ein wenig linkisch wirkte – linkisch war er nur nicht, wenn er ein Skalpell in Händen hielt –, in der Villa des Ehepaars Grunwald in der Kochstraße und hielt beim Vater um die Hand der Tochter Franziska an. (4161) Er wurde nicht gerade mit Begeisterung aufgenommen. Das Abendessen war förmlich, und die Reaktionen auf die Auskünfte über seinen Besitz (Fehlanzeige), über seine Herkunft (das kleine Dorf Röbel im Mecklenburgischen), seine Eltern (beide schon gestorben) vermittelten ihm den Eindruck, dass sich die Eltern Grunwald einen anderen Ehemann für ihre Tochter vorgestellt hatten: einen von großbürgerlichem Zuschnitt, vornehm, reich. Das Einzige, was vielleicht für ihn sprach, war seine jüdische Herkunft.

Die Atmosphäre des Grunwald'schen Hauses schüchterte Albert ein. Franziskas Mutter trug ein Gesicht zur Schau, in das reine Missbilligung geschrieben stand. Franziska selbst war, wie es sich gehörte, für das Gespräch aus dem Raum gegangen. Nach dem Ende der Befragung folgten ihr die Eltern, um sich zu beraten, und ließen Albert auf dem schweren braunen Ledersofa wie einen armen Sünder sitzen, der kein gnädiges Urteil zu erwarten hat. Schließlich kam das Ehepaar zurück, und Ludwig Grunwald erhob die Stimme – offensichtlich liebte er seine Rolle als orthodoxer Patriarch: *Ja, du sollst sie haben, doch – es ist ein kostbar Gut, was wir dir da anvertraun.* Er wiederholte insistierend, *daß seine Tochter – auch abgesehen von der ansehnlichen Mitgift, die er bereit ist, ihr zu geben – ein besonders kostbares Gut ist, das sehr schonend und liebevoll behandelt werden müsse.* (4163)

Dem künftigen Schwiegersohn erschien die Zustimmung mehr Drohung als Einverständnis. Aber da betrat Franziska den Raum, umarmte ihren Verlobten zärtlich und geleitete ihn die geschwungene Treppe des Hauses hinaus ins Freie.

Als die beiden 1916 heirateten, war Albert weiterhin Lazarettarzt, er trug bei der Hochzeit Offiziersuniform. Die Braut war schön, die Hochzeitsgesellschaft erlesen, und nach der standesamtlichen Zeremonie erklang der Hochzeitsmarsch aus Mendelssohns *Sommernachtstraum.* Das Mahl im großen Salon des Grunwald'schen Hauses bog zwar nicht die Tische, doch es bedeckte sie vollständig mit lauter Köstlichkeiten der gehobenen Küche. Der Krieg schien weit weg. Zum Dessert erklang »Wir winden dir den Jungfernkranz« als weitere musikalische Untermalung einer deutschen Hochzeit. Die Braut selbst bediente das Piano und wurde gebührend gefeiert. Auf den Brautchor aus Wagners *Lohengrin* »Treulich geführt«, als Hochzeitsmusik in deutschen Familien ebenfalls höchst beliebt, wurde verzichtet. Nicht dass man sich im jüdischen Hause Grunwald vom Antisemiten Wagner distanzieren wollte, Marianne Grunwald liebte Wagner, aber sie hatte eingewandt, dass mit der Hochzeit Lohengrins und Elsas auch schon das Ende der Verbindung des Paares beginne, das müsse man nicht unbedingt beschwören.

Ludwig Grunwald hatte seinem Schwiegersohn deutlich zu verstehen gegeben, dass als Ambiente für die erste Nacht mit einem der vornehmsten Mädchen der Stadt nur das beste Hotel am Platz infrage komme, das Adlon also. Und Albert hatte eilfertig versichert: Ja, natürlich sei das Adlon die richtige Adresse. Er liebe den Komfort, schon als kleiner Junge habe er ein Faible für schöne Hotels gehabt.

Solche Selbstinszenierung passte überhaupt nicht zum bescheidenen Albert Salomon und war darüber hinaus eine Schwindelei: Er war in bitterarmen Verhältnissen aufgewachsen, seine Mutter bei der Geburt und der Vater neun Jahre später gestorben. Wechselnde Tanten hatten mehr oder weniger bereitwillig den Jungen aufgezogen. Aber wenigstens am Hochzeitstag wollte Albert einen weltläufigen Eindruck machen.

Charlotte malt die Hochzeitsnacht des jungen Paares als Theaterstück in drei Akten, mit dem feinen Hotel als Bühnenraum. (4166) Im ersten Bild reduziert sie das Hotel auf eine mit roten Plüschläufern ausgelegte Treppe, unten flankiert von einem livrierten Diener im Halbprofil. Albert und Franziska steigen die Treppe hinauf, aber nur ihre am Rumpf abgeschnittenen Beine bewegen sich aufwärts, die Oberkörper fehlen. Im Zimmer angekommen, stehen sie im zweiten Bild nah nebeneinander, Albert umfasst die Taille seiner Angetrauten, beide halten sich an den Händen, eher furchtsam als zärtlich. Die Zimmertür ist geöffnet, als böte sie eine Fluchtmöglichkeit. Auch hier köpft Charlotte das junge Paar, schneidet es an den Schultern ab. Ganz verloren wirken die Körper inmitten der in Himmelblau getauchten Belle-Époque-Pracht einer Hochzeitssuite: Empire-Sesselchen, geschwungene Kommode mit Kerzenleuchter, opulentes Bettgestell, über dessen Kopfteil ein holzgeschnitzter Engelkopf mit Flügeln wacht. Die Bettdecke schimmert weiß und seiden.

Nach dem Rot des Aufstiegs zum Hochzeitszimmer, der feierlichen Ankunft ganz in Blau, überantwortet Charlotte das junge Paar im dritten Bild einem hoffnungslosen Dunkel. Zwei winzige Köpfchen, kaum zu erkennen, ruhen im Bett wie in einer Gruft, die Körper unter einer schweren Daunendecke verborgen. Über die Szene paust die Malerin den Satz: *Es scheint grade Vollmond zu sein.* Aber nicht der geringste Schimmer Mondlicht durchdringt die Düsternis der Nacht. So lässt die Malerin mit einem Anflug spitzen Spotts im Dunkel, was in dieser Nacht aller Nächte stattgefunden oder nicht stattgefunden hat.

Albert musste am nächsten Tag wieder nach Weißensee ins Lazarett. Franziska aber verstaute die Krankenschwesterhaube im Schrank, in ihren Kreisen arbeitete eine verheiratete Frau nicht. So schien nach ihrem Aufbruch ins tätige Leben ihr Arsenal an Widerstand gegen etablierte Rollenbilder mit der Hochzeit aufgebraucht; sie zog als Hausfrau in die große Fünfzimmerwohnung, die Albert Salomon in der Wielandstraße im gutbürgerlichen Charlottenburg gemietet hatte. Bald wurde sie schwanger, und am 16. April 1917 kam Charlotte zur Welt. Albert wurde gegen Ende des Krieges an die Front versetzt und arbeitete in einem Kriegslazarett in Tucquegnieux im lothringischen Frankreich.

Vielleicht wäre es für ihn möglich gewesen, als Soldat in

Deutschland zu bleiben: Militärärzte wurden schließlich nicht nur bei Kampfhandlungen eingesetzt. Die Königliche Chirurgische Universitätsklinik in der Berliner Ziegelstraße, an der er seit 1909 angestellt war, wartete auf die Rückkehr eines ihrer begabtesten Chirurgen. Aber Albert Salomon war ein überzeugter Patriot und sah es als seine Pflicht an, Kaiser und Vaterland in schwerer Zeit dort zu dienen, wo er am meisten gebraucht wurde. Je länger der Krieg dauerte und das Gemetzel an der Somme und bei Verdun sich hinzog, je mehr abgerissene Gliedmaßen Salomon bis zu zwanzig Stunden am Tag in den Lazarettzelten annähte, Granatsplitter entfernte, Arme und Beine amputierte und Stöhnen, Weinen und Brüllen verletzter oder sterbender junger Soldaten ertrug, desto mehr wurde sein Glaube an den gerechten Krieg erschüttert, nicht aber seine Loyalität als deutscher Soldat.

Zweifel hob er sich für später auf, in der akuten Situation handelte er als Arzt, der alles tat, um Leben zu retten, und harrte im provisorisch errichteten Feldlazarett am Operationstisch aus, selbst wenn um ihn herum Bomben und Granaten einschlugen. Natürlich würde er den Teufel tun, seiner jungen Frau von waghalsigen Rettungsaktionen zu schreiben, sie sollte im Glauben bleiben, er praktiziere weit hinter der Front in gut ausgestatteten, von deutschen Truppen beschlagnahmten französischen Krankenhäusern.

Vorwitzig und verbockt

Charlotte war ein Schreikind. Solche Kinder schreien Tag und Nacht ohne ersichtlichen Grund. Charlotte aber erschien es im Rückblick, dass sie sehr wohl einen Grund gehabt hatte, denn sie war mit ihrer Geburt ganz und gar nicht einverstanden gewesen. Niemand hatte sie gefragt, ob es ihr recht sei, auf diese Welt zu kommen, und der grundsätzliche Protest dagegen weitete sich schon in ihrer Kindheit auf alle Versuche anderer Menschen aus, über ihr Leben zu verfügen.

In den ersten Wochen herrschte in der Wielandstraße eine *allmächtige Säuglingsschwester,* eine matronenhafte Person, vor der Franziska Angst hatte. Diese Frau, die Marianne Grunwald als Hilfe für die unwissende junge Mutter engagiert hatte, wusste alles: »was sich gehört«, »wie man mit Kindern umgeht«, »wie man ihnen ungezogenes Verhalten abgewöhnt«. So ließ man ein Kind durchschreien, weil es sonst zum Tyrannen wurde. So durfte man es nur zu bestimmten Zeiten füttern, weil es sonst despotische Züge annahm, so sollte es nur in einem ungeheizten Zimmer schlafen, weil es sonst als Memme ständig kränkelte.

Franziska war manchmal mit den Nerven am Ende. Doch wenn sie das kleine Wesen stillte, in dem so viel Leben steckte, dass es das ständig herausschreien musste, spürte sie zugleich, wie sich ihr eigenes Leben mit Sinn füllte. Dann schickte sie die Säuglingsschwester aus dem Raum, um die Intimität und körperliche Nähe zu ihrer Tochter zu genießen, ihr den Kopf zu streicheln, auf dem ein seidig-zarter Flaum wuchs, ihr zuzusehen, wie sie gierig und laut schmatzend die Milch einsog. Franziska war eine glückliche Mutter. *Auch den hohen weißen Kinderwagen mit dem Stecknadelknopfkopf von der neuen Charlotte schob sie immer selbst.* (4171)

Aber sie war viel allein mit Charlotte. Manchmal besuchte sie ihre Eltern in der Kochstraße. Die Großmutter war begeistert von dem kleinen wohlgeratenen Mädchen. Der Großvater warf jedes Mal einen prüfenden Blick auf das eingepackte Bündel, als wollte er kontrollieren, ob es noch atmete. Mehr schien ihn nicht zu interessieren. Die Eltern versuchten Franziska zu bewegen, mit Charlotte zu ihnen in die Kochstraße zu ziehen, solange der Krieg andauere. »In der riesigen leeren Wohnung in der Wielandstraße musst du ja zipfelsinnig werden«, sagte Ludwig Grunwald. Aber Franziska wollte nicht bei ihren Eltern wohnen.

Der Krieg zog sich hin, Charlotte wurde größer. Am liebsten saß sie auf ihrem Kinderstühlchen im Salon und lauschte dem Klavierspiel der Mutter. »Sie liebt schon Bach«, schrieb Franziska ihrem Mann an die Front. »Wie soll das enden?« Albert schrieb zurück: »Ich liebe auch Bach, wenn Du ihn spielst. So ist Lotte ganz meine Tochter. Du kannst ja vorläufig Dein Spiel mit Beethoven enden: ›Freude, schöner Götterfunken‹.«

Von einer Ode an die Freude aber war die Familie Salomon weit entfernt.

Immer wenn Albert nach einem Heimaturlaub wieder an die Front musste, begleitete Franziska ihn zum Anhalter Bahnhof. Sie wollte ihn einfach nicht fahren lassen, und es half wenig, ihr vorzuhalten, was geschehen würde, wenn er nicht pünktlich zum Dienst erschiene. Immer musste Albert sich mit Gewalt losreißen, und im Zug spürte er noch lange die Feuchtigkeit seines Hemdkragens, den sie nass geschluchzt hatte.

Sie ist eben sensibel, dachte Albert. Und natürlich: Sie liebt mich, sie will, dass ich lebend zurückkomme. Aber ging das nicht allen Frauen so, die ihre Männer an der Front wussten? Musste jedes Mal ein solches Drama aufgeführt werden!

Dann war der Krieg zu Ende. Albert kam nach Hause und ging am Morgen nach seiner Heimkehr in die Klinik, als wäre der Krieg nur eine kurze Unterbrechung gewesen, als könnte er nahtlos in Arbeit und Forschung wieder da anknüpfen, wo er mit der Einberufung als Soldat aufgehört hatte. Für ihn war das möglich. Auch wenn die Ausstattung mit Instrumenten und Medikamenten unter den Kriegsjahren gelitten hatte, konnte er sein wissenschaftliches Projekt fortsetzen: durch spezielle radiologische Verfahren die Früherkennung von Krebs zu verbessern und neue Operationsmethoden zu entwickeln.

Die ersten Wochen und Monate nach dem verlorenen Krieg waren schwierig, politische Unruhen erschütterten die Stadt: der Kaiser gestürzt und ins Exil gezwungen, Berlin heimgesucht von Spartakistenaufständen und marodierenden Freicorps, die dramatischen Ereignisse des 9. November 1918, an dem in Berlin zweimal die Republik ausgerufen wurde, die miserable Versorgungslage.

Das alles ging an der Familie Salomon nicht spurlos vorbei – und doch betraf es sie weniger als andere. Die große Wohnung in Charlottenburg blieb ein Hort kultivierten Lebensstils, gutes Personal war leicht zu engagieren, die Einschränkungen, die sich aus dem Mangel an Lebensmitteln und Heizmaterial ergaben, trug man mit Würde. Und sehr schnell machte Albert Karriere an der Universitätsklinik und habilitierte sich. Es war nur eine Frage der Zeit, wann er zum Professor ernannt werden würde.

Bald auch regte sich in Berlin so etwas wie eine neue Lebensfreude, das Graue, Monotone verschwand aus den Straßen. Tanzpaläste öffneten und Konzerthallen, und die gebildeten Kreise ließen sich in Begeisterung oder Missfallen über Opernpremieren aus, jeden Tag erschien eine neue Zeitung, die Frauen probierten Seidenstrümpfe und Lippenstift aus und tanzten Charleston.

Albert nahm diese gesellschaftliche Entwicklung nur am Rande wahr, all seine Energien ließ er in der Klinik. Aber konnte Franziska sich nicht anstecken lassen von der neuen Unbeschwertheit? Ganz Berlin stand ihr offen, sie konnte am literarischen Leben teilnehmen, hatte Zugang zu den Salons, kannte die einflussreichsten Familien der Stadt. Albert bemühte sich, ihre kulturellen Vorlieben zu teilen, ging mit ihr in Konzerte, in die wiedereröffnete Kroll-Oper und ließ sich die umwälzenden Neuerungen auf der Bühne und in der Literatur erklären, ließ sich vorschwärmen von Leopold Jessners Inszenierungen im Schauspielhaus am Gendarmenmarkt und vom Spiel des jungen Fritz Kortner, aufklären über die Dramen Wedekinds, die, schon vor dem Krieg erschienen, jetzt erst wahrgenommen wurden. Er hätte sich sogar von ihrer Begeisterung für *die* Errungenschaft der modernen Zeiten, das Kino, mitreißen lassen – wäre er nicht einfach zu beschäftigt gewesen und nicht regelmäßig in der Oper, im Konzertsaal und im Lichtspielhaus eingeschlafen.

Natürlich vernachlässigte er seine Familie, man konnte nicht auf allen Altären Kerzen abbrennen. Aber schließlich kam Franziska aus einer Arztfamilie und wusste, dass es dort keinen geregelten Feierabend wie bei einem Ministerialbeamten gab. Und sie hatte doch das Kind, um das sie sich kümmern konnte. Und das Kind gedieh, nahm zu an Alter und Vorwitz, war hinreißend altklug und eigensinnig-verbockt.

Im Vorschulalter ließ sich Charlottes Temperament noch in die Bahnen sportlicher Entladung lenken: Sie lernte eislaufen, spielte mit Ball und Reifen, brachte auf ihrem Roller Fußgänger auf dem Bürgersteig in Bedrängnis. Manchmal mussten die Eltern sie entschuldigen und waren dennoch entzückt von Charlottes Lebhaftigkeit. (4285) Aber nur wenige Tage nach der Einschulung häuften sich die Beschwerden, und das Entzücken schwand.

»Was haben wir nur falsch gemacht?«, fragte Franziska.

»Vielleicht machen *wir* gar nichts falsch, vielleicht versagen die Lehrer, die mit einem eigenwilligen Kind nicht klarkommen«, lenkte Albert ein. Aber auch er reagierte zunehmend genervt, als ständig Briefe in der Wielandstraße eintrafen, die seine Tochter als widerspenstig, ungehorsam und trotzköpfig beschrieben und an seine väterliche Autorität appellierten, der Sechsjährigen das »Folgen« beizubringen, also die brave Einfügung in den Lehrerwillen.

Franziska versuchte, ihren Einfluss auf Charlotte geltend zu machen und dem wilden Kind Zügel anzulegen, die es zwar immer wieder abstreifte, hin und wieder jedoch großmütig tolerierte. Und manchmal, obgleich eher selten, war Charlotte ein Kind, »wie es sein sollte«, wie Großmutter Grunwald die Erwartungen formulierte, die man an ein Kind »mit diesem Hintergrund« haben durfte: fröhlich, wohlerzogen, adrett angezogen, lebhaften Geistes und dankbaren Gemüts.

Der Prinz und das Mädchen

Ihr Geburtstag war immer ein großes Fest. Die ganze Klasse wurde eingeladen zu Kaffee und Abendbrot, und Kurt hielt eine große Rede, in der er die Gäste aufforderte, auf das Wohl der Jubilarin anzustoßen. (4174)

Die *Jubilarin* wurde sieben Jahre alt. Sie liebte Kurt, den Nachbarsjungen mit den schwarzen krausen Haaren, der mit ihr um die Wette Roller fuhr, im Tierpark auf Bäume kletterte und in der Dunkelheit Klingelputzen spielte. Das war etwas anderes als die langweiligen Mädchenspiele.

Charlotte saß an der Stirnseite des langen Tisches im Wohnzimmer. Sehr aufrecht, mit durchgedrücktem Rücken, führte sie den Vorsitz über die Festgesellschaft, als Zeichen ihrer Würde trug sie eine weiße Papierkrone. Franziska verteilte Himbeersaft und Gebäck an die kleinen Gäste, die sich auf den mit Brokatstoffen bezogenen Stühlen strecken mussten, um an die Teller zu gelangen.

Eine Überraschung wurde angekündigt: Als Geschenk der Großeltern war ein Kasperletheater mit geschnitzten Puppen aus dem Erzgebirge eingetroffen. Franziska hatte ihre Beziehung zu einem Professor der Schauspielschule spielen lassen und mit dessen Hilfe zwei Schauspielschüler engagiert, die die Handpuppen bedienten und in die klassischen Rollen des Kasperlspiels schlüpften.

Tritratrallala, und schon erschienen Prinz und Prinzessin, prachtvoll ausstaffiert ritten sie zum königlichen Schloss, um dort Hochzeit zu feiern. Im Hinterhalt lauerte jedoch ein Räuber, der das Pferd der Prinzessin ins Gebüsch lockte, sich hinter ihr auf den Rücken schwang und mit der Schönen davonpreschte, während er dem Prinzen noch die Bedingung zurief, unter der er seine Braut zurückhaben könne: »Ein Königreich für ein Pferd.«

Aber nur Franziska lachte, die Kinder waren erbost über den feigen Räuber. Kasperl und Seppl hatten die Entführung beobachtet und sannen darüber nach, wie sie dem schnöden Räuber das Handwerk legen könnten. Natürlich nahm alles ein gutes Ende, die Welt kam ins Lot, die Kinder jubelten, die Studenten jubelten auch, denn die Gage im Hause Salomon war großzügig. Nur Charlotte saß hoheitsvoll auf ihrem Ehrenplatz und verzog keine Miene.

»Aber Lotte, hat dir das Spiel nicht gefallen?«, fragte die Mutter, fragte abends auch Albert, als er aus der Klinik kam.

»Das stimmt doch alles nicht«, sagte Charlotte streng.

»Es ist eben ein Spiel, Theater«, erklärte Albert. »In der Fantasie kann man sich so eine Geschichte doch vorstellen.«

»Es ist wie im Märchen«, pflichtete Franziska etwas kläglich bei, »die Geschichten dort sind auch nicht in Wirklichkeit passiert.«

»Ich will kein so blödes Theater mit Prinzen und Prinzessinnen. Was machen die denn, wenn sie auf dem Schloss angekommen sind?«

»Na, die heiraten und sind glücklich«, sagte Franziska und bemühte sich, natürlich zu klingen, obgleich sie an dieser einfachen Folgerung zweifelte.

»Das glaube ich nicht«, stellte Charlotte mit Nachdruck, aber ohne weitere Erklärung fest. Albert mischte sich nicht ein.

Charlotte stand vom Esstisch auf und zog sich mit Kopfschütteln in Richtung ihres Zimmers zurück: »Ich denke mir selbst Geschichten aus!«

Ein paar Tage später entdeckte Franziska, dass Charlotte dem Prinzen und der Prinzessin die schönen Gewänder abgerissen, die Kronen verbogen und die Köpfe achtlos in einen Pappkarton geworfen hatte, als sollten sie in den Abfall wandern. Auch die anderen Puppen, Kasperl, Seppl, der Wachtmeister, die Großmutter lagen geköpft und mit deformierten Gliedmaßen im Karton. Nur der Räuber war völlig intakt und stand aufrecht und unversehrt in der feinen Holzkiste aus dem Erzgebirge. Er schaute grimmig drein.

»Aber Lotte!«, rief Franziska. Und noch einmal entgeistert: »Aber Lotte!«

»Ich kann nur mit dem Räuber spielen. Oder mit der Hexe. Die anderen Puppen sind langweilig.«

Auguste, die sich im Laufe der Jahre zum guten Geist im Hause Salomon entwickelt hatte, nicht nur kochte, sondern auch sonst, wenn es nottat, für Leib und Seele sorgte, kleidete alle Puppen wieder neu ein und legte sie wie absichtslos in die originale Kiste. Eines Tages sah Franziska, als sie in Charlottes Zimmer trat, dass ihre Tochter auf der rechten Hand die Prinzessin jonglierte, auf der linken den Prinzen. Sie belauschte den Dialog:

Prinz: Komm mit auf mein Schloss!
Prinzessin: Ich will nicht!
Prinz (energisch): Du musst aber. Ich habe ein Schwert!
Prinzessin: Davor habe ich keine Angst!
Prinz: Du sollst mich heiraten.
Prinzessin: Ich will aber nicht!
Prinz: Warum denn nicht?
Prinzessin: Ich heirate den Räuber.

Leise schloss Franziska die Tür. Abends sagte sie zu ihrem Mann: »Lotte spielt Theater. Ein sehr eigenwilliges Kasperlespiel.«

»Das ist doch ein Fortschritt«, befand Albert, »Theater setzt Fantasie frei und fördert das freie Sprechen.«

Die schwarze Walze

Niemand hätte Franziska Salomon als »launisch« bezeichnet. »Launisch« waren Dienstmädchen. Franziska war kapriziös, unausgeglichen, wechselnden Stimmungen unterworfen. Sie konnte der strahlende Mittelpunkt einer Abendgesellschaft sein, elegant in ihrer Kleidung, wortgewandt in der Konversation mit bedeutenden Männern und Frauen der Berliner Hautevolee. Aber am nächsten Morgen waren mit dem Abendkleid Charme und Vitalität abgestreift: Bei geschlossenen Vorhängen blieb Franziska in ihrem Zimmer. Eine Art Verdüsterung umgab sie und hüllte sie wie ein Kleid ein, das sich, je länger dieser Zustand dauerte, von Tag zu Tag etwas dunkler färbte – bis es schließlich als tiefschwarze Trauergarderobe jede Farbe und alles Licht in sich aufgesogen hatte.

Charlotte verstand nicht, was mit ihrer Mutter los war, warum sie ihr an manchen Tagen stundenlang auf dem Klavier vorspielte, mit ihr sang, ihr vorlas – und an anderen Tagen unsichtbar blieb, sie nicht aus der Schule abholte, ihr nicht einmal einen Gutenachtkuss gab. Sie vermutete, dass ihre Mutter sie abwies, weil sie ihr oft so patzige Antworten gab. Sie versuchte, braver zu sein. Aber es half nichts, ihre Mutter blieb unzugänglich und verschlossen. So zog sich Charlotte in sich zurück, legte sich am Nachmittag mit einem Buch aufs Bett. Manchmal starrte sie auch nur die Zimmerdecke an und malte sich aus, als Junge verkleidet auf einem Piratenschiff die Meere zu durchkreuzen. Wenn sie aus ihrem Fenster in den Hinterhof schaute, riefen ihr die Nachbarskinder zu und winkten: Sie solle zum Seilhüpfen herunterkommen oder Himmel und Hölle mit ihnen spielen. Dann verschwand sie schnell aus deren Blickfeld. Sie wollte nicht spielen, Himmel und Hölle schon gar nicht.

Albert Salomon verstand die zunächst fast unmerklich, dann immer deutlicher zutage tretende Schwermut seiner Frau ebenso wenig wie Charlotte. Aber er war guten Mutes, Franziska helfen zu können: Sie war eine kluge Frau und würde vernünftigen Argumenten zugänglich sein. Schließlich gab es nicht den geringsten Anlass, sich gehen zu lassen und die Zukunft in düsteren Farben zu malen. Doch offensichtlich zählte das alles nicht. Sobald die »schwarze Walze«, wie Franziska die melancholischen Schübe nannte, sie überrollte, drückten Schlaf- und Teilnahmslosigkeit, nervöse Unruhe, Selbstvorwürfe und Versagensängste sie ins Elend düsterer Tage und Nächte.

Die Veränderung vollzog sich schleichend, griff aber immer tiefer in den Alltag der Familie ein. Wenn Albert am Abend aus dem Krankenhaus nach Hause kam, hatte Franziska sich oft schon in ihr Zimmer zurückgezogen und mit Migräne entschuldigt.

Jeden Morgen um Punkt sieben Uhr verließ er die Wohnung, denn der frühe Tag war die beste Zeit für einen Chirurgen, das war eisernes Gesetz. Franziska war zu dieser Zeit noch nicht aufgestanden. Am Abend behandelte Albert Privatpatienten in der Wielandstraße, wo er sich einen Praxisraum eingerichtet hatte. Bislang hatte ihm Franziska als erfahrene Krankenschwester zur Seite gestanden, doch diese Mithilfe inzwischen weitgehend eingestellt. So sahen sie sich selten, manchmal nur noch am Wochenende, und selbst da zog es Albert oft in die Klinik, um nach dem Rechten zu schauen, nach dem Wohlbefinden seiner Patienten: Rückfälle, Krisen, Infektionen machten am Sonntag keine Pause.

Auch wenn Albert Salomons Fachgebiet, die Chirurgie, sich mit körperlichen Anomalien und Fehlentwicklungen beschäftigte und die psychische Verfassung seiner Patienten in seiner Disziplin als eine zu vernachlässigende Größe betrachtet wurde, kannte er doch den medizinischen Befund der Depression. Mit wachsender Sorge beobachtete er Franziskas Verschattungen der

Seele, die Düsternis der Tage, an denen die Sonne nicht aufging und selbst Charlottes Besuche in dem von dicken Vorhängen verdunkelten Zimmer ihrer Mutter keinerlei Aufheiterung brachten und das Leid eher verstärkten, weil zum Gefühl der Sinn- und Nutzlosigkeit noch jenes hinzutrat, eine schlechte Mutter zu sein. Es gab kein Licht in diesem schwarzen Raum, und Albert Salomon hasste es, hilflos einer Krankheit gegenüberzustehen, ohne die Chance einer Therapie zu sehen.

Am meisten bedrückte ihn, dass Franziska das Interesse an ihrer Tochter verlor. Sie war nie eine dieser emphatischen Mütter gewesen, die sich völlig von ihrem Kind vereinnahmen ließen und ganz in der Fürsorge für das kleine Wesen aufgingen. Aber sie war immer eine liebevolle Mutter gewesen, hatte viel mit der Tochter geredet und mit ihr musiziert, sie allerdings selten in den Arm genommen. Darüber dachte Albert jetzt nach.

Eines Abends fehlte Charlotte am Abendbrottisch.

»Ist sie krank?«, fragte er irritiert. Franziska winkte ab: »Sie hat schon mit Auguste in der Küche gegessen, jetzt bringt Anna sie ins Bett.« Anna war das Dienstmädchen im Hause Salomon.

Am nächsten Abend saß Charlotte wieder am Tisch, aber Franziska mäkelte während der ganzen Mahlzeit an ihren Tischmanieren herum und schickte sie frühzeitig auf ihr Zimmer. Sie fragte auch nicht, wie Alberts Tag in der Klinik verlaufen sei – auch das war eine auffällige Abkehr vom Ritual.

Albert war alarmiert. Franziskas fortschreitende Teilnahmslosigkeit an allem, was ihr früher wichtig gewesen war, wirkte auf ihn wie eine Art Abschied. Ihr Blick verengte sich, die Augen verloren an Glanz, die Stimme büßte an Festigkeit ein, und die Hände griffen immer häufiger fahrig in die Luft, ins Nichts.

Noch größere Sorgen hätte er sich gemacht, wenn er von den Abenden gewusst hätte, an denen Franziska ihre Tochter mit in ihr Bett nahm und ihr vom Tod erzählte: *von einem Leben nach* *dem Tode in himmlischen Sphären – das ganz herrlich sein sollte und nach dem sie furchtbare Sehnsucht zu haben schien, und sie fragte Charlotte oft, ob es nicht schön wäre, wenn ihre Mutter ein Engel mit Flügeln würde.* (4175, Abb. 3*)

Das fand Charlotte auch. Sie sah ihre Mutter in ihrem weißen seidenen Nachthemd durch die Bläue des Himmels schweben, geradewegs in die Arme des gütigen Gottes, der Großvater Ludwig ähnelte. Die Mama dürfe nicht vergessen, ihr zu schreiben, wie es droben im Himmel sei. »Dass du daran denkst«, wiederholte sie immer wieder. »Ich muss unbedingt wissen, wie groß deine Flügel sind, wie weit du fliegen kannst. Werden Flügel aus Gänsefedern gemacht, oder woraus?«

Schließlich sprach Albert mit seinen Schwiegereltern über Franziska. Ein unangenehmes Schweigen breitete sich aus. »Geh mal raus«, beschied Ludwig Grunwald seine Frau, »das ist hier eine Sache unter Männern.«

Albert zog fragend die Brauen hoch. Hatte nicht eine Mutter am ehesten Einblicke in die Seelenlage ihrer Tochter?

Ludwig Grunwald räusperte sich ausführlich. »Albert, es tut mir leid, dir sagen zu müssen, dass Gemütskrankheit in der Familie meiner Frau verbreitet ist. Man denkt, so etwas sei nicht vererbbar wie ein Kropf, es scheint aber doch so zu sein.« Er zögerte kurz. »Vielleicht hätten wir dich warnen müssen«, sagte er dann. »Aber Franziska hat als junges Mädchen nie Anzeichen von Niedergeschlagenheit gezeigt, sie war so leichtherzig, so fröhlich – und so …«, er räusperte sich erneut, das Wort Liebe wollte ihm einfach nicht über die Lippen, »… so vernarrt in dich, wir waren uns sicher, alles würde gut gehen. Was du uns heute erzählst, erschüttert uns. Es ist wie ein Fluch.«

Albert schwieg. Das Wort Fluch gefiel ihm überhaupt nicht.

Auch Ludwig Grunwald schwieg. Dann stand er auf und holte aus dem Vertiko eine Flasche Cognac und zwei Schwenker, goss ein und versetzte mit übertriebener Konzentration die ölige Flüssigkeit in eine kreisende Bewegung.

»Franziskas Schwester, Charlotte, nach der ihr eure Tochter genannt habt, ist in den Schlachtensee gegangen, das weißt du. Den gleichen Tod hat Mariannes Bruder gewählt, wahrscheinlich weil er unglücklich verheiratet war. Auch ihre Mutter hat acht Jahre mit der Schwermut gekämpft, und kurz nach ihrem Tod hat sich Mariannes Schwester umgebracht. Eine Cousine hat ebenfalls Hand an sich gelegt, eine andere Cousine lebt nach einem Suizidversuch seit einem Jahr in einer Klinik für Nervenleiden. Was ist das für eine Krankheit«, endete er schließlich, »für die es keinen Namen gibt, keine gesicherte Diagnose, keine Therapie? Die aber so schreckliche Schmerzen bereitet, dass man lieber stirbt, als sie zu ertragen?«

Albert hätte gern noch Genaueres erfahren, aber da erschien Marianne im Salon. »Ach, ihr Männer seid schon bei den geistigen Getränken angelangt.« Sie lachte angestrengt und tat unbekümmert. »Damit kommt die Welt ja wieder ins Lot.«

»Vorkriegsware.« Ludwig ließ den Cognac noch einmal im Schwenker kreisen. »Den haben wir 1912 von unserer Reise aus Frankreich mitgebracht. Überhaupt sollte man langsam wieder anfangen zu reisen. Es muss ja nicht gerade nach Frankreich gehen, die Franzosen mögen uns im Augenblick wohl nicht besonders, aber Italien ist zum Beispiel ein Land, wo einem Herz und Sinne aufgehen. Auch die Schweiz und Österreich mit ihren Bergen, den Seen …«

Salomons Mitarbeiter in der Klinik waren nicht wenig erstaunt, als der Professor am Morgen nach der Visite verkündete, er werde Ende des Monats einen dreiwöchigen Urlaub antreten. Es gelte, einen Vertretungsplan aufzustellen.

Salomon und Urlaub? »Das ist eine Contradictio in adjecto«, murmelte sein Oberarzt. »Irgendwo ist da Feuer unterm Dach.«

»Auf den Bergen wohnt die Freiheit.« Die Familie Salomon fuhr mit dem Zug nach Bayern und quartierte sich in Tegernsee im Hotel Bayern ein, dem von Gabriel von Seidl erbauten Sengerschloss, in dem vor dem Krieg mit Vorliebe Mitglieder des Kaiserhauses abgestiegen waren. Der Blick aus dem Zimmer auf den See und zu den noch im Juni schneebedeckten Gipfeln des Mangfallgebirges entlockte Charlotte Entzückensrufe, sogar Franziskas Miene hellte sich auf. (4173, Abb. 4*)

Aber nachts wälzte sie sich unruhig im Bett und schreckte Albert auf, wenn er gerade am Einschlafen war. Erst gegen Morgen fand sie Ruhe. Albert betrachtete ihr schlafendes Gesicht, die dunklen Haare, die wie Seidenfäden auf dem weißen Kopfkissen lagen, ihre fein gezeichneten Züge, die spitze Nase, die frühen Falten zwischen den Brauen. Entspannt sah sie auch im Schlaf nicht aus, aber sie hatte nicht den gequälten Ausdruck, als wäre sie auf der Flucht und müsste vor etwas Schrecklichem davonlaufen.

Abends, wenn Charlotte schlafen gegangen war – wie immer unter lauthalsem Protest –, saßen Albert und Franziska auf der Schlossterrasse, tranken ein Glas Wein und schauten in den sich violett verdunkelnden Abendhimmel. Sie sprachen wenig, doch sie waren nach langer Zeit wieder ein Paar. Franziska legte ihre Hand auf Alberts Arm und sagte: »Jetzt wird es besser.«

Aber die Tage am Tegernsee waren nur eine Scheinblüte, die schon in der dritten Urlaubswoche abknickte und zu Boden fiel. Albert schlug vor, früher als geplant nach Berlin zurückzufahren, nachdem er wahrgenommen hatte, dass Franziska mit dem einsetzenden Regen in ihre alte Melancholie verfiel. »Es ist doch alles gleich, Berlin oder Bayern«, sagte sie. Die letzten Tage wurden quälend, auch für Charlotte, die auf ihrem Zimmer gegen sich selbst *Mensch ärgere dich nicht* spielte, weil sie die mitgebrachten Bücher schon alle ausgelesen hatte.

Franziskas Freudlosigkeit glitt in die scheinbar unausweichliche Zwangsvorstellung hinein, nur im Selbstmord einen Ausweg zu finden. Nach außen hielt sie noch an ihren Aktivitäten fest, dahinter aber lauerte der schwarze Wahn. *Sie hat nach wie vor ihre Gesangsstunde bei Frau Klatte, in die sie Charlotte begleiten darf, sie spielt Klavier, sie hilft ihrem Mann, sie unterhält wie immer mit ihrem heiteren Wesen ganze Tischgesellschaften, begleitet Charlottens Gymnastikstunden auf dem Flügel. Doch es macht ihr alles kein Vergnügen. Sie ist verzweifelt. Ihr Ausdruck hat sich ganz verändert. Sie spricht nur vom Tod.* (4176)

Albert Salomon kämpfte darum, seine Frau zu retten: Doch sie entfernte sich immer weiter von ihm, nahm schließlich aus dem Medikamentenschrank eine starke Dosis Opium, legte sich hin und erwartete ihr Ende.

Dieses Mal wurde sie gerettet, ins Haus ihrer Eltern gebracht, um Tag und Nacht von Krankenschwestern bewacht zu werden. Sie schien sich zu fangen, sprach abends, wenn Albert sie besuchte, ein paar Worte mit ihm. Er schöpfte Hoffnung. Doch wenige Tage später nutzte sie einen unbewachten Augenblick, um sich aus dem Fenster zu stürzen und zu töten. Sie starb am 22. Februar 1926, 36 Jahre alt.

Charlottes Großmutter bestand darauf, der achtjährigen Charlotte die Todesursache ihrer Mutter zu verschweigen. »Das sensible Mädchen verkraftet das nicht«, sagte sie immer wieder. »Kinder in dem Alter glauben dann, dass sie schuld am Tod der Mutter sind.«

Die Mutter habe eine schwere Grippe gehabt und sei im Krankenhaus ganz plötzlich gestorben, sagten die Großeltern ihrer Enkelin. Albert beugte sich dem Urteil.

»Aber Mama war vor zwei Tagen noch gesund. Ich habe sie doch besucht. Wie kann denn so etwas passieren? Ich will sie sehen.«

Albert rang mit seiner Tochter, diese brach nicht in Tränen

aus, sie wütete, weil sie sich von den Erwachsenen ausgeschlossen fühlte. »Ich will sie sehen.«

»Wir wollen nicht, dass du sie siehst, der Tod hat sie furchtbar zugerichtet. Du sollst Mama in Erinnerung behalten, wie sie war, so schön, so wunderbar. So, wie sie dich geliebt hat.«

Charlotte stampfte mit den Füßen auf und schrie ihre Großmutter an: »Warum bist du denn nicht gestorben? Du bist alt und hässlich. Du sollst sterben.«

Marianne Grunwald nahm ihre Enkelin in den Arm und ließ sie nicht los, mochte diese sich sträuben, wie sie wollte.

Franziska Salomon wurde still und im engsten Familienkreis einen Tag nach ihrem Tod bestattet. Ludwig, ihr Vater, sprach das Kaddisch, er bestand auch darauf, dass im Hause Salomon die siebentägige Schiwa eingehalten wurde, zu der alle Verwandten und Freunde zusammenkamen, der Verstorbenen gedachten, gemeinsam beteten, gemeinsam aßen. Niemand rührte an das Tabu, dass Franziska freiwillig aus dem Leben geschieden war. Charlotte hörte zu, was die Trauernden über ihre Mutter sagten, wie sie ihre Liebenswürdigkeit priesen, ihrem Vater Trost zuzusprechen suchten. Dieser saß stumm in der Trauergemeinde, erstarrt, kaum ansprechbar.

Seine Schwiegermutter sagte: »Der Tod macht uns alle wieder zu Juden.«

Sein Schwiegervater warnte ihn: »Komm nicht auf die Idee, in die Klinik zu gehen. Zu arbeiten ist während der Schiwa eine Sünde! Schon der Prophet Ezechiel hat vor dreitausend Jahren …«

»Haben wir uns jemals um die Propheten geschert?«, antwortete Albert mit einiger Schärfe, doch er blieb zu Hause. Er wollte sich mit seiner Tochter beschäftigen, aber er wusste gar nicht, wie er das anstellen sollte.

»Soll ich dir etwas vorlesen?«, fragte er einmal.

»Papa, ich kann selber lesen. Was würdest du mir denn vorlesen?«

»Goethe vielleicht oder Hölderlin?«

Charlotte schaute ihn verständnislos an.

Wahrscheinlich liest sie Tiergeschichten, Pferdebücher, überlegte Albert und fühlte sich beschämt. Er wusste so wenig von seiner Tochter. Jetzt war sie ganz in seine Verantwortung gegeben. Doch am Anfang ihrer neuen Vater-Tochter-Beziehung stand eine Lüge. Die Lüge war als barmherzige gedacht, aber sie war unbarmherzig, das wusste er schon jetzt. Ich werde ihr die Wahrheit sagen und nicht warten, bis sie durch Zufall erfährt, wie ihre Mutter gestorben ist, nahm er sich vor. Aber je mehr Zeit verging, desto unmöglicher erschien es ihm, Charlotte über den Selbstmord der Mutter aufzuklären. Es gab genügend Probleme, mit all den praktischen Herausforderungen eines frauenlosen Haushalts fertigzuwerden.

Jeden Abend schaute Charlotte in den Sternenhimmel, jeden Morgen auf die Fensterbank, ob nicht ein Brief ihrer Mutter darauf liege. Sie war wütend, weil ihre Mutter nicht, wie sie es doch versprochen hatte, Botschaften aus dem Paradies schickte. Sie wollte unbedingt wissen, wie es ihrer Mutter als Engel ginge, ob sie ehrlich und tatsächlich fliegen konnte. Das wäre doch spannender als die Geschichte vom kleinen Häwelmann, der auf seinem Rollenbett in den Himmel fuhr, weil ihm die Erde zu eng war. Ob die Mama Tante Charlotte wiedergesehen hatte und ob sich die Schwestern an den Händen fassten und gemeinsam am Himmel Schleifen flogen? Aber nie kam eine Nachricht.

Charlotte ging heimlich auf den Friedhof und schaute auf dem Grab nach, kratzte mit ihren Händen die Erde zur Seite, um einen Zettel zu finden. Vergebens. Sie schrieb einen Brief an ihre Mutter und legte ihn aufs Grab. Am nächsten Tag war er verschwunden. Eine Antwort blieb trotzdem aus. Charlotte fühlte sich schmählich betrogen. Nachts fuhr sie manchmal aus dem Schlaf auf und knipste mit pochendem Herzen das Lämpchen an, um die Schwärze, die sie umschloss, zu vertreiben. Besonders im Haus der Großeltern befielen sie Angst und Schrecken, wenn sie im Dunkeln den langen Korridor entlangging, um ins Badezimmer zu gelangen. Sie hatte das Gefühl, dass ihre Mutter nach ihr rief. Aber wenn sie antworten wollte, griff ein Knochengerüst mit langen, abgenagten Fingern nach ihr. Dann rannte sie durch den Flur und flüchtete sich ins Bad, setzte sich auf den Rand der Badewanne, starrte auf den Toilettendeckel, starrte ins Leere. *Das nennt sich nun das Leben,* flüsterte sie. *Das nennt sich nun das Leben.* (4189, 4190)

Die Kinderfräulein

»Aber sie spricht doch gar kein Deutsch«, brach es aus Charlotte heraus, nachdem der Vater sie beim Abendessen mehrfach aufgefordert hatte, doch irgendetwas zu erzählen. Von der Schule zum Beispiel. Was denn jetzt gerade im Mathematikunterricht auf dem Plan stehe. Und in Deutsch? Ob sie *Wilhelm Tell* lesen würden? Oder den *Schimmelreiter?* Dass diese Lektüren nicht unbedingt zum Literaturkanon der Sexta des Gymnasiums gehörten, kam Albert Salomon nicht in den Sinn.

Das neue Kindermädchen saß mit am Tisch, ab und zu lächelte

Albert ihr ebenso zerstreut wie aufmunternd zu. Ein hübsches Ding, Anfang zwanzig. Warum war seine Wahl auf dieses junge Mädchen gefallen? Er erinnerte sich nicht mehr. An Selbstbewusstsein schien es der jungen Dame nicht zu mangeln, wohl eher an Appetit. Die Knödel, die Auguste auf Platten hereintrug, schienen keinen Beifall bei ihr zu finden, das gekochte Rindfleisch mit Meerrettich auch nicht. Vielleicht aß man da, wo sie herkam, so etwas nicht. Und wo noch einmal kam sie her?

»Sie spricht doch gar kein Deutsch«, sagte Charlotte noch einmal und versenkte den Kopf ins Kohlrabigemüse, das ihr Auguste auf den Teller gelöffelt hatte.

Jetzt horchte Albert auf.

»Sie sprechen kein Deutsch, Fräulein …?« Er legte sein Besteck auf das Messerbänkchen und wandte sich dem Kindermädchen zu.

»Non, Monsieur, pas du tout. Vous m'avez engagé pour enseigner le français à Charlotte.«

»Bien sûr, Mademoiselle …« Albert suchte nach ihrem Namen. »Quel est votre prénom?«

»Françoise.«

»Bien sûr, Françoise, mais j'avais cru comprendre que vous parliez allemand.«

Das Fräulein schüttelte energisch den Kopf und zog ein Gesicht, als wäre das Erlernen der deutschen Sprache ein unzumutbares Ansinnen für eine Französin. »Pardon, Monsieur, vous ne m'avez jamais demandé si je connaissais la langue allemande.«

Albert seufzte. Hatte er sich beim Vorstellungsgespräch mit Mademoiselle ausschließlich auf Französisch unterhalten und deshalb nicht wahrgenommen, dass sie kein Deutsch sprach und partout nicht sprechen wollte? War da seine Eitelkeit mit ihm durchgegangen? Oder der Wunsch, Charlotte solle ein lupenreines Französisch lernen, nicht dieses in den Berliner Dialekt gefärbte Halbfranzösisch? Würde es ihm jemals gelingen, ein Kindermädchen zu engagieren, das für seine Tochter einfach richtig war? Immer gab es Probleme. Entweder die jungen Damen kündigten nach wenigen Wochen, weil sie mit Charlotte nicht zurechtkamen. Sie sei so verschlossen, war noch die freundlichste Auskunft, sie sei »verstockt«, eine klare Kapitulation.

Aus Charlottes Sicht stellte sich das Problem völlig anders dar: *Ich brauche keine Fräuleins, ich weiß alleine, was ich will,* verkündete sie selbstbewusst, als wieder einmal eine gegangen war. Da ihr Ruf nicht die gewünschte Wirkung hatte, versuchte sie immer aufs Neue, die *Fräuleins* zu vergraulen. Wenn die nicht von selbst das Weite suchten, half Charlotte nach, trieb sie mit ihrem Widerborst zur Weißglut, bis sie handgreiflich wurden, ihr eine Ohrfeige verpassten, was Albert nicht duldete. Wurden sie entlassen, war Charlotte *entzückt,* von tiefem Triumphgefühl erfüllt. Nur: Nach einem unerfindlichen Gesetz war die nachfolgende Erzieherin schlimmer als ihre Vorgängerin, da bedurfte es neuer Strategien, um auch diese zu vertreiben.

Das alles war eine aufregende Beschäftigung für eine Zehnjährige.

Albert seufzte noch einmal und wandte sich dem Pflaumenkompott zu, das es zum Nachtisch gab. Eingeweckte Pflaumen waren nicht unbedingt ein kulinarischer Höhepunkt auf dem Speiseplan des Hauses, aber er konnte nicht auch noch alle drei Monate die Köchin wechseln.

Er wusste, was Freunde und Verwandte hinter seinem Rücken und manchmal auch weniger verstohlen munkelten: Es müsse wieder eine Frau ins Haus, Albert brauche eine Gefährtin, die ihm den Rücken freihielt, Charlotte eine Mutter und das Haus eine Frau, die die Dienstboten überwachte und zu repräsentieren verstand.

Als wäre alles so einfach. Als könnte man eine Ehefrau ersetzen wie eine Krankenschwester, die gekündigt hatte. Er würde morgen bei der Vermittlungsstelle für Hauspersonal anrufen oder die Sekretärin seines Instituts bitten, ihm diese unangenehme Aufgabe abzunehmen. Wieder ein neues Kindermädchen. Der ständige Wechsel konnte seiner Tochter auf Dauer nicht guttun. Wenigstens ging sie auf eine hervorragende Schule, eines der besten Mädchengymnasien Berlins, die Fürstin-Bismarck-Schule in der Sybelstraße 2, gleich um die Ecke der Salomon'schen Wohnung. Hier legte man Wert auf eine Erziehung, die Mädchen nicht nur zu kultivierten Ehefrauen heranbilden, sondern zu eigener Berufstätigkeit befähigen sollte. Über dem Schultor breitete die Göttin Athene ihre steinernen Arme aus, und in den Fluren wurden auf Friesen Frauen als Trägerinnen der Kultur dargestellt. Das Lyzeum versuchte, humanistische Ideale mit modernem Geist zu verbinden.

Charlotte war eine mittelprächtige Schülerin, hatte die Note »Gut« in Religion, Deutsch, Zeichnen und Sport, in den anderen acht Fächern ein »Befriedigend«. Aber sie stand erst am Anfang ihrer Gymnasialzeit, bis zum Abitur konnte sie ja noch an Ehrgeiz zulegen.

Manchmal träumte Albert davon, sie würde eines Tages als Ärztin seine Arbeit weiterführen. Nur fand er in ihr nicht die zupackende Robustheit, die sein Beruf verlangte. Eher hatte sie wohl von ihrer Mutter eine künstlerische Sensibilität geerbt. Doch wohin auch immer Charlotte sich entwickelte, der Unterstützung ihres Vaters würde sie gewiss sein können.

Er hatte ja nur dieses eine Kind.

Still schweigt Kummer und Harm

Dieses eine Kind. Dieses schwierige Kind. Alle wussten natürlich, warum Charlotte immer mehr aus dem Ruder des häuslichen Navigierens lief. Das arme Kind! Das Halbwaisenmädchen, das den Verlust seiner Mutter nicht verarbeiten konnte. Das von seinem Vater zutiefst vernachlässigte Kind. Diese Erklärung kam natürlich von den Großeltern Grunwald, die sorgfältig alle Abweichungen vom Normalverhalten einer Zehnjährigen registrierten und analysierten – auch die Ausschläge in positive Gefühlslagen. War es denn normal, wenn sich ein Mädchen wegen neuer Schlittschuhe ungebärdig vor Freude aufführte? Oder den Freund Kurt vor Begeisterung so drückte, dass dieser keine Luft bekam? Oder sich bei einem Sieg im Tennisspiel so echauffierte, als hätte es die Olympischen Spiele gewonnen? Vor allem Großmutter Grunwald waren solche Gefühlseruptionen höchst befremdlich. Ein Mädchen sollte freundlich und zufrieden sein, in einer Balance, die alles ausschloss, was ungezügelt wirkte.

Aber Charlotte erfüllte dieses Bild eines braven Mädchens nicht. Darum setzten Marianne und Ludwig Grunwald alles daran, die »Mängel in der Erziehung« auszugleichen. Wenn Albert, der inzwischen als Pionier eines mammografischen Verfahrens zur Früherkennung von Brustkrebs internationale Reputation genoss, zu einer Konferenz eingeladen war, blieb Charlotte in der Kochstraße. In den Ferien unternahmen die Großeltern mit ihr Reisen, von denen sie sich einen positiven Einfluss auf die Entfaltung der kindlichen Persönlichkeit versprachen. Aber Charlotte löste diese Hoffnungen nicht ein.

Im Sommer 1927 fuhren Ludwig und Marianne Grunwald mit der zehnjährigen Charlotte und ihrem Kindermädchen ins

Engadin. Vom ersten Tag an gab es Streit mit Fräulein Stargard, die so preußisch war, wie ihr Name klang: Charlotte sei ungezogen, gebe Widerworte, gehorche nicht, treibe Schabernack, schlimmer, himmelschreienden Unfug. Aber Charlottes Stunde schlug. Bei einer Gletschertour, die die Gruppe angeseilt mit einem Führer unternahm, kam ein schweres Gewitter auf, alle mussten sich platt aufs Eis legen. Fräulein Stargard fiel in eine Schneegrube und schrie erbärmlich um Hilfe. Welche Wonne, welch Entzücken! (4193)

Im selben Jahr ging es nach Südtirol: Im Schatten des Schlern hatten Ludwig und Marianne Grunwald ein einsam gelegenes Häuschen gemietet. Eines Tages kam ein Bauer aus der Nachbarschaft zum Haus herauf und beklagte sich, dass das junge Fräulein auf einer seiner Kühe zu reiten versucht habe mit dem Erfolg, dass die ganze Herde von seiner Wiese aufs Nachbargrundstück geflohen sei, was dem Nachbarn überhaupt nicht gefallen habe. Kühe seien keine Reittiere, das solle man dem Stadtkind bitte schön beibringen. Kurze Zeit später erzählte eine Frau aus dem Dorf der Großmutter, dass die Enkelin sich in den in der Nähe vorbeifließenden Wildbach gestürzt und von ihren Mannsleuten aus den gefährlichen Strudeln habe gerettet werden müssen. Fräulein Stargard bestätigte errötend die Geschichte, die Großeltern hätten im Mittagsschlaf gelegen, da habe sie nicht stören wollen. Lottes Rettung sei dramatisch gewesen.

Marianne Grunwald brachte das nicht aus der Fassung: »Die Hauptsache ist doch, dass uns die Lotte nicht schwermütig wird.«

»Und du meinst, solange sie nicht den dunklen Blick hat, darf sie ruhig auf Kühen reiten und in Wildbächen baden«, grummelte Ludwig. Er hatte sich den Urlaub ruhiger vorgestellt.

Eines Tages entdeckte Charlotte, die wieder einmal ihrem Kindermädchen davongesprungen war, auf einer Wiese eine junge Frau; die spielte einem kleinen Mädchen, das sich an ihre Füße kuschelte, auf der Laute vor. Charlotte setzte sich ungefragt daneben und hörte zu.

»Ich heiße Marie, und wer bist du?«, fragte die Lautenspielerin.

»Lotte. Eigentlich Charlotte, aber niemand nennt mich so. Ich bin mit meinen Großeltern hier und langweile mich.«

»In den Bergen kann man sich gar nicht langweilen«, sagte Marie und lachte. »Da bist du selbst schuld!«

Das war ein Satz, den Charlotte überhaupt nicht leiden konnte. Sie lief so lange hinter Marie her, bis diese sich erbarmte und sie auf eine Wanderung mitnahm. Von da an hing Lotte wie eine Klette an Marie. Fräulein Stargard war abgemeldet, sie kam schon gar nicht mehr von ihrem Zimmer herunter.

Das Wetter veränderte sich, es regnete heftig und anhaltend. Charlotte wurde unleidlich und fragte ständig nach »Hase« – so hatte sie Marie getauft, »weil die immer auf einem Grashalm kaut«. Die Großeltern Grunwald wussten sich nicht anders zu helfen, als nach dem Fräulein zu schicken. Die nahm Charlotte mit zu sich nach Hause.

Maries Elternhaus war ein Aussiedlerhof abseits des Dorfes im Stil der heimischen Bebauung, eineinhalbstöckig mit vorkragendem Dach, umlaufendem Balkon und angebauten Ställen. Im großen Garten vor dem Haus blühten Phlox, Levkojen und Rittersporn, der größere Teil des Gartens aber wurde zum Anbau von Gemüse genutzt, Gemüse, das Lotte nicht kannte. Im strömenden Regen zog Marie das Mädchen ins Haus. In der Küche, die so groß wie in Berlin der Salon der Salomons war, hantierte Maries Mutter am Herd und schaute nicht einmal auf. In der Stube neben der Küche, viel kleiner als diese, räumte Marie die gehäkelte Decke vom Tisch und legte Zeitungen aus. »Was meinst du, sollen wir es mit Malen versuchen?«

Aus einer Truhe holte Marie Karton, auch weißes und graues Papier in verschiedenen Größen. Sie legte einen Blechkasten mit Farbtöpfchen und Pinseln dazu.

»Ich kann gar nicht malen«, wehrte Charlotte ab. »Meine Lehrerin sagt immer: Charlotte, du hast nur Daumen an den Händen. Trotzdem hat sie mir ein ›Gut‹ in Zeichnen gegeben, wahrscheinlich weil ich immer die besten Ideen habe.«

Marie lachte, band Charlotte eine Schürze um, und los ging's. Doch statt wie im Malunterricht in der Schule sollte Charlotte keinen Gegenstand zeichnen und dann ausmalen, keinen Baum, keine Blume, nicht Sonne, Mond und Sterne, sondern Regen, Wind oder Dämmerung.

»Regen oder Wind?«, fragte Charlotte verblüfft.

»Ja«, sagte Marie und nickte. »Oder Berge im Sonnenschein, die haben wir vorgestern gesehen.«

»Und was malst du?«, fragte Charlotte, als sie sah, dass Marie sich auch einen Karton zurechtgelegt hatte.

»Ich male die Berge im Nebel.«

Charlotte wurde wütend. Machte Marie sich etwa über sie lustig?

»Gut, dann nehme ich den grauen Karton und sage: Das ist Regen.«

»Komm mal mit ans Fenster und schau hinaus, schau runter auf die Wiesen, auf die Bäume, auf das Dorf, alles liegt im Regen, aber es ist nicht grau. Es sieht nur anders aus als sonst. Es gibt viele Farben, die ineinanderlaufen.«

Charlotte stülpte ihre Oberlippe vor und biss mit den Zähnen auf die Unterlippe. Widerstrebend nahm sie einen Pinsel, tauchte ihn ins Wasser, dann in ein grünes Farbtöpfchen und strich in Wellenlinien über das Blatt. Nein, die Wiesen hatten ein ganz anderes Grün, ein helleres, nicht so ein blaues Grün.

»Man kann Farben mischen, ich zeige dir, wie es geht.« Marie holte einen alten Unterteller mit einem Sprung aus dem Schrank und mischte das Grün so lange mit Weiß und Gelb, bis es genau die Farbe der regennassen Wiese annahm. Charlotte starrte auf die rotbraunen Dächer des Dorfes, die im Regen wie hinter einer Gardine verblassten. Sie mischte Rot und Grau, aber das Ergebnis war enttäuschend, nur etwas Schmutziges in Rosa. Marie hatte offensichtlich keine Lust, ihr zu helfen. Es dauerte lange, bis Charlotte einen Ton zusammengemischt hatte, der an das rote Braun von Dachziegeln erinnerte.

Marie war keine Autodidaktin. Sie hatte eine Ausbildung als Kindergärtnerin absolviert, im Winter arbeitete sie in einem Kindergarten in Kastelruth, nur in den Sommerferien war sie zu Hause. Zeichnen war ihr Lieblingsfach gewesen; während ihrer Lehrzeit in Bozen hatte sie an Kursen der Akademie teilgenommen. Sie glaubte, dass in jedem Kind ein Talent für Zeichnen und Malen steckte. Das musste nur geweckt werden.

Die Tage auf der Seiser Alm verflogen wie eine Karussellfahrt im Luna-Park in Halensee. Manchmal bestand Charlotte darauf, statt mit den Großeltern zu wandern, mit Marie zu malen.

»Schade um den schönen Tag«, sagte dann Marianne Grunwald etwas säuerlich. Im Grunde aber waren die Großeltern glücklich, Charlotte so ausgeglichen zu sehen: undenkbar, dass sie jetzt noch auf Kühen reiten und Wildbäche bezwingen wollte. Am Vorabend der Abreise nach Berlin verkündete sie: »Ich will, dass Hase nach Berlin kommt und mein Kinderfräulein wird.«

»Gemach, gemach«, antwortete Ludwig Grunwald. »Erstens hast du bereits ein Kindermädchen, und zweitens wird Fräulein Marie ihre eigenen Verpflichtungen haben.«

»Sie ist bereit zu kommen, ich besteh darauf«, insistierte Charlotte. »Ich habe noch nie so viel gelernt wie in den zwei Wochen mit ihr. Schickt Fräulein Stargard in die Wüste. Ich habe die alten Tanten satt, ich will, dass Hase kommt. Papa wird einverstanden sein.«

Marianne Grunwald dachte: Albert akzeptiert doch alles, solange er nicht weiter molestiert wird und seiner Arbeit nachgehen kann.

Warum eigentlich nicht Fräulein Hase?, überlegte Ludwig Grunwald. Sie schien das erste Kindermädchen zu sein, das wirklich Interesse an Charlotte hatte. Warum eigentlich nicht?

Sechs Wochen nach dem Urlaub in Südtirol stand Fräulein Marie auf der Schwelle des Hauses Wielandstraße 15 in Berlin. Es war ein dunkler, stürmischer Oktobertag, alle Fensterläden waren geschlossen. Zufällig war Albert Salomon zu Hause, zufällig öffnete er die Tür: »Wer sind denn Sie?«, fragte er hilflos.

Vor ihm stand eine schlanke, hochgewachsene junge Frau im modischen Redingote-Mantel, mit kurz geschnittenem Bubikopf, wie ihn in diesen Tagen alle selbstbewussten Mädchen in Berlin trugen, an einer Hand einen Koffer, an der anderen ein undefinierbares Gepäckstück und um die Brust ein Musikinstrument gebunden, das wie eine altmodische Laute aussah.

Aber da kam schon Charlotte angesprungen: »Hase«, rief sie, »Hase!« Und: »Was hast du denn für eine komische Frisur? Du siehst ja aus wie ich!« (4196, Abb. 5*)

Charlotte malt in vier Varianten das Kinderfräulein und ihren Zögling in stiller Eintracht an einem weißen Tisch sitzend und zeichnend. Die Tische haben keine Beine, sie schweben in blauem Raum, so wie Glück in Charlottes Leben etwas Schwebendes ist, das keinen Stand hat, keine Verbindung mit der Erde, weiße Tische wie weiße Wolken, die sich verflüchtigen. Aber in diesem Augenblick ruht eine Art von seligem Entzücken auf Lotte. Vielleicht nur einen Lidschlag lang. *Charlotte ist sehr glücklich mit dem neuen Fräulein. [...] Hase findet, sie sei fürs Zeichnen begabt.*

Hase greift zur Laute und singt, ihre Beine hat sie graziös übereinandergeschlagen, das Kleid ist weit über ihre Knie hinaufgerutscht und bringt ihre schlanken Beine zur Geltung: Alles an ihr erweckt den Eindruck, als spielte hier eine junge Künstlerin der Berliner Szene. Und Charlotte, immer noch Schulmädchen im blauen Faltenrock mit weißer Bluse und Krawatte, singt und tanzt zu Hases Spiel: befreit, beschwingt mit hoch erhobenem Kopf, ein spiddeliges, aufgeregtes, mit neuem Selbstbewusstsein ausstaffiertes junges Ding. Dann sitzt sie wieder ruhig mit Hase am Tisch und malt, und in der letzten Szene schmückt sie mit ihr den Weihnachtsbaum.

Weihnachten beging die Familie Salomon mit Pomp und Glorie. Goldene Glaskugeln zu Dutzenden, Pyramiden aus dem Erzgebirge und silberne Sterne, musizierende Engel und Glocken wurden aus dem Vertiko geholt, während die Chanukkaleuchter, die Marianne und Ludwig ihrer Tochter in die Aussteuer gegeben hatten, als Altsilber in den Schränken schwarz anliefen.

Hase wäre gern zu ihren Eltern nach Südtirol gefahren. Sie hatte gedacht, Juden würden ohnehin kein Weihnachten feiern, aber da hatte sie sich geirrt.

»Wenn du wegfährst, ist für mich kein Weihnachten«, quengelte Charlotte. »Du darfst im Januar auch länger bleiben, eine Extrawoche Urlaub, die Papa dir bezahlt. Ich spreche mit ihm. Aber Weihnachten geht absolut nicht. Habt ihr auf der Seiser Alm überhaupt Tannenbäume an Weihnachten?«

Marie Wildgruber musste lachen. Das kleine Fräulein tat so, als hätten die Juden Weihnachten gepachtet, während die Christen sich nur deren Gebräuche abschauten, ihnen einfach alles nachmachten. Aber war es ihre Aufgabe, Charlotte über den Sinn von Weihnachten aufzuklären? In dieser Familie spielte der Glaube keine Rolle, nicht der jüdische, nicht der christliche. Vielleicht ging der Großvater noch an einem hohen jüdischen Feiertag in die Synagoge – doch Charlottes Vater niemals. Sein Bethaus war das Krankenhaus.

Also packte Marie ein Päckchen für die Eltern und Geschwister und versprach einen langen Besuch im Januar.

Am Heiligen Abend bettelte Charlotte darum, den Weihnachtsbaum schmücken zu dürfen.

»Aber Lotte, du bist nicht groß genug, du kommst höchstens bis zur Mitte des Baums«, gab Albert zu bedenken. Die Familie Salomon hatte einen der größten Weihnachtsbäume in der Nachbarschaft, drei Meter hoch, mit der Engelsspitze reichte er fast bis an die Decke des Salons.

»Wir nehmen eine Leiter, Hase hält die Leiter fest, hält auch mich fest, so schaffen wir das, wirst schon sehen, Papa!«

Albert wog kurz die Gefahren ab. Seine Aufgabe war es immer gewesen, den Baum fest im Ständer zu verankern und zu überprüfen, ob er auch gerade stand, Franziska aber hatte ihn geschmückt. War es nicht schön, wenn jetzt Charlotte diese weibliche Tradition fortführen wollte? Er gab nickend seine Zustimmung.

Charlotte widmete sich ihrer Aufgabe mit Hingabe: ließ das Lametta fließen, band die goldenen Kugeln an den Zweigen fest, befestigte Holzpüppchen aus dem Erzgebirge, die so fein geschnitzt waren, dass man durch den hauchdünnen lockigen Span der Engelsflügel hindurchschauen konnte. Ins obere Viertel kam eine größere Puppe, die eigentlich eine Maria aus einer geschnitzten Krippe war, Madonna im blauen Kleid. Ihre Mutter hatte diese Figur geliebt, vielleicht weil deren Gesicht Ähnlichkeit mit ihren eigenen Zügen trug – jenen der Franziska besserer Tage. Der Großvater hatte Drähte im Rücken der Puppe angebracht, sodass man sie am Tannenbaum aufstecken konnte.

»Das ist Mama«, sagt Charlotte. »Sie ist heute bei uns. Sie kommt immer, wenn wir es schön haben. Aber sobald jemand weint, verschwindet sie. Also: Nie heulen, Hase. Verstanden!«

An den Fenstern wurden die schweren Vorhänge zugezogen, alle Kerzen und Leuchter angezündet. Die Großeltern waren eingetroffen, beide in dunkles Blau gekleidet, steif und feierlich, wie es sich gehörte, und auch Albert war rechtzeitig aus der Klinik nach Hause gekommen. Hase spielte auf der Laute Weihnachtslieder aus ihrer Heimat, die fremd und wunderlich klangen:

»Es wird scho glei dumpa, es wird scho glei Nacht,
drum kimm i zu dir her, mei Heiland auf d'Wacht.
Will singa a Liadl, dem Liebling dem kloan,
du mogst ja net schlafa, I hear di scho woan.
Hei, hei hei hei, schlaf siaß, herzliabs Kind!«

Die Lieder klangen nach Kälte und Wärme, nach dem Dunkel der Nacht und der Weiße des Schnees, jedenfalls nicht nach dem grauen Regen, in dem auch in diesem Jahr Berlin an Weihnachten versank.

Dann stimmte der Großvater mit seiner kantoralen Stimme »Tochter Zion, freue dich« an, dem wie dem Amen in Kirche und Synagoge »Am Weihnachtsbaum die Lichter brennen« folgte. Albert erinnerte sich, wie Lotte drei Jahre zuvor »Leise rieselt der Schnee« gesungen und Franziska sie auf dem Klavier begleitet hatte.

»In den Herzen wird's warm, still schweigt Kummer und Harm«, hatte Charlotte geschmettert.

»Weißt du denn, was ›Harm‹ ist?«, hatte Albert sie gefragt.

»Na klar«, hatte Charlotte stolz geantwortet, »Harm ist Kummer, und der fliegt an Weihnachten davon.«

Auf Alberts Gesicht hatte sich ein Lächeln geschlichen, das aber schnell verschwand, als er zu Franziska hinüberblickte, die wie versteinert am Klavier saß und mechanisch die Tasten niederdrückte, den Blick nach innen gekehrt in eine Welt, in der nicht einmal mehr Kummer herrschte.

An diesem ersten Weihnachten ohne Franziska blieb das Klavier stumm. Aber im Salon stand ein nagelneues Grammofon, auf dem sich eine Schellackplatte drehte. Bachs *Weihnachtsoratorium* erklang, die Trompeten jauchzten und frohlockten. Charlotte warf sich dem Vater in die Arme, Oma Marianne brach in Tränen aus: »Ich hab halt Sentiment«, sagte sie und sprach »Sentiment« französisch aus. Ihr Mann Ludwig hatte andere Empfindungen. Er freute sich auf die Gans mit Maroni und Äpfeln, mit echtem Calvados abgelöscht.

Der Harm schweigt ja nicht, dachte Albert, aber an manchen Tagen ist seine Stimme gedämpfter als sonst.

Mit Hase kehrte so etwas wie Normalität in Charlottes Leben ein. Die Beschwerden aus der Schule wurden seltener, und Charlotte entdeckte, dass sie im Unterricht nagelneue Erkenntnisse gewinnen konnte – und dafür mit guten Noten und väterlicher Zuneigung belohnt wurde. Nichts war befriedigender, als beim Abendessen mit ihrem Vater ein Gespräch über Alexander den Großen anzufangen. Da wurde Albert plötzlich lebendig. Zwar musste sie sich alles, was sie schon von ihrem Lehrer wusste, noch einmal anhören. Aber manchmal wusste der Vater auch mehr als der Lehrer, dann konnte sie später in einer Klassenarbeit damit angeben.

»Weißt du, was Alexanders Vater, König Philipp II., seinem Sohn gesagt haben soll, als der etwa so alt war wie du? ›Geh, mein Sohn, suche dir ein eigenes Königreich, das deiner würdig ist. Makedonien ist zu klein für dich.‹«

»Dann sagst du ja bald zu mir: ›Geh, meine Tochter, suche dir eine eigene Stadt, Berlin ist zu klein für dich?‹«

Albert freute sich, wenn Charlotte so schlagfertig war.

Sie las viel. Sie liebte Musik. Sie trieb gern Sport. Im Winter ging sie mit ihrer Freundin Hilde zum Eislaufen an den Neuen See im Tiergarten. Dann stand Hilde an der Bande und feuerte sie an, immer neue Pirouetten zu wagen. Manchmal kamen auch Jungen und wollten mit ihr paarlaufen. Aber sie wusste, worauf das hinauslief. Irgendwann packte die Jungen der Übermut, und dann schleuderten sie die Mädchen von sich, sodass die in hohem Bogen auf das Eis flogen.

Im Sommer konnte Charlotte nicht genug davon kriegen, am und im Wasser zu sein. Am liebsten fuhr sie mit Hase an die Nordsee, um dort stundenlang im Meer zu puddeln und über Wellen zu hüpfen, auf einem Pferd am Strand zu reiten, in den Dünen zu liegen und unglaubliche Mengen Fischbrötchen zu futtern. (4198)

Wenn sie dann zurück nach Berlin kam, erschrak sie, wenn die Großeltern sagten: »Wir müssen einmal wieder zum Friedhof gehen, deine Mutter besuchen.«

Hatte sie doch ihre Mutter fast vergessen. Der Sommer war einfach keine Jahreszeit zum Traurigsein. Sie schämte sich.

Die Judengöre

»Was ist eigentlich ein Judenbengel?«

Hase wusste viel, aber manchmal sagte sie: »Da erkundigst du dich besser bei deinem Vater!«

Charlotte fragte beim Abendessen ihren Vater. »Was ist ein Judenbengel?«

Wie alle Väter, die eine Antwort hinauszögern möchten, stellte Albert eine Gegenfrage: »Wo hast du denn den Ausdruck gehört?«

»Ich war mit Hilde auf dem Savignyplatz. Wir haben auf einer Bank gesessen und Fadenspiele gemacht.« Dass ihr Vater keine Ahnung hatte, was das war, sah Charlotte an seinem verständnislosen Blick. Flugs holte sie eine längere Kordel aus ihrer Kleidertasche und fing an, eine »Katzenwiege« aufzuschlagen.

»Aber doch nicht während des Essens«, mahnte Hase.

»Ich kann noch viel schwierigere Figuren, ›Tasse und Untertasse‹, ›Jakobsleiter‹, ›vier Diamanten‹.« Ihre Finger bewegten die Schnur mit Hexengeschwindigkeit und hielten dem Vater ein erstaunliches Muster nach dem anderen unter die Nase.

»Du bist aber sehr geschickt.« Albert Salomon hoffte schon, Charlotte habe ihre Frage vergessen. Da irrte er.

»Also, da ist so ein kleiner Junge mit Sandeimer und Schippe gewesen, der ist immer auf dem Gehweg vor den Sitzlauben herumgelaufen, und wenn eine Katze aus dem Gebüsch kam, hat er die mit Sand vollgeschüttet. Die Katzen machten richtig Zirkus, das sah ziemlich drollig aus, wie sie versuchten, den Sand aus dem Fell zu schütteln. Aber ein Mann wurde böse, drohte mit der Faust und rief: ›Na warte, du kleiner Judenbengel, das nächste Mal kriegst du einen Eimer Sand ins Gesicht.‹«

»Und was hat der Junge gemacht?«

»Ist weggelaufen, klar doch.«

Albert schaute Hase an, aber die kam ihm nicht zu Hilfe. Vielleicht war es ein Fehler, dass das Wort Jude im Haus Salomon ein Fremdwort war? Wie sagte er es seinem Kind? Und wie fand er eine Sprache für eine Zehnjährige und erklärte ihr auch noch die antisemitische Herabsetzung, die in dem Wort »Judenbengel« steckte? Das Telefon erlöste Albert Salomon aus der Bredouille: Eine Patientin brauchte noch dringend ein Rezept.

Aber er wollte sich nicht vor der Antwort drücken. Als er zurückkam, war der Nachtisch schon verzehrt, und Charlotte saß mit Hase in ihrem Zimmer und malte. Er setzte sich zu ihnen.

»Es gibt verschiedene Religionen«, erklärte er, aber er hatte das Gefühl, dass sich Lotte schon gar nicht mehr an ihre Frage erinnerte. Sie schaute ihn erstaunt an, schien lieber mit Hase ungestört weitermalen zu wollen, als sich väterliche Reden anzuhören. »Alle glauben an einen Gott«, sprach er dennoch unbeirrt weiter. »Im Grunde sind die Unterschiede nicht groß. Wir sind Juden, es gibt viele Juden in Berlin, aber sehr viel mehr Christen. Und weil die in der Mehrheit sind, glauben sie, wenn etwas schiefläuft, dass die Juden daran schuld sind. Die Juden sind dann die Sündenböcke.«

Charlotte zappelte ungeduldig auf ihrem Stuhl herum, er musste zum Schluss kommen. »Wenn der Mann auf dem Savignyplatz ›Judenbengel‹ gerufen hat, dann zeigt er, dass er etwas gegen Juden hat, die er grundsätzlich für frecher und schlimmer hält als die Christenkinder. Vielleicht hat er sich auch gar nichts dabei gedacht, es ist ihm einfach nur herausgerutscht. Und der Junge war wahrscheinlich ein Christ, aber das hat den Mann nicht interessiert.«

»Der Junge war tatsächlich ziemlich frech, oder?«

»Ja, nur was hat das mit seinem Glauben zu tun?«

»Also ist der Ausdruck ganz ungerecht?«

»Ja, das ist er.«

»Gibt es für Mädchen auch so einen Namen?«

»Nein, bestimmt nicht.«

Damit schien das Thema abgehakt zu sein.

Später saß Albert im Salon und las die *Vossische Zeitung,* als Charlotte hereinstürmte.

»Ich hab's, Papa, ich bin eine Judengöre.«

Albert Salomon straffte sich. »Das bist du nicht, Lotte, nein, das bist du nicht!«

»Aber die alte Wischinski ruft Hilde und mir doch immer ›ihr frechen Gören‹ nach, wenn wir so laut das Treppenhaus hinunterpoltern. So bin ich eine Judengöre.«

Nicht immer war sie eine freche Göre und schon gar nicht eine fröhliche. *Charlotte gelangt in ein melancholisches Alter.* Hilde, die beste Freundin, hatte sich von ihr abgewandt und stolzierte jetzt untergehakt mit Marianne auf dem Pausenhof herum. Marianne hatte blonde Zöpfe und lachte viel. Wahrscheinlich lachte sie nur, um ihre schönen weißen Zähne zu zeigen. Charlotte blieb jetzt häufig zu Hause und las viel – gern romantische Geschichten. In der Schule liebte sie am meisten Sport, am Barren war sie die Beste. Natürlich blieb ihr immer das Zeichnen, aber manchmal half selbst das nicht, ihre Stimmung zu heben. *Sie läßt sich die Haare wachsen und steht stundenlang vor dem Spiegel.* (4202)

Nicht einmal Hase gelang es, sie aufzumuntern. Die machte ihr ständig Vorschläge, was sie in einer Stadt wie Berlin alles unternehmen könnten: auf dem Ku'damm ins Marmorhaus oder in eines der anderen Lichtspieltheater gehen, wo es nachmittags Kindervorstellungen gab, in den großen Kaufhäusern stöbern oder im UFA-Palast amerikanische Jazzmusik hören. Hase hatte sich vom Tiroler Bauernmädchen in eine begeisterte Berlinerin gewandelt, die alles »kess« fand, die Berliner Luft, die neue Mode, die neue Musik.

Aber Charlotte winkte ab. Sie zog sich in ihr Zimmer zurück, warf sich aufs Bett und schloss die Augen. Wenn sie sie öffnete, versuchte sie die Lider mit einem schwarzen Stift zu umranden. Das gefiel ihr. Von Natur aus waren ihre Augen viel zu hell, von dem langweiligen Blau einer Sonntagsbluse. Schwarz eingefasst sahen sie interessanter und geheimnisvoll aus. Dann konnte sie in den Spiegel schauen, ohne sich gleich abwenden zu müssen, weil sie sich nicht leiden konnte.

Die Mutter hatte ihr einmal erzählt, welch besonderer Augenblick es gewesen sei, als Charlotte als Zweieinhalbjährige in den Spiegel geblickt und nicht wie üblich von sich als »Lotte« gesprochen hatte: »Lotte will spielen«, »Lotte will essen«, »Lotte will nicht ins Bett«, sondern ihr Spiegelbild lange gemustert und dann gesagt hatte: »ICH bin traurig.« Auf das Traurigsein war ihre Mutter nicht eingegangen, Charlottes Entdeckung ihrer Person als »Ich« aber hatte sie entzückt, da sie das Seltsame des Personalpronomens der ersten und dritten Person unbewusst verstanden haben musste: dass das Pronomen »Ich« jeder verwendet, es austauschbar ist und zugleich das unteilbar Eigene, Besondere einer Person anzeigt.

»Was habe ich doch für ein kluges Mädchen«, hatte Franziska ausgerufen. Aber Charlotte hatte ihr nicht den Gefallen getan und bestätigt: »ICH bin klug.«

Wenn Charlotte später darüber nachdachte, hatte sie immer, in ihrer Kindheit, ihrer Jugend und auch als Erwachsene, Sätze mit »Ich« vermieden. »Ich« durch »man« oder das Passiv ersetzt. Fragte ihr Vater sie: »Wie ist es dir heute in der Schule ergangen?«, erhielt er zur Antwort: »Man hat sich so durchgeschlagen!«, oder: »Heute ging nicht viel, es war nichts los, einfach langweilig.« Wenn die Frage sehr konkret Charlottes Erfolge oder Misserfolge betraf, gab sie eine Auskunft wie diese: »Eine Schülerin namens Charlotte Salomon wurde heute gelobt, weil sie in Latein eine ziemlich gute Übersetzung vortragen konnte.« Dann lachten Albert und Hase, und Auguste im Hintergrund schmunzelte. Die hielten das für witzig.

Wenn das »Ich« unausweichlich wurde, rückte Charlotte es wenigstens in die Satzmitte und produzierte damit merkwürdige Sprüche: »Keine Lust habe ich heute, die Großmama zu besuchen.« Als wäre das »Ich« ein vergiftetes Wort, das nur Schaden anrichtete. Ihr Tick fiel kaum jemandem auf, sie redete ja ohnehin nicht viel.

Venedig

Im Sommer 1928 überredeten die Großeltern Grunwald ihren Schwiegersohn zu einer besonderen Reise: nach Venedig. Lotte brauche Luftveränderung, Abwechslung, neue Impulse, und Venedig biete so viel. Lotte werde sich darüber vergessen. Was das heißen sollte, fragte sich Albert missbilligend. Sollte sie den Tod ihrer Mutter, die vor mehr als eineinhalb Jahren gestorben war, einfach vergessen – wie den Kummer über einen kranken Wellensittich, war das die Absicht? Und war das möglich?

Er stimmte nur zögernd zu. Sein Verhältnis zu den Schwiegereltern war von allem Anfang an gespannt gewesen, das hatte sich auch nach Franziskas Tod nicht geändert. Sie machten ihm Vorwürfe, er habe sie vernachlässigt und damit in die Verzweiflung, ja in den Tod getrieben. Und sie allein wussten natürlich, was Charlotte guttäte, ihr »frommte«, und was von ihr fernzuhalten sei. Offensichtlich wollten sie das Kind noch ausschließlicher an sich binden.

Marianne und Ludwig Grunwald waren eigentlich noch keine alten Leute, noch nicht einmal siebzig, aber sie kamen Albert wie Greise vor, verknöchert in ihren Ansichten, versteinert in ihrem Aussehen. Marianne war so festgefahren in ihren täglichen Ritualen, dass die geringste Abweichung Nervenzusammenbrüche zur Folge hatte, und Ludwig konnte in alttestamentarischer Weise wie Moses im Zorn ergrimmen, sobald jemand andere Götter anbetete als die seinen.

Albert ließ sich zu dieser Reise überreden, doch sehr bald fragte er sich, ob das nicht ein Fehler gewesen war. Die Abwechslung sollte vor allem Charlotte gefallen, sie aus ihren Stimmungsschwankungen herausreißen. Vielleicht hatten die Schwiegereltern ja recht, wenn sie sagten, Venedig sei Balsam für die Seele. Aber war Venedig nicht zugleich die Stadt von Untergang und Verfall? Nahmen hier nicht Schönheit und Tod einander bei der Hand? Was würde Lotte empfinden?

Auf dem Weg nach Italien machten sie am Gardasee Station, in Riva del Garda. Albert wollte hier zwei Tage verbringen und hatte das Hotel ausgesucht, einen altmodischen Palast, »ziemlich protzig«, fand Charlotte. Während er mit ihr auf der Terrasse des Hotels saß, hielten die Großeltern ihren Mittagsschlaf, und Albert kam ins Erzählen.

Lange vor dem Krieg hatte er als junger Mann zusammen mit einem Kommilitonen Norditalien bereist; es war eine abenteuerliche »Kavalierstour« gewesen, meist auf Schusters Rappen, nur gelegentlich hatten sie eine Strecke mit dem Zug zurückgelegt oder wurden von einem Fuhrwerk mitgenommen. Der Anblick des zypressengesäumten Sees vor den hoch aufragenden Felsen des Monte Rocchetta hatte die beiden jungen Burschen aus Berlin ganz trunken gemacht.

Mit Karl, der im Krieg gefallen war, hätte er natürlich niemals im Riva Palace logieren können, dafür fehlte ihnen das Geld. Manchmal hatten sie in Olivenhainen geschlafen oder in einer verschwiegenen Bucht des Sees, waren in verfallene Berghütten gekrochen oder hatten bei Bauern um Quartier gefragt. Sie vagabundierten in einem Land, das ihnen so anderes bereitzuhalten schien als das Leben unter dem verhangenen Berliner Himmel.

»Ich würde gerne einmal in einem Heuschober übernachten«, sagte Charlotte.

Albert lächelte. Charlotte hatte eine romantische Ader wie alle jungen Mädchen, die viel lasen. Auch Karl und er waren Romantiker gewesen. Wie gut war es, so eine Zeit im Leben genossen zu haben: Landschaft, Kunst und roten Wein als großherzige Geschenke der Götter, und, nicht zu vergessen, den Liebreiz der italienischen Mädchen.

»Du siehst Faustina in jedem Weibe«, hatte Albert gern gespottet, wenn Karl den Bauernmädchen nachgestiegen war.

Karl war tot, Albert seit zwei Jahren verwitwet.

»Erzähl weiter von deiner Italienreise als junger Mann«, unterbrach Charlotte sein Sinnieren. »Ich will jetzt endlich Abenteuer hören!«

»Warte ab, bis wir in Venedig sind. Die ganze Stadt ist ein Abenteuer.«

Tatsächlich war die elfjährige Charlotte von Venedig überwältigt. Sie fühlte sich in ein Märchen versetzt, in dem ein Zauber die Welt verwandelt, sie verkleinert, vergrößert und ihre Erscheinungen wie ein Kaleidoskop zerlegt und zusammenfügt. Alles geriet ihr in seliges Wanken.

So malt sie dreizehn Jahre später auch ihre Erinnerung: Die Sehenswürdigkeiten der Piazza San Marco ballen sich zusammen, unbekümmert um eine naturgetreue Perspektive und authentische Farben: Die Kuppeln von San Marco kippen schräg und blau auf den Platz, der Campanile, nur im Schaft gemalt, stürzt leuchtend rot abwärts in Richtung der Kuppeln, davor erheben sich angeschrägt die Prokuratien mit einer Löwensäule, im Vordergrund schaukeln Gondeln. Die Piazza selbst ist verwaist, vollgetupft mit weißen Punkten, zweifelsohne den berüchtigten Tauben.

Fünf Menschen arrangiert Charlotte einsam in Rückenansicht vor der Basilika: ein Paar ganz in Schwarz, die Großeltern natürlich, in der Mitte ein junges Mädchen in Weiß, sie selbst, daneben ein Mann in einem hellen Sakko, ihr Vater, und Hase, das Kindermädchen. Die vielen anderen Menschen, die sich auf dem Platz getummelt haben mochten, retuschiert sie im Geiste weg, die stören den Anblick: San Marco schenkt sich nur den einsamen Bewunderern. (4199, Abb. 6*)

Am Tag der Abreise verließ Charlotte heimlich das Hotel. Hase, die mit ihr im Zimmer schlief, bemerkte nichts von dem Aufbruch. Charlotte hatte ihren Zeichenblock unter den Arm geklemmt, um den Dom zu zeichnen. Es war sehr früh am Morgen, die Stadt im Zwielicht, fast menschenleer. Sie verirrte sich in den Gassen zwischen San Marco und Rialto, aber sie hatte keine Angst. Es war ihr, als würde sie erst jetzt das wahre Venedig entdecken, eine Stadt voller Geheimnisse, die in diesen Stunden den Katzen, den Straßenfegern, den Lastenträgern und den Fischhändlern gehörte, die in einer Halle am Rialto ihre Stände aufbauten. Die Marktfrauen fingen an, die Fische auszunehmen, Herz und Leber flogen auf den Boden, Katzen balgten sich um die glitschige Beute.

Die Palazzi jenseits des Kanals standen dunkel da, abweisend in ihrer zerbrechlichen Schönheit. Charlotte konnte sich nicht sattsehen. Vielleicht würde sie niemals wieder nach Venedig kommen, da musste sie jetzt alles in sich aufsaugen, was die Stadt ihr schenkte. So wollte sie immer durch ihre Gassen wandern, am frühen Morgen oder am späten Abend. Hauptsache: allein. Mit ihrem Vater und den Großeltern hatte sie schätzungsweise fünfzig Kirchen und dreißig Museen besucht, zu viele auf jeden Fall.

»Am besten gefällt mir das Bild von diesem Maler, der so heißt wie rohes Rindfleisch, wo zwei Schreckschraubendamen mit ihren Hündchen auf ihre Freunde warten«, hatte sie an einem Tag erklärt, jedoch nur Vorwürfe geerntet.

»Aber Lotte«, hatte Oma Marianne aufgestöhnt und ihrem Mann übersetzt: »Sie meint Carpaccios *Les deux Courtisanes* in der Scuola di San Giorgio.« Worauf sich Ludwig Grunwald genötigt sah, Charlotte in eine weitere Kirche zu schleppen, damit sie die Kurtisanen vergesse und sich an einer neuen Verkündigung Mariens erfreue.

Das Grau zwischen den Häusern verflog, auf der Rialtobrücke entfaltete sich Leben. Charlotte hatte das Gefühl, wieder ins Hotel zurückzumüssen, auch wenn sie noch keine Skizze angefertigt hatte. Sie versuchte sich zu orientieren, immer am Canal Grande nach Süden gehen, dann müsste sie nach San Marco kommen. Aber das war leichter gesagt als getan: Immer wieder verließen die Straßen das Wasser, strebten ins Innere auf Plätze zu, überquerten kleine Brücken, verengten sich zu Gässchen, in denen nicht einmal zwei Personen nebeneinander Platz fanden. Es roch schlecht, nach Abfällen, abgestandenem Wasser, Kot und Unrat. Als Charlotte schon einen Hauch von Verzweiflung verspürte, dass sie niemals mehr aus diesem Labyrinth herausfinden werde, öffnete sich plötzlich vor ihr die Piazza San Marco. Es war wie ein Schock: Gerade noch war sie in einem Reich der Finsternis gewesen, jetzt tat sich der Himmel auf. »Magnificamente«, sagte sie laut. Das Wort hatte Hase ihr beigebracht. Manchmal sagte Hase auch: »Se tu ami la vita, la vita ama anche te.« Das brauchte sie nicht zu übersetzen.

Als Charlotte eine Hand auf ihrer Schulter spürte, schrak sie zusammen.

»Lotte, was machst du denn hier? So früh? Und so ganz allein?«

»Und was machst du hier, Papa?«

Auch Albert hatte sich heimlich aus dem Hotel gestohlen, nicht um zu malen, sondern um zu fotografieren. Sie brachen in ein großes Gelächter aus, als sie sich die Gründe für die »Entfernung von der Truppe«, wie Albert sich ausdrückte, gestanden.

»Ich fürchte ja, wir kriegen jetzt einen Rüffel. Aber das stehen wir gemeinsam durch«, sagte Albert und nahm seine Tochter an der Hand. Sie überquerten die Piazza, vergnügt wie selten.

»Was steckt dir denn da in der Jacke?«, fragte Charlotte und wollte ihrem Vater aus der Seitentasche etwas herausziehen, das wie ein schmales Buch aussah.

»Lass uns nach San Zaccharia gehen, und bei der ersten Brücke, die wir überqueren, zeige ich dir, was ich auf meinem Spaziergang mitgenommen habe.«

Sie brauchten eine Weile, bis sie an einen Steg über einen der schmalen Kanäle kamen.

»Ich lese dir ein Gedicht vor, das ›Die Brücke‹ heißt. Eigentlich ist wohl der Rialto gemeint, aber da können wir jetzt nicht mehr hingehen.«

»Da war ich gerade eben«, platzte Charlotte heraus. »So mach ich die Augen zu und stell mir alles vor.« Albert war kein großer Rezitator, aber Charlotte spürte, dass ihm das Gedicht etwas bedeutete.

»An der Brücke stand
Jüngst ich in brauner Nacht.
Fernher kam Gesang:
Goldener Tropfen quoll's
Über die zitternde Fläche weg.
Gondeln, Lichter, Musik –
Trunken schwamm's in die Dämmrung hinaus …

Meine Seele, ein Saitenspiel,
Sang sich, unsichtbar berührt,
Heimlich ein Gondellied dazu,
Zitternd vor bunter Seligkeit.
– Hörte Jemand ihr zu?«

Charlotte sprach nicht. Sie hatte ihren Vater noch nie so erlebt, und es war ihr, als hätte sie einen Blick in seine Seele getan, in die Seele eines Menschen, der in ihr eine Zuhörerin suchte, weil sie beide die gleiche Sehnsucht teilten.

Sie schlang ihre Arme um ihn, löste sie aber schnell wieder, als sie spürte, dass er seinen Kopf zur Seite drehte. Nach einer Weile fragte sie: »Von wem ist das Gedicht?«

»Von Nietzsche.«

»Muss ich den kennen?«

»Irgendwann schon.«

Alberts Ahnung, einen Rüffel von den Schwiegereltern zu bekommen, hatte nicht getrogen. Nur war das Wort Rüffel noch eine Untertreibung für das, was Vater und Tochter erwartete.

Als Albert und Charlotte ankamen, standen Marianne und Ludwig Grunwald schon auf der Brücke vor dem Hotel. Die Morgensonne leuchtete, und ihre Gestalten hoben sich gegen die rosa Mauern des Palazzo ab. Völlig außer sich, überhäuften die beiden Vater und Tochter mit Vorwürfen und steigerten sich in wütende Ausbrüche gegen die Ausreißer. Charlotte hatten sie schon als Leiche im Kanal schwimmen sehen, Alberts Verschwinden vor dem Frühstück sei unverzeihlich gewesen. Marianne Grunwald gestikulierte wie eine Furie. Albert versuchte zu beschwichtigen, die Emotionen zu dämpfen, vergebens. Nüchtern verwies er schließlich auf die Logistik des Tages: Man habe Fahrkarten nach Mailand. Die fünf bestiegen eine Gondel, die sie zum Bahnhof brachte. Die Großeltern verzogen sich auf die hintere Bank, böse und beleidigt, Albert und Charlotte saßen ihnen gegenüber. Hase fand Platz auf dem schmalen Rücksitz. Der Gondoliere brauchte nur in die Gesichter seiner Kunden zu blicken, um zu wissen, dass venezianische Volkslieder zu singen unangebracht war.

Die Verstimmung hielt an – im Eisenbahncoupé rückten die entzweiten Fraktionen noch weiter voneinander ab. Nur Hase saß wie ein friedenstiftendes Angebot am Fenster: Sie wurde nicht beachtet. Jeder hing seinen Gedanken nach. Albert und Charlotte versuchten, ein bisschen vom Morgenglück hinüberzuretten. Aber das schien mit jedem Vorwurfsblick aus Mariannes Augen zu schmelzen. Der Zug trug die zerstrittene Familie bis Mailand. In der Abendsonne schimmerte weiß das Gebirge des Doms. (4200)

»Er ist ein verantwortungsloser Vater«, dachte Marianne Grunwald.

»Das hätte er uns nicht antun dürfen«, dachte Ludwig Grunwald.

»So eine komplizierte Familie«, dachte Hase.

»Das muss ein Ende haben«, dachte Albert Salomon.

»Bald bin ich groß, dann kann mir keiner mehr was sagen«, dachte Charlotte.

Was vermeid ich denn die Wege

An einem Abend im Winter 1929 ging Albert Salomon zu einem Empfang, zu dem ihn Henriette Jahn gebeten hatte. Sie war eine Sopranistin, hatte gelegentlich Solo-Engagements bei Kirchenkonzerten und hielt sich ansonsten mit Klavierunterricht über Wasser. Ihr Mann, ein Geiger der Staatskapelle, war vor drei Jahren verstorben, im selben Jahr wie Alberts Frau Franziska.

Albert nahm seit ihrem Tod eigentlich keine Einladungen mehr an, gönnte sich allenfalls von Zeit zu Zeit, seiner einzigen Passion zu frönen: der Musik. Doch eine Passion war auch die Musik eigentlich nicht, eher die bildungsbürgerliche Gewohnheit, ins Konzert zu gehen. Henriette Jahn hatte einige romantische Lieder zu Klavier angekündigt, die sie und eine Freundin vortragen würden. Albert hatte sich zunächst gesträubt: Solche Hauskonzerte gerieten oft ins quälend Dilettantische. Von wem stammte der Satz: Gut gemeint ist das Gegenteil von Kunst? Aber Henriette Jahn war beharrlich geblieben. Ich bin ein schlechter Neinsager, dachte Albert, als er sich auf den Weg in die Kantstraße machte, zumindest bei Frauen.

Albert hatte Henriette Jahn durch ihren Sohn Ferdinand kennengelernt. Der siebenjährige Junge war vor einigen Wochen nachts als Notfall in die Klinik eingeliefert worden: spät diagnostizierter Blinddarmdurchbruch. Albert hatte die dramatische Lage erkannt und sofort ein Operationsteam zusammengerufen und operiert. Der Junge hatte überlebt und ein Assistenzarzt wohl der Mutter vermittelt, dass der Professor Salomon ihrem Sohn das Leben gerettet habe. Seither floss sie vor Dankbarkeit über.

Albert freute sich, den kleinen Ferdinand wiederzusehen, den er bei der Einlieferung in die Klinik als bleiches, schwächliches und wimmerndes Geschöpf erlebt hatte und der drei Tage später mit seiner Lebhaftigkeit, seinem Lachen und aufgeweckten Fragen die ganze Kinderstation unterhielt.

Die Wohnung der Jahns war bescheiden, die Anzahl der Gäste überschaubar. Mitten im Salon, der zugleich als Speisezimmer und Arbeitszimmer mit Schreibtisch diente, stand ein Klavier. Die Gäste waren nicht in Abendkleidung erschienen, wie Albert das von den Soireen im eigenen Haus gewohnt war, als Franziska noch lebte. Er fühlte sich unbehaglich im Smoking.

Henriette Jahn begrüßte ihn herzlich und stellte ihn als den Arzt vor, dem Ferdinand sein Leben verdanke. Albert fühlte sich noch unbehaglicher. Erst als der Junge ins Zimmer gewitscht kam und ihn mit der Unbefangenheit von Kindern seines Alters stürmisch begrüßte, entspannte Albert sich. Ferdinand verwickelte ihn sogleich in ein Gespräch über Dinosaurier, das Albert geschickt zu den Abenteuern des Odysseus umlenken konnte – ein Gebiet, auf dem er sich besser auskannte als bei den Urgetieren. Als die beiden schließlich darüber berieten, wie groß denn wohl wirklich die Kyklopen gewesen seien (so groß, dass sie bis zur Zimmerdecke reichten? Oder gar bis zur Spitze des Doms?), war Albert mit dem Abend versöhnt. Da ertönten die ersten Akkorde auf dem Klavier, und der Austausch mit Ferdinand, der gerade zur entscheidenden Frage gelangt war, warum Kirke den Odysseus denn nicht hatte ziehen lassen wollen, fand ein abruptes Ende. Ferdinand zog eine Schnute, doch die Blicke seiner Mutter hielten ihn in Schach. Er setzte sich auf den Boden und kuschelte sich an Alberts Bein.

Henriette Jahn begann mit dem ersten Suleika-Lied Schuberts nach Marianne von Willemers Gedicht aus dem *West-Östlichen Diwan:* »Was bedeutet die Bewegung / bringt der Ost mir frohe Kunde? Seiner Schwingen frische Regung / Kühlt des Herzens tiefe Wunde.«

Schon mit den ersten Tönen richtete sich Albert in seinem Sessel auf. Er kannte Henriette Jahn bisher nur als eine vor Angst und Sorge um ihren Sohn verquälte Frau, jetzt sang sie mit spürbarer Lust, wie befreit. Musikalisch gab es vermutlich einiges auszusetzen, die Intonation war nicht immer sauber, und in den Höhen geriet ihre Stimme ins Wackeln. Er war da kein Experte, hörte ihr aber mit wachsendem Wohlbefinden zu.

Dann trat eine zweite Sängerin auf, die Henriette als »meine wunderbare Freundin Paula Lindberg« vorstellte. Der junge Klavierspieler, wohl noch ein Schüler, strahlte, als wäre er in die Sängerin verliebt. Kein Wunder, diese Frau umgab vom ersten Augenblick an eine Aura des Außergewöhnlichen. Sie warf sich nicht in Positur, faltete nicht ehrfurchtgebietend die Hände, schloss nicht die Augen in tiefer Versenkung. Stattdessen lächelte sie, pustete eine widerspenstige Locke aus ihrem Gesicht, warf dem Pianisten ein Scherzwort und Ferdinand eine Kusshand zu. Und was tat sie dann? Etwas Unerhörtes. Sie sang Lieder aus Schuberts *Winterreise,* die für einen Bariton geschrieben waren, und begann mit »Fremd bin ich ausgezogen«, das wie kein anderes Lied den Schmerz des vom Glück Verstoßenen besingt.

Albert war wie benommen. So oft hatte er die *Winterreise* gehört, aber jetzt, mit dieser warmen Altstimme gesungen, begann die Musik neu zu erblühen, eine andere Farbe anzunehmen, einen tieferen Schmerz zu entfalten. Was für eine wunderbare Sängerin! Diese außerordentliche Stimme, diese delikate Gestaltung: jede Phrase wohlgesetzt, jede Klangfärbung stimmig, der melancholische Gestus entfaltet, ohne ins Sentimentale abzugleiten.

Aber er lauschte nicht nur dem wunderbaren Gesang, er sah die Sängerin auch als Frau, jung, höchstens dreißig Jahre alt, blond mit einem herzförmigen Gesicht und weichen Zügen, die ihn an Peruginos Madonnen erinnerten. Ihre Gestik war sparsam, ihr Ausdruck von anziehender Natürlichkeit.

Die Begeisterung der Zuhörer verlangte nach einer Zugabe. Paula Lindberg besprach sich mit ihrem Begleiter, der sich in den Noten verhedderte, dann erklang noch einmal »Der Wegweiser«:

»Was vermeid ich denn die Wege,
Wo die andren Wandrer gehn,
Suche mir versteckte Stege
durch verschneite Felsenhöhn?

Habe ja doch nichts begangen,
Daß ich Menschen sollte scheun
Welch ein törichtes Verlangen
treibt mich in die Wüstenein?«

Albert sank tiefer in seinen Sessel, er wollte nicht, dass man seine Ergriffenheit bemerkte. In Müllers Text und Schuberts Musik war sein gegenwärtiges Dasein beschrieben, seine Einsamkeit, seine Flucht vor den Menschen in eine Wüste, die er sich selbst geschaffen hatte. Da spürte er, wie Ferdinand sein Bein fester umklammerte.

Nach dem Konzert kam er mit Paula Lindberg ins Gespräch: »Gehen Sie in Konzerte?«, fragte sie beiläufig.

»Letzte Woche wollte ich in Beethovens Neunte in die Philharmonie.«

»Dann hätten Sie mich gehört, im Schlusschor habe ich die Alt-Partie gesungen. ›Seid umschlungen, Millionen, diesen Kuss der ganzen Welt‹.« Wenn sie nicht sang, hatte Paula Lindbergs Stimme eine leicht rheinische Färbung.

»Leider kam unmittelbar vorher ein Notfall in die Klinik. Jetzt weiß ich, was ich verpasst habe.«

Paula lachte: »Natürlich haben Sie etwas verpasst, wenngleich nicht unbedingt mich.«

Albert fragte sie nach weiteren Engagements. In der Staatsoper würde sie in der laufenden Saison die *Carmen* singen, aber ihre große Liebe gehöre der Barockmusik und Mozart. Sie freue sich auf *La Clemenza di Tito,* hier sei ihr die Partie des Sextus angeboten worden, die sie gerade einstudiere. Es sei eine anstrengende Partie für einen Alt: große Höhen, große Tiefen, die Stimme würde gefordert, aber es sei eine wunderbare Rolle. Mit diesen Worten hatte sie ihm schon den Rücken zugekehrt und ließ sich von den anderen Gästen feiern.

Henriette Jahn kam auf ihn zu, bot ihm ein Glas Wein an. Sie hatte gesehen, mit welchem Blick er ihrer Freundin nachgeschaut hatte, und versorgte ihn freigebig mit allem, was er vielleicht wissen wollte – oder auch nicht: »Kurt Singer ist unsterblich in Paula verliebt.« Der Name Kurt Singer sagte Albert etwas. Er war Arzt, Neurologe und Psychologe, stand aber auch als Musikwissenschaftler, Dirigent und Intendant der Städtischen Oper Berlin in hohem Ansehen. »Ihretwegen hat er sich sogar scheiden lassen«, Henriette senkte ihre Stimme zu einem Flüstern, »aber ich glaube, sie will ihn nicht.«

Nichts ermüdete Albert mehr als Klatsch. Er wollte weg, und glücklicherweise stand immer noch Ferdinand in der Nähe, von dem er sich verabschieden konnte. »Beim nächsten Mal bringe ich dir ein Buch über den Trojanischen Krieg mit. Dann weißt du nicht nur über Odysseus Bescheid, sondern auch über Menelaos, Achill, Agamemnon und Aeneas.«

»Die schöne Helena kenne ich schon«, sagte Ferdinand vorlaut. »Wegen der gab es doch das ganze Getümmel, oder?«

»Du weißt ja schon alles, Respekt, Kamerad!«

Albert ging zu Fuß zurück in die Wielandstraße, die kühle Abendluft tat ihm gut. Zum ersten Mal nach Franziskas Tod hatte er wieder gern mit einer Frau gesprochen, ja mehr noch war er von der Sängerin fasziniert. Doch der Gedanke, ihr den Hof zu machen, erschreckte ihn. Was sollte sie von einem Mann halten, der mindestens fünfzehn Jahre älter war als sie und schon ziemlich kahlköpfig, dazu ungesellig und schweigsam und zu alledem Vater einer schwierigen Tochter? Er sollte sich nicht zum Narren machen.

Am nächsten Morgen aber ging er in ein Blumengeschäft und ließ Paula Lindberg einen Strauß gelber Rosen schicken.

Die neue Mutter

»Übermorgen gehen wir in die Oper«, versprach Albert seiner Tochter, bevor er sie zur guten Nacht auf die Stirn küsste. Charlotte zuckte mit den Schultern. Sie kannte das schon: Er kündigte ein Konzert oder eine Oper an, und sie begann, sich darauf zu freuen, holte den Opern- oder Konzertführer aus dem Regal der Bibliothek und vertiefte sich in das Werk. Bei Opern war es oft schwierig, die Handlung zu verstehen, weil sie meist »enorm verdrechselt« war, wie Charlotte es nannte. Mit Hase beriet sie, was sie anziehen könnte, der Vater hatte es gern, wenn seine zwölfjährige Tochter festlich gekleidet war. Er selbst trug natürlich einen Frack.

Wenn es denn überhaupt zum Besuch der Oper kam! Nicht selten rief die Sekretärin aus der Klinik an: Leider sei der Professor unabkömmlich, bei einem Patienten seien schwerwiegende Komplikationen eingetreten. Oder es war gerade ein Unfallopfer eingeliefert worden, eine sofortige Operation unumgänglich. Charlotte hatte sich angewöhnt, Vorfreude erst zuzulassen, wenn der Vater zu Hause war und sich umzog – erst dann durfte sie hoffen, dass das Ereignis tatsächlich stattfand.

»Dieses Mal gehen wir ganz sicher«, sagte ihr Vater ungewöhnlich bestimmt. »Carlos Kleiber dirigiert in der Staatsoper Mozarts *Titus.* Die Oper wird selten gespielt, und die Geschichte ist ziemlich verwickelt, um nicht zu sagen krude, aber die Musik natürlich wie immer bei Mozart außerordentlich. Mit vollem Titel heißt die Oper übrigens *La Clemenza di Tito.* Und was ›clemenza‹ ist, kannst du alte Lateinerin dir bestimmt aus dem Italienischen ableiten.«

»Ich nehme an, es kommt von clementia, Güte, Milde, Nachsicht«, lieferte Charlotte prompt die Vokabel.

»Kluges Mädchen! Du kannst dich ja mit dem Libretto beschäftigen. Es geht wie immer bei Opern um Liebe, Tod, Verschwörung, Mord – oder Beinahemord. Was Titus angeht, so war der historische Kaiser ein brutaler Despot, der Jerusalem erobert und die Juden hat abschlachten lassen. Bei Mozart ist er ein milder Herrscher, der Gnade vor Recht ergehen lässt.«

»Inwiefern?«, fragte Charlotte.

»Als Titus den Mordplan seines besten Freundes Sextus und seiner Braut Vitellia entdeckt, lässt er sie nicht köpfen oder verbannen, sondern begnadigt sie.«

»Er lässt sie tatsächlich laufen? Ich weiß nicht, ist das nicht ziemlich dumm?«

»Das glaube ich nicht, Lotte. Güte ist niemals Dummheit. Ich bin gespannt, was du nach dem Abend sagst. Achte auch auf die Partie des Sextus, er ist die eigentliche Schlüsselfigur des Dramas, eine Herausforderung für jede Sängerin.«

»Sängerin?«, fragte Charlotte erstaunt.

»Ja, Mozart hat die Rolle für eine Mezzosopranistin geschrieben.

Das war lange Tradition, vor allem in der Barockoper, dass Männerrollen für Frauenstimmen geschrieben wurden.«

»Wie Cherubino«, warf Charlotte ein.

»Hinsetzen, hervorragend!« Albert Salomon strich vergnügt über seinen Schnauzbart. »In dieser Aufführung wird eine besondere Sängerin die Partie des Sextus singen. Sie hat eine wunderbare Stimme, außerdem ist sie wunderschön.«

Sonst schwärmt er doch nicht so von Sängern, wunderte sich Charlotte. »Du hast sie also schon mal gehört?«, fragte sie.

»Ja«, antwortete ihr Vater. Mehr sagte er nicht.

»Und, hat es dir gefallen?« Albert hatte die Fliege gelöst, aber seinen Frackrock anbehalten. Er trank ein Glas Burgunder und rauchte eine Zigarre. Charlotte wippte auf der Lehne des Sessels, einen Arm um den Hals ihres Vaters gelegt. Er mochte das gern, das wusste sie. Und solche Augenblicke inniger Vater-Tochter-Nähe waren selten.

»Die Oper war wunderbar. Eine schöne Arie nach der anderen.«

»Und wie fandest du die Sängerin?«

»Welche? Alle Sänger waren kolossal.«

»Die den Sextus gesungen hat.« Albert wartete auf eine Reaktion. Als die ausblieb, weil Charlotte sich mehr für die Limonade zu interessieren schien, die Auguste bereitgestellt hatte, fragte er nach: »Könntest du dir vorstellen, dass wir einmal wieder eine Soiree geben und ich sie einlade? Vielleicht singt sie auf besonderen Wunsch eines jungen Fräuleins Lieder aus der *Schönen Müllerin*.«

»Kennst du sie denn?«

»Flüchtig. Ich bin ihr einmal bei einem Konzert begegnet.«

Was er nur mit dieser Sängerin für ein Getue hat, rätselte Charlotte.

Das erfuhr sie kurze Zeit darauf.

Paula Lindberg, die Charlotte später in Paulinka Bimbam umtaufte, veränderte Charlottes Leben. Das geschah nicht als sanfte Entwicklung, sondern als eine jäh ausbrechende Revolution, der auch das Moment der Katastrophe nicht fehlte. Die dreizehnjährige Charlotte verliebte sich in die zwanzig Jahre ältere Braut ihres Vaters, hemmungslos, maßlos, leidenschaftlich, wie pubertierende Mädchen sich in Ekstasen verirren können, wenn ihr Gefühlsleben bis dahin in kalte Tücher verpackt war.

Musik war der Liebe Nahrung: Fast jeden Abend kam Paula jetzt ins Haus Salomon, um mit Albert und Charlotte zu dinieren, über Musik zu sprechen, Schallplatten auf dem Grammofon abzuspielen. Hase saß dabei, verabschiedete sich aber immer rasch nach dem Dessert und verschwand in ihr Zimmer.

In den Sommerferien fuhren Hase und Charlotte ans Meer. War noch ein Jahr zuvor eine Reise mit dem geliebten Kinderfräulein nach Sylt ein Höhepunkt in ihrem Leben gewesen, so reiste jetzt im Geiste Paulinka mit. Alles, was Charlotte sah, flüsterte ihr Paulinkas Namen zu: *Windmühlen, Häuser, Leuchtturm, Flugzeuge, Meer.* Sie konnte Hase gegenüber von nichts anderem mehr sprechen. (4203)

Fräulein Marie Wildgruber, genannt Hase, schrieb einen Brief an die Gemeinde Kastelruth und fragte nach Vakanzen für Kindergärtnerinnen in der Region. Sie vermutete, dass ihre Tage im Salomon'schen Haus gezählt waren.

Zum Abschluss der Sommerferien unternahm Albert mit Charlotte und Hase eine Reise ins Rheinland. Sie besuchten die Loreley, St. Goar und Bingen. In Bacharach stieß Paula zur kleinen Gruppe – wie eine spontan aus dem Fluss gestiegene blonde Rheintochter. Sie übernahm sogleich die Rolle der Reiseführerin und wanderte mit Albert, Charlotte und Fräulein Wildgruber zur Wernerkapelle. Die gotische Ruine präsentierte sich ihnen im schönsten Licht, grün umwaldet, mit Blick auf Bacharach und den Rhein.

»Ohne dich hätten wir diese Idylle nicht entdeckt«, sagte Albert anerkennend.

»Eine Idylle seht ihr eigentlich nicht vor euch, die Geschichte der Kapelle ist eher blutrünstig. Im 14. Jahrhundert, so heißt es, hätten Juden aus Oberwesel den Knaben Werner an den Füßen aufgehängt, um eine Hostie zu entwenden, die er gerade schlucken wollte, und ihn dann in den Rhein geworfen. Hostienfrevel war im Mittelalter ein beliebter Vorwurf gegen Juden.«

»Was ist eine Hostie?«, fragte Charlotte.

»Ein Stück geweihtes Brot. Die Katholiken glauben, dass nach der Opferhandlung in der Messe Christus in der Hostie gegenwärtig ist.«

Hut ab, dachte Marie Wildgruber, überrascht, dass der Professor auf diese Frage eine Antwort wusste.

»Werners Leiche wurde übel zugerichtet in Bacharach angeschwemmt und in der Kunibertskapelle begraben. Bald errichtete man ihm eine eigene Kapelle und verehrte ihn als Heiligen, das tut man bis heute. Nur gelten die Wallfahrten inzwischen mehr der schönen Ruine, und kaum einer weiß, was sich hinter der Geschichte der Kapelle verbirgt.«

»Gehen wir noch auf die Burg Stahleck?«, fragte Charlotte sichtlich gelangweilt. Dieser blöde Aberglaube. Mittelalter eben.

»Bacharach ist noch aus einem anderen Grund berühmt«, fuhr Paula unbeirrt fort. Albert winkte mit einer leichten Handbewegung ab. Wollte sie auf Heinrich Heines *Rabbi von Bacharach* zu sprechen kommen? In ihrem Kopf waren die Geschichten der jüdischen Gemeinden in dieser Region lebendig, auch die der jahrhundertelangen Verfolgungen. Sie war eben die Tochter eines jüdischen Gelehrten vom Rhein, aber musste sie mit den Ritualmord-Vorwürfen der Vergangenheit Lotte verunsichern, gerade jetzt, da die dumpfen Stimmungen gegen Juden wieder hochschwappten? Albert war diese Art von Nabelschau lästig. Je mehr man sie betrieb, desto lauter rief man die Geister herbei, die man los sein wollte.

Paula hatte seine knappe Geste verstanden. »Hier gibt es einige der besten Weinlagen am Rhein«, wechselte sie das Thema. »Vielleicht erlaubt dein Vater ja, dass du heute Abend ein kleines Gläschen probierst. Das gehört eigentlich zu einer Rheinpartie dazu.«

Abends im Speisesaal des Hotels drehte Charlotte auf: »Fräulein Lindberg, Sie können sich überhaupt nicht vorstellen, was mein Vater für Chancen bei Frauen hat. Alle Krankenschwestern in der Klinik sind hinter ihm her, Anna und Klara, aber auch Mathilde, und die ist Ärztin. Jeden Tag bringt der Bote Geschenke: dicke Kunstbücher, Manschettenknöpfe, silberne Bleistifte. Sogar Blumensträuße sind schon angekommen! Blumen für einen Mann!«

(4204)

Albert wand sich. Was war nur in Charlotte gefahren? Konnte das halbe Glas Wein zum Abendessen eine derart enthemmende Wirkung haben?

»Mein Vater ist ein richtiger Weiberheld«, setzte Charlotte noch eins drauf, »und das, obwohl er schon kahle Stellen auf dem Kopf hat. Aber alle Frauen wissen, dass er es *im* Kopf hat.«

»Lotte«, mahnte der Vater, »jetzt hörst du sofort auf!«

Paula amüsierte sich königlich. Der schüchterne Professor Salomon ein Weiberheld? War es nicht wunderbar, wenn eine Tochter ihren Vater so anhimmelte?

Charlotte war richtig in Fahrt gekommen: »Ich gebe Ihnen einen guten Rat, Fräulein Lindberg, heiraten Sie bloß nicht meinen Vater, er ist der unmusikalischste Mensch der Welt. Außerdem ist er mit seiner Klinik verheiratet.«

»Schluss jetzt, Lotte, sofort gehst du ins Bett!« Albert Salomons Gesicht hatte sich gerötet, er wischte sich Schweiß von der kahlen Stirn. Paula Lindberg aber genoss gelassen ihren Rheinwein.

Am nächsten Morgen reisten Albert, Paula, Charlotte und Hase nach Maria Laach. Die Kirche interessierte Lotte nur mäßig, aber das Rudern auf dem schwarzen Laacher See betrieb sie mit großem Kraftaufwand. Der Rausch vom Vorabend war verglüht.

Am 4. September 1930 heirateten Albert Salomon und Paula Lindberg in Paulas Heimatstadt Frankenthal in der Pfalz nach jüdischem Ritus. (4206) Charlotte durfte nicht an der Hochzeit teilnehmen. Sie sollte für einige Wochen bei ihren Großeltern im Haus in der Kochstraße bleiben. Natürlich war sie mit diesem Arrangement nicht die Spur einverstanden. Sie wütete. Marianne Grunwald versuchte ihr die »Verbannung« – darunter tat es Charlotte nicht – zu erklären, aber sie machte alles nur schlimmer: Paula Lindberg sei doch noch eine junge Braut, da würde eine halbwüchsige Stieftochter nicht recht ins Bild passen. Ihre Verwandten und Bekannten wären vielleicht irritiert. Außerdem würde Charlotte sich langweilen, bei einer jüdischen Hochzeit mit all dem Brimborium, ganz bestimmt. Und schließlich müsse sie in die Schule, es seien keine Ferien.

Keines ihrer Argumente leuchtete Charlotte ein. Die wollten sie einfach nicht dabeihaben, sie war ein Störenfried. Eine Hochzeitsverderberin. Die hatten doch nur Angst, dass sie etwas Falsches sagte. Oder ein blödes Gesicht machte.

Gerade das Brimborium hätte sie spannend gefunden, die eigenartigen Gebräuche bei einer jüdischen Hochzeit, die sie sich von ihrem Großvater hatte erklären lassen. So blieb ihr nur, sich die Zeremonie auszumalen:

Der Bräutigam – also ihr Vater – würde unter dem weißen Traubaldachin, der Chuppa, warten und währenddessen würde

Paulinka, die mit einem Schleier verhüllte Braut, siebenmal um den Bräutigam herumgeführt werden, einmal für jeden Tag der Schöpfung. Dann würde gesungen und gebetet, der Rabbiner den Segen über ein Glas Wein sprechen. Anschließend steckte der Bräutigam seiner Braut den Ring an den Zeigefinger der rechten Hand, so will es die Vorschrift. Zum guten Schluss müsste der Bräutigam noch ein leeres Weinglas zertreten, was an die Zerstörung des Tempels in Jerusalem erinnern sollte.

»Ich gehe jede Wette ein, dass Papa dreimal zutreten muss, bis das Glas zerschmettert ist. Der kann doch nichts kaputt machen.« Bei dem Gedanken an den hilflosen Bräutigam, dem das Glas immer davonrollt, statt unter kräftigem Schritt zu zerbersten, kam Charlotte ins Kichern.

Trotzdem musste sie sich sehr überlegen, ob sie Paulinka und ihrem Vater verzeihen würde, sie von dem Schauspiel ausgeschlossen zu haben.

Charlotte stand vor der Tür der elterlichen Wohnung in der Wielandstraße. Die Großeltern hatten sich ersparen wollen, an der Haustür von einer Frau empfangen zu werden, die den Platz ihrer Tochter eingenommen hatte, und Charlotte daher als Begleitung für den Rückweg aus ihrer Wohnung die Tochter von Bekannten mitgegeben, ein langweiliges Fräulein, mit dem Charlotte auf dem Weg kein Wort gewechselt hatte.

Paulas Mutter Sophie, die noch an der Hochzeit teilgenommen hatte, war plötzlich gestorben. Albert und Paula waren nach der Hochzeitsreise zur Beerdigung nach Frankenthal gefahren, die Hinterlassenschaften zu regeln. Jetzt waren sie zurück, und Charlotte gehörte wieder nach Hause, in ihr altes Zuhause in der Wielandstraße, wo sie acht Jahre mit ihren Eltern und vier weitere Jahre allein mit ihrem Vater gelebt hatte; in ihr neues Zuhause, in dem an der Seite ihres Vaters eine andere Frau stand, ihre Stiefmutter. Hase war inzwischen nach Südtirol zurückgekehrt, Charlotte hatte ihr Zimmer für Paula räumen müssen und ein kleineres bezogen. Jetzt begann ein neues Leben.

Charlotte fror. Es war kalt, ein windiger Tag Anfang Dezember, sie trug Mantel und Mütze. Sie müsste klingeln, aber sie brachte es nicht über sich. Hanna, das Begleitfräulein, streckte schon die Hand aus, doch Charlotte fiel ihr in den Arm: »Warte!«

Dabei hatte sie es sich ganz einfach vorgestellt: in die Wohnung stürmen, Paulinka umarmen, dem Vater zunicken. Alles zum Besten. Ein unbestimmtes Gefühl von Verrat hatte sie ergriffen, sie schämte sich und wusste nicht, warum. Weil sie so mit fliegenden Fahnen zu Paulinka übergelaufen war, ohne an ihre Mutter zu denken? Weil sie die Mutter schon fast vergessen hatte?

Vor ein paar Wochen hatte sie angefangen, Erinnerungen an ihre Mutter in ein Schulheft zu schreiben, das Heft war immer noch fast leer. Am ehesten sah sie ihre Mutter vor sich, wie sie mit ihrem Vater ausging oder einen Empfang gab, wie elegant sie in ihren langen Abendkleidern aussah, immer schwarz oder nachtblau, immer mit weiten Rückenausschnitten, wie es vor ein paar Jahren Mode gewesen war. Und wie gut sie immer gerochen hatte. Wenn sie sich zu ihrer Tochter hinabbeugte, um sie zum Abschied oder zur Guten Nacht zu küssen, hatte ihr Duft Charlotte eingefangen. Immer wünschte sie, ihre Mutter würde länger bleiben. Aber nie hatte sie das Schlaf-schön-Ritual ausgedehnt und immer so abwesend geschaut, als sähe sie ein fremdes Wesen vor sich, das nur zufällig und vorübergehend Gast im Hause war.

»Huhu«, hatte Lotte manchmal gerufen und mit den Händen vor den Augen der Mutter herumgewedelt, um ihre Aufmerksamkeit zu erregen.

Nie hatte ihre Mutter sie gescholten, nie – das hatten andere umso reichlicher besorgt. Vielleicht war das die größte Kränkung für Lotte gewesen, dass sie nicht einmal durch abgrundtief schlechtes Betragen ihre Mutter hatte provozieren können.

Charlotte versuchte, die vielen Kindergeburtstage in der Erinnerung aufzurufen, den ersten Schultag, die Weihnachtsfeste, die Reise in die bayerischen Berge – immer und überall war ihre Mutter dabei gewesen. Aber als hätte man auf Fotografien eine Ecke abgerissen, sah Charlotte sie in der Erinnerung nicht.

Als Kind hatte sie Bilderbogen geliebt, auf denen man mit der Schere an markierten Umrissen von Personen entlangfuhr, sie ausschnitt und dann in ein Panorama klebte, man konnte sie anordnen, wie man wollte: Kinder auf die Schultern von Eltern setzen, Erwachsene auf Berggipfel verfrachten, in Ruderbooten auf einem See aussetzen oder fein gewandet in einem Ballsaal promenieren lassen. Es kam Charlotte vor, als hätte sie in den Bildern der frühen Kindheit ihre Mutter Franziska immer hinter Bäumen oder Türen versteckt.

Und Paulinka? Vielleicht freute sie sich gar nicht, jetzt eine Stieftochter zu haben. Bislang war sie freundlich zu ihr gewesen, aber das war ja klar, sie wollte Albert heiraten, und ihr Vater hätte keine Frau geheiratet, die Charlotte nicht als Stieftochter akzeptiert hätte. Aber jetzt hatte Paulinka es geschafft und ihn für sich erobert, jetzt brauchte sie sich nicht mehr anzustrengen, der Tochter zu gefallen. Jetzt würde sich vielleicht herausstellen, dass Charlotte ihr nur lästig war.

Die Kälte biss Charlotte ins Gesicht. Hanna wurde ungeduldig. »Was ist denn los? Warum läuten wir nicht? Sollen wir hier zu Eisheiligen erstarren?«

Charlotte schien noch weitergrübeln zu müssen. Aber Hanna hatte das Rumstehen satt. Energisch drückte sie die Klingel. Als die Tür sich öffnete, entfernte sie sich: Auftrag erledigt, Kind abgeliefert.

Paula war ganz in Schwarz gekleidet. Sie blickte ernst, reichte Charlotte die Hand und sagte: »Guten Abend, Lotte.« Charlottes Hals schnürte sich zusammen, sie konnte nicht schlucken und wusste Paula gar nicht anzureden. »Mama« konnte sie auf keinen Fall sagen, »Mutti« auch nicht, beim besten Willen nicht. Sie senkte den Blick, ließ die Schultern sinken, blieb stumm. Im Korridor herrschte der vertraute Geruch nach Zigarrenrauch, Regenmänteln und den Desinfizierungsmitteln, die sich in der Arzttasche ihres Vaters befanden. Aber da war auch ein neuer Duft, er musste von Paulinka kommen, nein, er war nicht unangenehm, nur irritierend. Paula ließ Charlotte Zeit, schwieg, während diese sich aus ihren Wintersachen schälte. Als sie schließlich ihre neue Tochter umarmte, spürte sie, wie sich bei dem Mädchen eine Anspannung löste. »Meine Kleine«, flüsterte sie. »Meine kleine Charlotte.« Später, als Charlotte in ihrem Zimmer verschwunden war, ging Paula ihr nach.

»Du verwöhnst sie«, sagte Albert, »wehre den Anfängen!«

Aber Paula wusste, was dieses Mädchen brauchte. Sie setzte sich an ihr Bett und sang ihr ein altes jiddisches Lied vor, das ihre verstorbene Mutter immer gesungen hatte. Paula hatte sich oft gefragt, woher ihre Mutter Jiddisches kannte, war sie doch ganz im westlichen Judentum aufgewachsen. Die Schönheit dieser Lieder, in denen schon die Worte reine Musik waren, musste sie fasziniert haben.

»Amol is gewen a majsse,
di majsse is gor nit frejlech,
di majsse hejb sich on
mit a Jidischn mejlech.

Lulinke majn fejgele,
lulinke majn kind,

ch 'hob on geworn asa libe,
wej is mir un wind.

Amol is gewen a mejlech,
der mejlech hot gehat a malke,
di malke hot gehat a wajngortn
um in wajngortn is gewen a bejmele.

Dos bejmele hot gehat a zwajgele,
ojfn zwajgele is gewen a nestele,
in nestele hot gelebt a fejgele,
und dos fejgele hot gehat fingele.

Der mejlech is obgeschtorbn,
di malke is geworn fardorbn,
dos zwajgele is obgebrochn,
dos fejgele awek geflojgn.

Wu nemt men asa chochem,
er sol kenen majne wund zejlen,
wu nemt men asa dokter,
er sol kenen majn hartz hejlen?«

»Ich verstehe kein Wort«, wollte Charlotte sagen. Aber da war sie schon eingeschlafen.

Seit es Paulinka in ihrem Leben gab, interessierte sich Charlotte plötzlich für alles Jüdische. Sie bedrängte ihre neue Mutter, sie am Freitagabend mit in die Synagoge zu nehmen. Da tat sich für sie eine neue Welt auf. Oft fuhren sie bis zur Synagoge in der Oranienburger Straße, ein langer Weg, über eine Stunde mit der Elektrischen und zweimal Umsteigen. Wenn schon, denn schon, behauptete Charlotte, nirgendwo sonst erfasste sie eine so feierliche Stimmung wie in diesem Tempel mit seinen orientalischen Kuppeln, Bogen und Säulen. Die Berliner machten ja manchmal süffisante Bemerkungen: Musste das schönste Gotteshaus der Stadt ausgerechnet ein jüdisches sein! Aber Charlotte liebte die Synagoge, empörte sich nur mächtig, weil die Frauen auf die Empore abgeschoben wurden, wo niemand sie sehen sollte, während die Männer unter sich blieben und die religiösen Rituale zelebrierten.

Den Zweck der Verbannung hatte Paulinka ihr nicht richtig erklären können. »Traditionell«, sagte sie, »muss besonders der Mann religiöse Pflichten erfüllen, die Aufgaben der Frauen liegen mehr im Haushalt und in der Kindererziehung. Außerdem sollen die Männer nicht durch den Anblick der Frauen abgelenkt werden.«

Was hieß denn das? Wovon abgelenkt? Und warum konnten Männer und Frauen nicht gemeinsam beten? Gab es einen Gott für Männer und einen für Frauen? Charlotte bombardierte Paula mit ihren Fragen, und die gab sich redlich Mühe, sie zu beantworten, aber ihre Erklärungen befriedigten Charlotte nicht.

»Wenn du nicht wärst, würde ich nie in eine Synagoge gehen«, verkündete sie im Brustton der Überzeugung. »Nur der orientalische Palast gefällt mir. Der Gesang manchmal auch. Aber das ist schon alles.«

»Sag niemals: nie! Unser Glaube ist eben schwierig.«

»Ich glaube an nichts!«

Vielleicht um ihrer neuen Mutter zu gefallen, erklärte Charlotte sich dennoch bereit, eine Bat-Mizwa zu feiern. Nach orthodoxer Tradition gab es diese Zeremonie ausschließlich für Jungen, die mit dreizehn Jahren in der Bar-Mizwa als vollgültiges Mitglied – als »Sohn der Pflicht« – in die Glaubensgemeinschaft aufgenommen wurden. Nur in sehr fortschrittlichen Kreisen erlaubte man Mädchen, sich als ebenbürtig zu erweisen. Auch wenn sich Charlotte weniger aus religiösen Motiven zu diesem Schritt entschlossen hatte, stürzte sie sich mit Energie in die Vorbereitungen, lernte beim Rabbiner Hebräisch, um in der Synagoge die Abschnitte aus der Thora in der heiligen Sprache deklamieren zu können. Ihre Rede beim häuslichen Fest hielt sie allerdings auf Deutsch, erging sich in flammenden Forderungen nach der Gleichberechtigung der Frauen im Judentum.

»Sehr engagiert, nur etwas wirr«, flüsterte Albert seiner Frau zu.

Paula aber war stolz auf ihre Stieftochter. Charlottes Lieblingssatz lautete: *Zweimal zwei ist fünf. Punkt!* Sie strotzte vor Widerworten und war genau damit eine geborene Jüdin. Denn das Gesetz im Judentum war heilig, die Auslegungen aber konnten einander fundamental gegensätzlich ins Wort fallen.

Albert zuckte nur die Schultern, er ließ seine Frau gewähren, solange sie nicht ihn zu einem »richtigen« Juden bekehren wollte. Welch ein Glück habe ich, dachte er nur, dass Paula meine Tochter liebt, nicht obwohl, sondern weil Lotte so widerspenstig ist.

Abends kuschelte Charlotte sich oft in Paulinkas Arme. »Sag mir, wie es war, als du so alt wie ich gewesen bist.«

Dann erzählte Paula von ihrem Vater, dem Kantor und Lehrer Lazarus Levi aus Frankenthal, der mit ihr sehr früh die Lehren des Talmud diskutiert hatte, obwohl sie ein Mädchen war.

»Was heißt denn das: obwohl du ein Mädchen warst?«, begehrte Charlotte auf.

»In den kleinen katholischen Gemeinden im Rheingau wurden Mädchen für die Ehe erzogen. Da waren mein Vater und meine Mutter schon weiter, sie förderten mich, damit ich eine Lehrerin würde. Dass ich Sängerin und Schauspielerin werden wollte, war ihnen aber nicht geheuer. So habe ich zunächst Mathematik studiert.«

»Dich hätte ich gerne als Mathelehrerin gehabt«, seufzte Charlotte. Mathematik war nicht ihr Lieblingsfach.

»Dabei habe ich die Liebe zum Gesang natürlich von meinem Vater geerbt. Er hat nicht nur als Kantor in der Synagoge gesungen, sondern auch in der Kirche, alle Bach-Kantaten rauf und runter, und im katholischen Cäcilienverein von Frankenthal alles, was auf dem Programm stand – sogar Heimatschnulzen.« Paula fing an, »Kennst du die alte Sage« von Philipp Bade zu singen, knödelte, tremolierte und schleifte die Wortendungen, bis Charlotte sich vor Lachen krümmte: »Aufhören, aufhören! Jetzt will ich lieber wissen, wie du trotzdem Sängerin geworden bist.«

»Für Träume muss man immer bezahlen, wenn sie wahr werden sollen«, sagte Paula. Dann schwieg sie eine Weile. »Es war der frühe Tod meines Vaters, der mir den Weg in die Musikhochschule ebnete. Meine Mutter hat sich nicht gesträubt. Ich hatte Glück mit meinen Professoren, mit einem ganz besonders, Siegfried Ochs. Der hat mir auch vor meinem ersten Konzert geraten, meinen jüdischen Namen abzulegen und Levi mit Lindberg zu vertauschen. Es gibt ja immer Leute, die Juden nicht mögen, meinte er.«

»Und jetzt«, sagte Charlotte beinahe triumphierend, »hast du dir den Namen Salomon angeheiratet. So bist du vom Regen in die Traufe gekommen.«

»Das sehe ich überhaupt nicht so«, sagte Paula mit Nachdruck. Die Antwort hatte Charlotte erwartet, aber sie wunderte sich, dass Paulinka nicht dabei lachte.

Charlotte malt Paulinkas Jugend und ihren Aufstieg als Sängerin auf vielen Bildern als einen Rausch in Rot und Gold. Sie will ein Konzert festhalten, von dem Paulinka immer wieder gesprochen hatte. In einer Berliner Kirche hatte sie unter dem Dirigat von Siegfried Ochs die Aria aus dem Notenbüchlein für Anna Magdalena Bach gesungen:

»Bist du bei mir, geh ich mit Freuden
zum Sterben und zu meiner Ruh.
Ach, wie vergnügt wär so mein Ende,
es drückten deine schönen Hände
mir die getreuen Augen zu!«

Die Komposition des Bildes bereitet Charlotte Schwierigkeiten. Würde sie einen Betrachter ins fiktive Publikum setzen, wären Dirigent und Solistin der Fluchtpunkt, dahinter könnte sie, vielleicht schemenhaft, das Orchester platzieren. Allein, es fehlte das Publikum, es fehlte die Resonanz. Den Zuschauer hinter die Bläser ins Orchester stellen und von dieser Position aus das Geschehen festhalten? Das ergäbe einen reizvollen Blick auf ein enthusiasmiertes Publikum, fasste Dirigent und Solistin aber nur als Rückenporträt.

Sie probiert eine Seitenansicht, wirft die Skizzen in den Papierkorb. Dann schneidet sie aus einem Blatt Vierecke aus, beschriftet sie mit O für Orchester, P für Publikum, D für Dirigent und S für Sängerin und schiebt diese, um einen Perspektivpunkt zu gewinnen, auf einer Unterlage von der Halbkreisform eines Konzertsaals hin und her. Da hat sie plötzlich eine Idee: Ein Maler darf zaubern, indem er alle Realien verschiebt, er kann auch Absurdes, Abstruses, Unwirkliches komponieren. Sie könnte das kleine Orchester und das große Publikum miteinander verschmelzen, in der ersten Reihe in dunkler Kleidung die Streicher versammeln, dahinter viele Köpfe skizzieren, ununterscheidbar, ob Musiker oder Zuhörer. Auf diese Weise verwandelt sie das Konzert in ein Tableau, auf dem die natürliche Ordnung aufgelöst, aber eine höhere manifest wird: die entrückende Macht der Musik. Die Farben würden das Rauschhafte verstärken, die Bühne in pastos aufgetragenes explodierendes Gold getaucht. (4217, Abb. 7*)

Den Mittelteil des horizontal dreigeteilten Bildes gönnt sie dem Dirigenten und der Sängerin. Der Applaus hat Paulinka und Professor Klingklang eingehüllt. Sie halten sich umarmt wie ein Liebespaar, er, der siebzigjährige Maestro im Frack, die junge Sängerin im langen weißen Abendkleid. Weiße und rotbraune Striche wehen diagonal über den goldenen Hintergrund, als würde das innig verschlungene Paar von einem Windstoß erfasst, der es geradewegs in ätherische Höhen wirbelt. Im schmalen unteren Bildteil strömen die Zuhörer nach dem Konzert, in eine Linie zusammengezurrt, auf die Sängerin und den Dirigenten zu. Der Generalsuperintendent der Kirche breitet als Erster in der Reihe pathetisch die Arme aus, als wollte er Paula Lindberg segnen: Es ist schön zu wissen, *daß es unter der christlichen Jugend noch solch wahre innere Frömmigkeit gibt.* Paula dreht den Kopf zur Seite, als müsste sie ein Lächeln verbergen.

Ein Jahr nach dem denkwürdigen Konzert starb Professor Ochs. Paula war bei ihm, ihre schönen Hände hielten die seinen. Die getreuen Augen aber drückte ihm seine Ehefrau zu.

Wenige Wochen später lernte Paula einen neuen Mann kennen, keinen Musiker, einen Chirurgen.

Ja, die Liebe hat bunte Flügel

Paula genoss die Bewunderung ihrer neuen Tochter, aber sie fürchtete auch das Enthemmte, das manchmal in Charlotte ausbrach. Wenn Paula sie zur Nacht verabschiedete, konnte Charlotte sie impulsiv an sich reißen, sie umarmen, küssen, sogar auf den Mund küssen, und kein Ende finden mit ihren Zärtlichkeiten.

Als hätte sie einen Geliebten im Arm und nicht ihre Mutter.

Es war beglückend, ihr die Welt der klassischen Musik zu erschließen, mit ihr Schubert-Lieder zu hören, ihr zu erklären, wie Schubert die Müller'schen Texte umgesetzt hat, sodass dieser ungeheure Sog von romantischem Glück und Verlust entsteht, wie der Bach den Müllerburschen begleitet, zum Vertrauten seiner Gefühle wird.

Paula ging ans Klavier, spielte einige Akkorde von »Ich hört ein Bächlein rauschen« und betonte die Wellenbewegung des Wassers, wechselte dann zu »War es also gemeint, mein rauschender Freund?«, beschwor das Rauschen aus dem elften Lied: »Bächlein, lass dein Rauschen sein«, um beim Eifersuchtslied heftiger in die Tasten zu greifen: »Wohin so schnell, so kraus und wild, mein lieber Bach?«

»Wir haben heute im Bach gebadet«, sagte Charlotte dem Vater beim Abendessen, um sich dann auszuschütten vor Lachen, als dieser verwundert die Brauen hob.

In jeder freien Minute hing Charlotte an Paulas Rock, begleitete sie zu ihren Proben, zu Konzerten ohnehin. Sang mit ihr den ganzen Tag. Kantaten, die Paula für ihre Konzerte probte, wie Bachs »Wir danken dir, Gott« oder Melchior Hoffmanns »Schlage doch, gewünschte Stunde, Brich doch an, du schöner

Tag!«. Wenn der Tag wirklich schön war und Paula der Sinn danach stand, trällerten sie Schlager wie »In einer kleinen Konditorei, da saßen wir zwei bei Kuchen und Tee« oder »Ich hab das Fräulein Helen baden sehen«; Lieder, die im Augenblick an jeder Ecke in Berlin gesungen und gepfiffen wurden, obwohl sie von einem Wiener Komponisten stammten. Kam Albert zufällig früher nach Hause und erwischte seine beiden Frauen so ausgelassen und herumtanzend, wusste er nicht, ob er sich freuen sollte, dass seine Tochter wie ausgewechselt war. Denn das Melancholische und das Manische waren Geschwister. Aber Paula beruhigte ihn: Endlich hole das Mädchen etwas an Lebensfreude nach, die ihr die Großeltern in den vergangenen Jahren ausgetrieben hätten.

Wenn Paula nicht zu Hause war, saß Charlotte in ihrem Zimmer und malte ihre neue Mutter, füllte einen Zeichenblock nach dem anderen mit dem engelsgleichen Gesicht, dem goldenen, in Wellen herabfallenden Haar, dem willensstarken Kinn mit dem Grübchen, den großen Augen, die immer etwas erstaunt blickten.

»Deine Tochter liebt dich ja abgöttisch«, sagte Luise Mendelsohn zu Paula, als sie einmal im Hause Salomon zusammengekommen waren, um eines der beliebten Hauskonzerte auszurichten. Luise war seit den Tagen, als Paula während ihres Gesangstudiums an der Musikhochschule bei dem Architekten Erich Mendelsohn und dessen Frau Luise als Kindermädchen für deren Tochter Esther engagiert gewesen war, Paulas beste Freundin.

»Ach, hör mir auf mit ›abgöttisch‹. Du weißt doch, wie junge Mädchen sind. Die Schwärmerei nimmt mit jedem Zentimeter ab, den der Rock zulegt.«

Luise Mendelsohn griff nach dem Cello, Paula schlug den Klavierdeckel auf. Am eigenen Geburtstag wollte sie selbst für die musikalische Unterhaltung der Gäste sorgen. Nach Schuberts »Arpeggione-Sonate für Cello und Klavier«, die mit reichlich Beifall bedacht wurde, öffnete sich die Tür zum Speisezimmer, wo ein opulentes Buffet aufgebaut war.

»Schubert hätte wohl nichts dagegen gehabt, wenn man seine Sonate zur ›Bratenmusik‹ umgewidmet hätte«, witzelte Kurt Singer.

Albert schaute an Singer vorbei, man musste sich das Leben nicht durch so etwas Überflüssiges wie Eifersucht beschweren. Alle wussten, dass Kurt Singer Paula Lindberg heftig umworben hatte. Man munkelte sogar, dass er versucht habe, Paula mit Hypnose gefügig zu machen, aber sie sei nicht suggestibel genug gewesen, um ihm auf diesem Wege zu verfallen. Trotzdem blieb es für viele ein Rätsel, warum Paula Kurt Singer nicht erhört hatte.

Auch Luise hatte ihre Freundin einmal gefragt: »Wer außer Kurt Singer ist in der Lage, deine Karriere so glanzvoll zu befördern?«

»Glaubst du, Singer sucht eine Frau, die ihren eigenen Weg geht und morgen in Dresden und Leipzig und übermorgen in Wien und München auftritt?«, hatte Paula entgegnet. »Der Wundermann Kurt Singer, Arzt, Dirigent, Musikimpresario, Violinist, Chorleiter und Vater seiner Kinder aus erster Ehe, braucht eine Frau, die ihm im Alltag den Rücken stärkt und alle lästigen Hindernisse aus dem Weg räumt. Als ›Frau Singer‹ kann ich meine eigene Karriere begraben.«

Luise Mendelsohn wusste eine Geschichte, die sie tunlichst für sich behielt, sie war eine diskrete Freundin. Dr. Singer war ein attraktiver Mann, es gab viele junge Choristinnen und Violinistinnen, die um ihn herumscharwenzelten. Eine war so eifersüchtig auf Paula, dass sie, nach einer Aufführung des *Stabat Mater,* eine Flasche Kalziumzyanid auf sie warf. Die Flasche öffnete sich nicht, Paula blieb unverletzt, die Nebenbuhlerin konnte im Schutz der Dunkelheit entkommen. Aber der Schock wirkte nachhaltig.

»Du musst heiraten, damit du vor solchen Nachstellungen sicher bist«, hatte Luise ihr zugeflüstert, als Paula ihr fassungslos von dem Vorfall erzählte. »Am besten einen grundsoliden Mann, keine schillernde Künstlerpersönlichkeit.« (4228)

Eine schillernde Persönlichkeit war Professor Salomon wirklich nicht. Das Strahlendste in seinem Leben waren elektromagnetische Wellen, mit deren Hilfe er nach der Entdeckung Wilhelm Conrad Röntgens verborgenen Krankheiten auf die Spur kommen wollte. Aber er war ein zutiefst anständiger und idealistischer Mensch. Dass seine Tochter ihre Stiefmutter sofort ins Herz geschlossen hatte, empfand er als großes Glück. Wenn die Liebe dieses jungen Mädchens nur nicht gar so besitzergreifend gewesen wäre, als hätte sie ein Recht auf Paula wie niemand sonst, ihren Vater eingeschlossen.

Charlotte hatte Paulinkas Geburtstag entgegengefiebert. Schon Wochen zuvor war sie auf der Suche nach einem besonderen Geschenk durch die Stadt gelaufen. Sie hatte Taschengeld angespart, auch Albert gebeten, ihr außerplanmäßig Geld zu geben. Erst verfolgte sie die Idee, ein französisches Parfüm zu kaufen, dann verwarf sie den Gedanken als nicht originell genug. Es sollte etwas Einzigartiges sein. Sie streifte durch das Kaufhaus des Westens. Parfüm gab es hier in Fülle, eine ganze Etage roch so gut, dass sie am liebsten ganze Nachmittage hier verbracht hätte. Aber wenn sie zu lange herumstromerte, guckten die Verkaufsdamen so streng, dass sie eilig das Weite suchte.

Am Kurfürstendamm fand sie schließlich ein Geschäft mit Galanteriewaren. In der Auslage sprang ihr eine Puderdose in die Augen, silbern, mit zierlichen Ornamenten und einer schwarzen

Perle in der Mitte. Die musste es sein. Paulinka würde sich vor Freude im Kreis drehen. (4240, Abb. 8*)

Charlotte konnte die ganze Nacht nicht schlafen. Immer wieder zippte sie das Lämpchen auf ihrem Nachttisch an, um das Wunderwerk zu bestaunen. Es hielt ihrem kritischen Blick stand. Sie sah Paulinka vor sich, wie sie das Geschenkpapier lösen, das kleine metallene Kästchen öffnen, ein »Ach, wie wundervoll!« ausrufen und es voller Dankbarkeit an ihre Brust drücken würde. Charlotte träumte die Szene im Wachen, sie träumte sie im Schlaf, der am frühen Morgen endlich über sie kam.

Am Geburtstag selbst rannte sie im Sauseschritt von der Schule nach Hause, ließ alle Freundinnen stehen, klingelte an der Wohnungstür, stürzte in den Salon – und wer saß da traulich neben Paulinka auf dem Ledersofa? Dieser verdammte Dr. Singsang. Sie warf die Tür zu, dass es krachte. Was hatte dieser Mensch jetzt bei ihrer Mutter zu suchen, gerade jetzt, wo sie ihr Blumen und Puderdose überreichen und ihre Augen leuchten sehen wollte?

Sie stürmte auf ihr Zimmer und heulte sich den Zorn aus dem Leib. Abends fand eine große Gesellschaft statt, sie musste zusehen, wie sich alle Gäste am Buffet gütlich taten, während sie vor lauter Aufregung keinen Bissen herunterbekam, und sich das übliche dumme Gerede anhören: »Ach, was ist Ihre Tochter groß geworden, Herr Professor. Was für eine reizende Tochter, Frau Professor. Die Mädchen werden heute ja so schnell erwachsen, in unserer Zeit waren wir langsamer, nicht wahr?«

Immer noch trug sie das Geschenk für Paulinka in der Tasche ihres Kleides. Und immer noch saßen diese Leute im Salon und tratschten und tratschten. Als die Besucher nach vielen Umarmungen, vielen Komplimenten und redseligen Abschiedszeremonien schließlich gingen, riss bei ihr der Faden der guten

Erziehung. Sie streckte die Arme aus und schob die Daumen nach unten: Merde, was für ein blödes Volk.

Ihr Vater bemerkte die Geste nicht, aber Paula sah sie und war empört.

»Charlotte, so geht das nicht. Das waren meine Gäste, und die beleidigst du nicht, verstanden. Glaubst du, du bist etwas Besseres!«

Charlotte nahm die Puderdose und warf sie auf den Boden, Paulinka vor die Füße, und rauschte ab in ihr Zimmer.

Später fragte Paula ihren Mann, woher Charlotte das nur habe: auf andere herabzublicken und über Freunde der Familie arrogant die Nase zu rümpfen. Albert Salomon hatte seine Schwiegermutter im Verdacht. Marianne Grunwald, aus dem exquisiten Haus derer Bendas, hatte der Enkelin dieses Gefühl von Überlegenheit wohl eingeimpft.

Paulas Zorn auf Charlotte verflog, als er ihr von seiner Vermutung erzählte, und verschob sich auf Marianne Grunwald. Sie schrieb der Schwiegermutter ihres Mannes einen wütenden Brief und bezichtigte sie, durch ihre Art kalter Arroganz nicht nur Charlotte negativ zu beeinflussen, sondern ihre beiden Töchter Charlotte und Franziska in den Tod getrieben zu haben. Sie endete mit: *Doch dieses Kind […] das beschütze ich, das kriegst Du nicht.* (4246)

Dieses Kind lag jetzt heulend im Bett, schluchzte und jammerte zum Gotterbarmen. Aber Versöhnung nahte. Paula, von Mitleid mit dem armen, von den Großeltern verdrehten Geschöpf bewegt, eilte in Charlottes Zimmer. Der Abend verfärbte sich in Rosa-Orange, als sie Charlotte in die Arme nahm und wiegte. Das Schluchzen verebbte. In ihrem Kopf produzierte Charlotte Endlosschleifen mit rosa Herzen und summte die »Habanera« aus *Carmen:*

»Ja, die Liebe hat bunte Flügel,
Solch einen Vogel zähmt man schwer;
Haltet fest sie mit Band und Zügel,
Wenn sie nicht will, kommt sie nicht her.«

Um die Versöhnung zu feiern, gingen Mutter und Tochter am nächsten Tag gemeinsam ins Kino. Es lief *Mädchen in Uniform,* die Geschichte einer jungen Internatsschülerin, die sich glühend in ihre Lehrerin verliebt. Als das Mädchen, Manuela von Meinhardis, von einer Bowle beschwipst, öffentlich seine Liebe zu Fräulein von Bernburg gesteht, kommt es zur Katastrophe: Manuela wird bestraft, in ein Isolierzimmer gesteckt, fühlt sich von ihrer Lehrerin verraten und versucht sich umzubringen.

Es war eine Nachmittagsvorstellung, und Paula hatte die Billets besorgt. Vielleicht war darum keinem Platzanweiser aufgefallen, dass im Dunkeln ein vierzehnjähriges Mädchen mit in den Zuschauerraum schlüpfte; der Film war von der Zensur mit Jugendverbot belegt.

Als Paula und Charlotte aus dem Kino kamen, sprachen beide kein Wort. Nicht die Empörung über die grausame Internatserziehung, über das sadistische Verhalten der Oberin hatte ihnen die Sprache verschlagen. Es war das erotische Begehren der jungen Schülerin, der sinnliche Rausch, in den sie sich steigerte, als Fräulein von Bernburg ihr als Ersatz für ein zerschlissenes Unterhemd eines von ihren Hemden geschenkt hatte. Es war die Konfrontation mit einer Liebe, für die Paula wie Charlotte keine Worte fanden, weil es sie nicht gab, nicht geben durfte: die Liebe zwischen zwei Frauen. Charlotte fühlte eine ungestüme Sympathie für das verliebte Mädchen, gleichzeitig eine nicht minder heiße Scham wie jemand, der bei einer Sünde ertappt wird. Paula war augenscheinlich verlegen.

Zu Hause gingen sie wortlos in ihre Zimmer. Am Abend gab

es bei Tisch genügend andere Themen, über die man sich unterhalten konnte, Schule und Klinik und Konzertpläne.

Beide sprachen nie wieder über das *Mädchen in Uniform*. Aber Charlotte küsste ihre Mutter jetzt nicht mehr auf den Mund.

Die Fahne hoch

»Es gibt noch Hoffnung«, versuchte sich Albert Salomon zu beruhigen, als er am Abend des 6. November 1932 im Rundfunk die Wahlergebnisse zur Reichstagswahl hörte. Paula legte die Noten zum *Elias* aus der Hand. Sie studierte gerade die Alt-Partien (Ein Engel, Eine Königin), die sie in einem der nächsten Konzerte im Beethovensaal der Philharmonie singen sollte. Wie lange wird man noch Musik von Mendelssohn aufführen können, fragte sie sich. Die Aggression gegen alles Jüdische, vor allem gegen alle Kunst von Juden, wurde jeden Tag heftiger.

»Es gibt noch Hoffnung«, wiederholte Albert. »Die Nazis haben verloren. Kann sein, dass der Spuk bald ein Ende hat.«

»Wenn du dich nur nicht täuschst«, widersprach Paula.

Die Nationalsozialisten hatten am 6. November nicht verloren, sie waren nach der Wahl mit über 33 Prozent noch immer stärkste Partei im Reichstag, aber sie hatten im Vergleich zur vorherigen Wahl im Juli 4,2 Prozent Stimmen eingebüßt. Als am 2. Dezember Kurt Schleicher Reichskanzler wurde, hatte sich Albert Salomons vorsichtiger Optimismus schon wieder in Luft aufgelöst: Hitlers Kanzlerschaft war nicht mehr länger ein

Menetekel an der Wand, sie wurde zur realen Bedrohung, sofern es Schleicher nicht gelang, die Partei zu spalten.

»Es wird Zeit, Herr Professor, dass Sie Ihren Namen ändern«, hatte vor ein paar Tagen ein Patient bei der Visite zu ihm gesagt, und in der selbstgefälligen Art, die Berliner an den Tag legen, wenn sie witzig sein wollen, noch hinzugefügt: »Dabei meine ich nicht Ihren Vornamen.«

»Oberarzt Birkenfeldt, Sie übernehmen ab sofort den Patienten«, hatte Albert reagiert und Birkenfeldt ebenso knapp geantwortet: »Jawohl, Professor Salomon!«

Wenn seine Kollegen sich in der Klinik über die eskalierende antisemitische Stimmung ereiferten, gab er sich kühl: »Meine Herren, hier wird nicht über Politik diskutiert, hier wird operiert.«

Die Distanz war für ihn ein Versuch geistiger Hygiene, den primitiven Schmutz, die obszönen Schlagworte der Nazis wollte er als Humanist alter Prägung nicht an sich heranlassen: Er verdrängte sie, weil ein Volk, in dem ein Lessing und ein Moses Mendelssohn Freunde hatten werden können oder sich wenigstens mit Respekt begegnet waren, niemals auf einen Volksverhetzer wie Hitler hereinfallen konnte – nicht die Mehrheit dieses Volkes. Davon war Albert Salomon überzeugt.

Gab es in der Klinik noch leidenschaftliche Diskussionen – wenigstens im Ärztezimmer und auf den Fluren –, wurde die Stimmung in der Wielandstraße immer einsilbiger und gedrückter. Paula arbeitete weiter an ihren Konzertvorbereitungen, sie hatte sich in den letzten Jahren einen solchen Ruhm ersungen, dass sie nahezu täglich Angebote auf Solopartien in Opern und Konzerten und Einladungen zu Liederabenden erhielt. Sie konnte sich ihre Engagements aussuchen. Seit Neuestem entfaltete sie eine nachgerade hektische Konzerttätigkeit, als müsste sie ihre Zeit nutzen, weil diese begrenzt war. Altern denn Stimmen so schnell, fragte sich Albert, musste sie Angst haben, mit vierzig nicht mehr gefragt zu sein? Er hätte es lieber gesehen, wenn sie häufiger zu Hause gewesen wäre, allein Charlottes wegen. Seine Tochter machte ihm Sorgen. Von Tag zu Tag wurde sie wortkarger, erzählte nichts mehr von der Schule, nichts mehr von ihren Freundinnen. Wie hießen die doch gleich: Sophie, Erika, Hilde? Er wusste nicht, was Charlotte den lieben langen Tag trieb. Er versuchte jetzt häufiger, zum Abendessen zu Hause zu sein, um sie aus ihrem Schweigen herauszulocken, doch meistens gerieten diese Gespräche zu einem Vater-Monolog mit lauter Fragen, auf die es nur schmallippige Antworten gab.

Hatte sie nicht immer gern Tennis gespielt, war überhaupt eine exzellente Sportlerin gewesen? Albert Salomon war kein Psychologe, aber wie er fest daran glaubte, dass man körperliche Leiden mit der Kraft der Seele wenn nicht heilen, so doch lindern konnte, war er auch überzeugt, dass sich seelische Leiden mit körperlicher Aktivität vertreiben ließen. Meistens. So ermunterte er Charlotte, an die frische Luft zu gehen, wieder zu schwimmen, Radtouren zu unternehmen. Er fragte sie, ob Reiten ihr vielleicht Freude bereiten würde? Sie schüttelte den Kopf.

Sie war eine Zimmerlinde geworden, las Bücher von Thomas Mann, Hermann Hesse, Alfred Döblin, Erich Maria Remarque. Und sie ging ins Kino, immer allein, ohne Klassenkameradinnen oder Freundinnen. Besonders liebte sie die Filme von Charlie Chaplin, vor allem *Lichter der Großstadt,* während sie *Die drei von der Tankstelle* mit Heinz Rühmann, der in Berlin Erfolge feierte, gar nicht mochte. Sie fand den Humor sehr deutsch und sehr doof.

Paula schob Charlottes Verdüsterung auf die Schule. Wie überall machten sich auch in der Fürstin-Bismarck-Schule antisemitische Strömungen bemerkbar und setzten dem sensiblen Mädchen zu.

»Wir alle sind nervös, es äußert sich nur bei jedem anders«, erklärte Paula Albert, als er ihr eines Abends von seinen Sorgen um Charlotte erzählte. »Du arbeitest noch mehr als sonst, ich singe, als gäbe es morgen keine Konzerte mehr, und Charlotte flüchtet sich in ihre Innenwelt und zieht die Zugbrücken hoch.«

In den letzten Januartagen 1933 verdichteten sich die Gerüchte, das Kabinett Schleicher sei am Ende und der Kanzler müsse zurücktreten, weil Hindenburg die Auflösung des Reichstags ohne Neuwahlen ablehnte. Dann würde Hitler Kanzler werden.

Der 30. Januar war ein Montag, ein eisig kalter Wintertag in Berlin. Das Thermometer zeigte am Morgen elf Grad minus. Einige Schulen waren wegen einer Grippewelle geschlossen, nicht aber das Fürstin-Bismarck-Gymnasium. Charlotte wickelte ihren Wollschal zweimal um den Hals und zog die Mütze bis zu den Augen herunter. Anna und Auguste machten sich zum KaDeWe auf, wo die »Weiße Woche« begann: Zu »phantastisch billigen Preisen«, wie die *Vossische Zeitung* lockte, wurden weiße Bettwäsche, Tischwäsche, Spitzenschürzen und Servietten angeboten, und Paula hatte dem Hausmädchen und der Köchin einige Aufträge mit auf den Weg gegeben. Ein riesiger weißer Gockelhahn, der inmitten eines künstlichen Waldes mit schneebedeckten Bäumen, Blüten und Früchten stand, begrüßte die Kunden. Bei Karstadt am Hermannplatz tummelten sich Dutzende Pinguine auf einer Kunstschneefläche. Anna, die aus einem sächsischen Dorf kam, staunte »Baukleetze«.

Albert Salomon traf wie immer früh in der Klinik ein und studierte den Tagesplan. Nierensteine, ein Blasentumor, ein Geschwür an der Bauchspeicheldrüse, ein Leistenbruch standen zur Operation an. Doch zuerst ging er zur Visite, um sich vom Assistenzarzt einen Überblick über die Vorkommnisse am Wochenende geben zu lassen. Doch den trieb anderes um.

»Im Rundfunk haben sie gesagt«, brach es aus ihm heraus, »dass Hitler mit Papen um elf Uhr zu Hindenburg geht: Der Reichspräsident wird Hitler zum Kanzler ernennen.«

»Ist es so weit?« Albert Salomon blieb mitten im Gang stehen. Er legte Daumen und Zeigefinger der rechten Hand an seine Brauen und spreizte sie, als wollte er die Stirn spannen, eine Geste, die seine Assistenten sonst wahrnahmen, wenn Salomon sich einem besonders schwierigen Fall gegenübersah. Zumeist folgte dann eine klare Diagnose oder ein detaillierter Therapieplan. Jetzt schlug er wortlos die Mappe mit den Krankenakten auf und betrat das nächste Krankenzimmer.

Nach der Visite rief er Paula an, die schon die neuesten Nachrichten gehört hatte.

»Bitte hol Charlotte von der Schule ab und geht heute nicht mehr aus dem Haus.«

»Und du?«, fragte Paula.

»Ich komme früher als sonst.«

Am Abend saßen sie am Rundfunkgerät. Der Sender schien schon fest in nationalsozialistischer Hand, so überschwänglich war die Berichterstattung. Hindenburg hatte um 11.17 Uhr Adolf Hitler zum Reichskanzler ernannt und mit ihm die Minister des Kabinetts der »nationalen Sammlung«. Der Reporter berichtete von dem Fackelzug, den Joseph Goebbels organisiert hatte. Am Großen Stern im Tiergarten hätten sich zigtausend Anhänger Hitlers versammelt, Mitglieder der SA und des »Stahlhelms«, aber auch begeisterte »einfache Bürger«. Schon am Nachmittag habe es in den Brennstoffläden Berlins keine einzige Fackel mehr zu kaufen gegeben. Aus dem Radio schallten Heil-Hitler-Rufe und immer wieder das Horst-Wessel-Lied: »Die Fahne hoch«. Dazwischen gab es Blasmusik wie den »Badenweiler Marsch«, Hitlers Lieblingsmarsch.

Dann ertönte die Stimme Joseph Goebbels', der eine Revolution des Volkes beschwor: Eine halbe Million Menschen sei spontan aufgestanden, um Adolf Hitler zuzujubeln. Als Hitler schließlich am Fenster der Reichskanzlei in der Wilhelmstraße erschien, überschlug sich die Stimme des Radioreporters, verstummte gleich darauf, um die Schreie der Menge, die Kakofonie des fanatischen Gejohles ungedämmt über die Radiowellen in die deutschen Haushalte einbrechen zu lassen.

Charlotte stand auf und drehte den Knopf am Rundfunkgerät aus.

»Ich ertrage es nicht.« Sie fing an zu weinen und legte ihren Kopf in Paulinkas Schoß.

Die streichelte ihr Haar: »Mein kleines Mädchen.«

Charlotte war fünfzehn Jahre alt.

Albert ging in sein Arbeitszimmer, gepackt von einem Zorn, den er nicht an sich kannte. Mit der Faust schlug er immer wieder auf den Schreibtisch: Nein, nein, nein! In dieser Nacht schlief er auf der Behandlungsliege in seinem Konsultationsraum, weil er keinen Menschen um sich ertragen konnte, nicht einmal Frau und Tochter.

Am nächsten Tag erzählte Paula, der Maler Max Liebermann habe den Fackelzug von seiner Wohnung am Pariser Platz aus beobachten können. Niemals sei eine halbe Million Menschen durch das Brandenburger Tor marschiert, hatte er berichtet, wahrscheinlich nur ein paar Tausend, aber noch die seien zu viel. »Ich kann gar nicht so viel fressen, wie ich kotzen möchte«, hatte Liebermann gesagt.

Am selben Tag las Albert Carl Mischs Kommentar zur »Machtergreifung« in der *Vossischen Zeitung:* »Hindenburg hat Hitler betraut. Die Zeichen stehen auf Sturm.«

»Die Zeichen stehen auf Sturm«, wiederholte Albert, als er den Mantelkragen hochschlug und in die Klinik eilte. Es war immer noch sehr kalt.

Auf den Litfaßsäulen waren über Nacht Plakate mit Bildern angebracht worden, auf denen sich Hitler, seine Ernennungsurkunde in der Hand, tief vor Hindenburg verneigte. »Nun, mit Gott vorwärts«, sollte der Reichspräsident nach der Zeremonie gesagt haben.

Die Plakate säumten Charlottes Weg zur Schule.

Sie streicht sich die widerspenstigen Strähnen hinter die Ohren, die ihr immer wieder in die Stirn fallen. Manche Erinnerungen tun so weh, dass man sie auslöschen möchte. Das Geschrei in den Straßen, die Hakenkreuzfahnen, die Menschenmassen, die Eiseskälte an dem Tag, als Hitler Kanzler wurde. Die Bilder haben sich in ihr Gedächtnis eingebissen. Sie muss sie malen, auch wenn sie es lieber nicht täte. Aber sie gehören zu ihrem Leben, zu den vielen Schrecken, die immer wieder auf sie lauern und sie wie ein gefräßiges Tier bedrohen.

Es soll ein Bild ohne ein einziges menschliches Gesicht werden. Nur Uniformen, Militärkäppis, die Köpfe darunter Hohlformen, Fratzen. Eine Masse an Gestalten, die Schulter an Schulter marschieren und in der Verlängerung der Perspektive nur noch aus formlosen Strichen bestehen. Ein Tohuwabohu. Warum kommt ihr gerade dieses hebräische Wort in den Sinn? Es stammt aus der Bibel und bedeutet »wüst und leer«, wie der Zustand der Erde am ersten Schöpfungstag beschrieben wird. Doch der Schöpfer verwandelt die Ödnis in ein Paradies. Der Tag der »Machtergreifung« Hitlers hingegen kündigt den Beginn einer Zeit an, in der die Erde ins Leere und Wüste zurückfällt und dort verharrt.

Charlotte mischt auf der Palette Farben, um die Uniformen zu malen, immer wieder gibt sie Gelb und Rot ins Braun, bis ein aggressives Orange entsteht, das weniger dem Feldbraun der SA-Uniformen gleicht als vielmehr die Blutrunst von Mördern in sich aufgesogen zu haben scheint. Über die Köpfe malt sie als

Sprechblase mit blauen Ziffern auf weißem Grund das verhängnisvolle Datum: *30.1.1933*.

Einem Mann in der vordersten Reihe gibt sie eine überdimensionierte Fahne in die Hand, das schwungvoll gezeichnete blutrote Tuch mit dem Hakenkreuz stößt bis an die obere Grenze des Bildes, flattert in ein blaugraues Nichts, in dem rätselhafte Zeichen stehen, aber keine Andeutung mehr von realen Objekten. Der Betrachter soll rätseln, ob eine Straße den Aufmarsch säumt, mit unbeeindruckten Passanten, oder Zuschauer gebannt auf die Masse Mensch starren, die hinter einer Fahne zu einem formlosen Klumpen wird.

Charlotte will das Blatt vom Block reißen, sie fühlt sich erschöpft wie selten. Von draußen weht laue Luft in ihr Zimmer, bewegt den weißen Vorhang und füllt den Raum mit dem Duft von Jasmin. Sie sollte sich aufs Bett legen und ausruhen. Aber das Bild lässt ihr keine Ruhe. Einem spontanen Einfall folgend, übermalt sie das Hakenkreuz in der roten Fahne mit Weiß, sodass ein Kreis entsteht, lässt ihn trocknen, taucht den Pinsel erneut in schwarzblaue Farbe und malt das Hakenkreuz noch einmal – jetzt seitenverkehrt. Damit hat sie das Allmachtssymbol der Arier außer Kraft gesetzt, gebrandmarkt. Sie hat gelesen, dass das Zeichen, wie es jetzt auf ihrem Bild erscheint – die Haken vom Betrachter aus links- statt rechtsgerichtet –, im buddhistischen Glauben Tod, Vergehen, Niedergang bedeutet. Auf der Rückseite des Bildes verhöhnt sie die Botschaft von Hitlers Regierung mit den Zeilen des Horst-Wessel-Lieds: *Es schaun auf[s] Hakenkreuz voll Hoffnung schon – Der Tag für Freiheit und für Brot bricht an.* (4304, Abb. 9*)

Für die Familie Salomon brachen andere Tage an. Über Nacht veränderte sich das Leben in Berlin. Vor den jüdischen Geschäften und Warenhäusern standen in den Einkaufsstraßen der Stadt, auf dem Kurfürstendamm und in der Tauentzienstraße, jetzt SA-Männer. Sie trugen Schilder mit der Aufschrift »Deutsche, kauft nicht bei Juden« und riefen nicht nur zum Boykott auf, sondern behinderten Kunden, die sich nicht beeindrucken ließen, die Geschäfte zu betreten.

Albert Salomon, der 1905 seine Dissertation mit seinem Namen und dem Zusatz »jüdischen Glaubens« unterschrieben hatte, verlor Doktor- und Professorentitel und wurde im März 1933 von der Universitätsklinik relegiert. Man holte ihn praktisch vom Operationstisch weg und setzte ihn vor die Tür. Er führte seine Arbeit im Jüdischen Krankenhaus fort, wo er wieder als Arzt, nicht aber als Wissenschaftler mit der Ausrüstung einer Universitätsklinik tätig sein konnte.

Auch Paula wurde als »Judenschwein« attackiert. Während sie in einem Konzert Goethes »Wanderers Nachtlied« in Schuberts Vertonung sang, gellten nach den Versen »Ach, ich bin des Treibens müde! / Was soll all die Qual und Lust / Süßer Friede / Komm, ach komm in meine Brust!« »Aus!«-»Raus!«-Rufe aus dem Publikum. Kurt Singer versuchte das Konzert zu retten, dirigierte weiter, aber Schubert ging im Gebrüll von SA-Männern, die sich unter die Konzertbesucher gemischt hatten, unter.

Mit den Schikanen gegen jüdische Künstler nach den Märzwahlen 1933 triumphierten andere Töne als die Beschwörung süßen Friedens. Am 1. April 1933 erlebte die Hetze gegen Juden mit dem Boykotttag einen ersten Höhepunkt. Charlotte hält sie auf einer Zitatcollage mit Wortlauten aus dem *Stürmer* und dem Horst-Wessel-Lied als überdimensionales Signal fest:

Der Jude hat nur Geld gemacht von Eurem Blut. Die jüdischen Bonzen haben den Weltkrieg bezahlt. Er hat Euch belogen und betrogen, drum deutsche Männer und Frauen! Nehmt Eure Rache!!! Denn spritzt vom Messer Judenblut, dann geht es Euch nochmal so gut. Drum haut erst mal beim Judenschwein die Fensterscheiben kurz und klein. 1. April 1933 Boykottiert die Juden! Wer da kauft beim Juden ein, ist selbst ein Schwein. (4305)

Nur fünf Prozent der Berliner Bevölkerung war im Jahr 1933 jüdisch, in ganz Deutschland kaum mehr als ein Prozent. Aber elf Prozent der Berliner Ärzte waren Juden, sechzehn Prozent der Rechtsanwälte, und fast ein Drittel der künstlerischen Berufe wurde von Juden ausgeübt. Über Nacht verloren in Redaktionsstuben, Theatern, Orchestern und Chören Tausende ihre Arbeit, standen buchstäblich auf der Straße, ausgespuckt von einer Gewalt, die im Reich eine »völkische Kultur« zu etablieren suchte. Die gesamte jüdische Kultur wurde in Deutschland als dekadent verfemt – aber genau die hatte ein internationales Renommee.

Als Kurt Singer die Idee hatte, einen Jüdischen Kulturbund zu gründen, um die vielen jüdischen Künstler in Arbeit und Brot zu halten, kam das der nationalsozialistischen Propaganda gerade recht: Schaut her, konnte man dem Ausland vermelden, wir garantieren die Freiheit der jüdischen Kunst, ja, wir stärken sie sogar, indem wir ihr eigene Entfaltungsmöglichkeiten verschaffen. In Charlottes Werk ist der *Minista für die Propaganda,* der im Aussehen Joseph Goebbels Züge trägt, so entzückt über Dr. Singers Petition, dass er ihn am liebsten zum Ehrenarier ernennen würde.

Am 6. Juli 1933 riefen Kurt Singer und der Regisseur Kurt Baumann den »Kulturbund Deutscher Juden« ins Leben. Binnen weniger Wochen traten ihm in Berlin 20 000 Künstler bei. Auch Paula Lindberg fand hier einen Rahmen, in dem sie noch als Sängerin auftreten konnte, den einzigen. Spätestens seit dem Auftrittsverbot für jüdische Künstler im Jahr 1935 waren die großen Opern- und Theaterhäuser den Juden verwehrt, aber es eröffneten sich alternative Aufführungsstätten: das Berliner Theater in der Charlottenstraße, die Philharmonie in der Bernburger Straße, die Synagoge in der Oranienburger Straße.

Ab 1935 gab es in der Kommandantenstraße in Kreuzberg zudem ein eigenes Kulturbund-Theater. Bedingung der Reichskulturkammer war, dass nur jüdische Werke aufgeführt werden durften, zu denen viele Künstler auch Werke nichtjüdischer Komponisten erklärten, sofern sie sich mit alttestamentarischen Themen oder Texten jüdischer Schriftsteller beschäftigten. So sang Paula nicht nur Partien aus Mendelssohns *Elias* oder *Paulus,* sondern auch in Händels Opern *Judas Maccabäus* und *Saul,* oder sie gab Liederabende nach Gedichten Heinrich Heines.

Alle Programme mussten vom zuständigen Staatskommissar Hans Hinkel genehmigt werden. Dieser Beamte des Propagandaministeriums war ein leidenschaftlicher Ausgrenzer: Das Jüdische hatte nichts mit dem Deutschen zu tun, darum durften die beiden Begriffe nicht nebeneinanderstehen. Aus dem »Kulturbund Deutscher Juden« ließ Hinkel daher »Deutsche« streichen, so hieß er ab 1934 nur noch »Jüdischer Kulturbund«. Er ging sogar so weit, dass er ein als arisch empfundenes Wort wie »blond« aus einem als »jüdisch« geltenden Libretto tilgen ließ. Deutsche Musik mit jüdischen Anklängen erhielt einen anderen Titel, aus Händels *Judas Maccabäus* wurde »Der Feldherr«.

Kurt Singer und Paula Lindberg aber trumpften in Berlin weiter mit jüdischer Kultur auf. Der freie Geist behauptete sich. Noch.

Dass Paula jungen Musikern half, heimlich das Land zu verlassen, durfte Hans Hinkel nicht wissen, sollte aber auch Charlotte nicht erfahren. Subversive Tätigkeit war gefährlich, man spielte mit der Freiheit. Bald auch mit dem Leben.

Die Judenbraut

Charlotte strichelt Hakenkreuze auf ein Blatt Papier, rote Hakenkreuze auf gelben Grund. Wie sich allmählich Gedanken beim Reden verfertigen, so entsteht bei ihr der Gegenstand eines Bildes beim Malen. Sie fängt an zu zeichnen, zunächst ohne Konzept, es wird sich entwickeln. Aus den Schraffuren eines Hintergrunds steigt auf geheimnisvolle Weise eine Person herauf, eine farbliche Grundierung lockt eine Geschichte an. Man muss Assoziationen vertrauen. Ein Zeichen ruft ein nächstes auf, dieses verlangt nach einem weiteren. Die Zeichen sind nicht kohärent, zeitliche und räumliche Unvereinbarkeiten schaffen eine Verwirrung, aus der etwas Neues entsteht.

Bei manchen Bildern geht sie vor wie ein preußischer Beamter der Baubehörde, der eine Konstruktion akribisch bis ins letzte Detail plant, bei anderen vertraut sie darauf, dass die Inspiration mit dem Griff zum Stift oder Pinsel einsetzt, als enthielten diese Werkzeuge den göttlichen Atem, der eine leere Fläche behaucht und auf ihr Blumen, Städte, Menschen blühen lässt – oder vernichtet.

Sie starrt auf die von ihr gemalte Hakenkreuz-Wand. Dann weiß sie, wo sie in ihrer Vergangenheit angelangt ist: in ihrer Schule, dem Fürstin-Bismarck-Gymnasium in der Sybelstraße.

Natürlich waren dort im Jahr 1933 die Wände nicht mit tanzenden Hakenkreuzen tapeziert, aber in den Augen der Mitschülerinnen und Lehrerinnen begannen sich Blicke zu krümmen, wenn ein jüdisches Mädchen aufgerufen wurde.

Die Erinnerung kommt zurück.

Charlotte war nervös. Heute sollte sie im Kunstunterricht ein Referat über Rembrandt halten. Kunst war ihr Lieblingsfach.

Die Lehrerin rühmte ihre einfühlsamen Referate über Malerei und Bildhauerei. Charlottes Traum war es, einmal nach Rom zu reisen und die Kunst der Renaissance zu erleben. In Venedig hatten sie Kirchen und Museen gelangweilt, aber das lag sieben Jahre zurück, da war sie noch ein Kind gewesen, das von Kunst keine Ahnung hatte. Auch nach Amsterdam wollte sie, die alten Niederländer studieren. Die Großeltern hatten ihr Hoffnung gemacht: »Zum Abitur gibt es eine Kavalierstour nach Italien – versprochen! Florenz und Rom! Und ins Rijksmuseum geht es danach einmal.«

Charlotte nahm ihre handgeschriebenen Blätter. Sie war zu aufgeregt, um frei zu sprechen, und musste sich immer am Text festhalten.

»Rembrandt wohnte siebzehn Jahre in Amsterdam im Judenviertel«, begann sie, »in der Breestraat, also der Breiten Straße. Die Juden, die er tagtäglich um sich sah, waren Sepharden, sie waren spanischer und maurischer Herkunft. Rembrandt liebte die orientalische Ausstrahlung dieser Menschen, er nahm sie oft als Modelle für seine Gemälde mit biblischen Motiven wie für *Moses zerschlägt die Gesetzestafeln,* das *Isaakopfer* oder den *Traum Josephs.*«

In der ersten Reihe breitete sich eine Unruhe aus. Elisabeth klopfte mit dem Bleistift auf einen vor ihr liegenden Block, und die blonde Birgitta tuschelte vernehmlich mit ihrer Nachbarin Elfriede. Auch Fräulein Siebert, der Kunstlehrerin, gefiel es nicht, in welche Richtung sich die Stunde über Rembrandt entwickelte. Warum musste Charlotte Salomon sich ausgerechnet auf Bilder mit jüdischen Motiven stürzen?

Eigentlich war sie eine zurückhaltende Schülerin, eher verschlossen, aber wenn es seit Neuestem um Kunstauffassungen ging, zeigte sie sich ausnehmend reizbar und kritisch und witterte überall eine Beschränkung auf »völkische Kultur«. Verfolgungswahn war eine typisch jüdische Krankheit. Warum sagte

Charlotte niemand, wie unklug sie sich verhielt. Wurde doch in den Lehrerkonferenzen schon darüber diskutiert, wie lange man die jüdischen Mädchen auf der Schule noch werde halten können, ohne Ausschreitungen und Pöbeleien fürchten zu müssen. Gymnasialprofessor Teichmann zum Beispiel: Zwar hielt er sich noch zurück, vielleicht war er einfach zu phlegmatisch, um sich lauthals zu ereifern, aber mit jedem Hitlergruß signalisierte er die Gewissheit, dass die Tage der Jüdinnen an der Schule gezählt seien.

Gegen jüdische Geschäfte entlud sich schon massiv der Volkszorn, angeheizt von SA-Männern. Fräulein Siebert waren diese stiernackigen jungen Männer mit den kurz geschorenen Haaren widerwärtig. Dummheit, gepaart mit Fanatismus, taten ihr körperlich weh. Sie glaubte an die veredelnde Kraft der Kunst, erst die machte den Menschen zum Menschen. Diese Kerle, in deren Augen der Stumpfsinn wohnte, hatten Namen wie Michelangelo oder Dürer nie gehört. Was zitierte der Lateinlehrer der Schule gern und oft: *Odi profanum vulgus et arceo* – Ich hasse das gemeine Volk und halte es mir fern. Aber trotzdem sollte man nicht vergessen, dass es mit der Wirtschaft bergauf ging, seit Hitler Reichskanzler war.

Charlotte hielt ein Buch mit Abbildungen von Rembrandts Gemälden in die Höhe. »Ich habe mir ein Bild von 1667 ausgesucht«, fuhr sie in ihrem Referat fort. »Es trägt den Titel *Die Judenbraut* und zeigt ein Liebespaar, wahrscheinlich handelt es sich um Isaak und Rebekka. Sie sind prachtvoll im Stil der Zeit gekleidet, ihre Blicke gehen nach innen. Der Mann legt den Arm um die Schulter der Braut und die rechte Hand auf ihre Brust. Die Braut berührt mit den Fingern die Hand des Verlobten. Die Liebenden suchen keine Verbindung zur Welt, sie bleiben bei sich, als wären sie aller Gemeinschaft entzogen oder in die Einsamkeit verbannt.«

Hier machte Charlotte eine Pause. Sie hatte sich bei der Vorbereitung des Referats in die Geschichte von Isaak und Rebekka vertieft und hätte noch viel mehr erzählen können: dass Isaak mit Rebekka als Fremdling in Gerar, im Land der Philister, lebte, weil der Herr ihm untersagt hatte, nach Ägypten zu ziehen, und er seine Frau als seine Schwester ausgab, aus Furcht, die Philister könnten ihn erschlagen, um ihrer habhaft zu werden – bis schließlich Abimelech, der König der Philister, die Fremdlinge unter seinen besonderen Schutz stellte: »Wer diesen Mann oder seine Frau anrührt, der soll des Todes sterben.« So stand es im 26. Kapitel der Genesis. Aber solche Bezüge zum Bild hätten ihr die Mitschülerinnen wohl kaum durchgehen lassen: Wer wollte noch hören, dass es ein Gebot der Menschlichkeit war, Fremdlinge zu schützen.

Darum beendete sie ihr Referat unverfänglich: »Bemerkenswert wie bei allen Rembrandt-Bildern ist die Behandlung des Lichts, die Helldunkelmalerei, die hier die Körper und Kleider des Paares von einem dunklen Hintergrund abhebt. Das Gold des männlichen Gewandes, besonders des Ärmels, und das Rot des Kleides verbinden sich zu einem Eindruck erlesener Kostbarkeit.«

Charlotte schloss das Buch.

»Warum hast du gerade dieses Bild ausgesucht?«, wollte Ursula wissen. Die Missbilligung in ihrer Stimme war nicht zu überhören.

»Weil es mir gefällt«, sagte Charlotte und setzte sich auf ihren Platz. »Hättest du lieber den *Hasen* oder die *Betenden Hände* von Dürer gehabt?« Das war nun entschieden hämisch, und Ursula lief prompt rot an. Charlotte blickte hinüber zu Ruth, Hannah und Käthe, den anderen Jüdinnen ihrer Klasse. Ruth hatte den Kopf eingezogen, als wollte sie noch kleiner werden, als sie ohnehin war, unsichtbar. Nie würde sie sich zu Wort melden und

Charlotte verteidigen. Hannah und Käthe, die nebeneinander in einer Bank saßen, schauten angestrengt aus dem Fenster.

Fräulein Siebert sah sich bestätigt: Wenn Charlotte nicht bewusst hätte provozieren wollen, hätte sie Rembrandts Stil doch an einem Selbstporträt nachweisen können. Oder an der *Nachtwache.* Sie war erleichtert, als die Pausenglocke läutete.

»In der nächsten Woche ist Elisabeth mit Lucas Cranach dran. Und als Lieblingsbild muss sie nicht unbedingt *Adam und Eva* wählen.« Alle lachten, alle verstanden den Scherz. Nacktheit war natürlich in einer ordentlichen preußischen Mädchenschule verpönt, aber die jungen Damen waren alle so liberal erzogen, dass die Darstellung von Nacktheit in der Kunst toleriert wurde, hätte man anderenfalls doch die halbe italienische Renaissance in Acht und Bann tun müssen. Nur sollte man nicht zu viel darüber reden.

In der Pause stand Charlotte allein unter dem Kastanienbaum auf dem Hof. Ihre beste Freundin Friederike, deren Vater früher Albert Salomons Kollege gewesen war, ließ sich nicht blicken. Als Ruth wie absichtslos auftauchte und sie ansprach, war Charlotte erstaunt. Ruth kriegte den Mund auf?

»Vielleicht ärgerst du dich, dass ich dir nicht beispringe«, sagte sie. »Aber wir stehen ein Jahr vor dem Abitur. Und ich will unbedingt Abitur machen. Ich muss studieren, ich will studieren. Sollte es hier schlimmer werden, geh ich ins Ausland. Bis dahin tauche ich einfach ab und halte still. Auch wenn die Schikanen zunehmen, mich werden sie nicht los. Was du willst, weiß ich nicht. Aber ich weiß, was ich will.«

Das war eine ziemlich lange Rede für ein nahezu stummes Mädchen. Bevor Charlotte antworten konnte, war Ruth schon weitergegangen, kreiste über den Schulhof wie ein einsamer Vogel im November über brachem Land.

Ruth war ein Genie in Mathematik, alle nannten sie »Einstein«.

Nur der Mathematiklehrer hätte sich gesträubt, sie so anzusprechen, nicht einmal im Spaß. Denn Alois Teichmann hatte seine Probleme mit Ruth. Nicht dass dieses dunkle, schüchterne Fräulein mit ihrem Wissen prahlte oder auftrumpfte – schlimmer: Mit leiser Stimme, in der ein tiefes Bedauern schwang, wies sie ihm ein ums andere Mal nach, wenn sein Tafelanschrieb Ungenauigkeiten enthielt, seine Erklärungen zur Integralrechnung und seine Lösungen zu Aufgaben zu umständlich waren. Er hätte ihre Arbeiten immer mit der Höchstpunktzahl benoten müssen, aber er gab ihr einfach eine schlechtere Zensur, und sie wehrte sich nicht einmal. Die Mitschülerinnen liebten sie nicht, aber sie wussten zu würdigen, dass Ruth allen, für die Mathematik ein Buch mit sieben Siegeln war, zu helfen versuchte, geduldig, selbstlos.

Alois Teichmanns nationalsozialistische Gesinnung war noch die Ausnahme an der Fürstin-Bismarck-Schule. Die meisten Lehrer und Lehrerinnen verfochten entschieden ein tolerantes Miteinander aller religiösen Gruppen. Eine Lehrerin war sogar von Staats wegen strafversetzt worden, weil sie sich standhaft geweigert hatte, jüdische Schülerinnen von einer Exkursion auszuschließen. Noch galt das Motto der Schule: »Um Euch nicht in Hass, sondern in Liebe zu vereinen …«, aber der hehre Satz bröckelte wie der Putz an der Fassade des Altbaus.

Zum Abendessen in der Wielandstraße gab es Kartoffelstampf und Königsberger Klopse. Charlotte verabscheute Kapern und stocherte auf ihrem Teller herum.

»Musstest du nicht heute ein Referat über Rembrandt halten?«, fragte Albert Salomon seine Tochter. »Wie ist es gelaufen?«

»Papa, ich werde das Gymnasium verlassen.«

Albert legte das Besteck aus den Händen, sorgsam auf das Messerbänkchen, um das weiße Tischtuch nicht zu beschmutzen. Er trank einen Schluck Wasser.

»Das ist nicht dein Ernst. In einem Jahr hast du dein Abitur, dann steht dir die Welt offen.«

»Mir steht schon jetzt nichts mehr offen. An der Schule wird es jeden Tag schlimmer. Die jüdischen Mädchen bekommen keine guten Noten mehr. Und wenn eine Schülerin anzüglich wird und eine jüdische Mitschülerin beschimpft, so hören die Lehrerinnen weg – oder freuen sich insgeheim. Ich ertrage das nicht mehr.«

»Du hast nichts zu befürchten«, versuchte Albert sie zu beschwichtigen. »Du bist die Tochter eines Offiziers, der im Ersten Weltkrieg als Frontkämpfer ausgezeichnet wurde. Wir sind …« Albert wollte »angesehene Bürger« sagen, aber er brach den Satz ab. »Es wäre ein Fehler, mit der Schule aufzuhören. Vielleicht bist du zu empfindlich.«

»Das musst gerade du mir sagen. Wie war es denn, als du aus der Uniklinik geflogen bist, dir praktisch das Skalpell aus der Hand geschlagen wurde?«

»Ach, Charlotte. So etwas hat es zu allen Zeiten gegeben. Das ist eine Welle, die geht vorbei. Die Nazis werden sich nicht lange halten. Bei der nächsten Wahl verlieren sie, dann ist diese unerträgliche Episode zu Ende. Aber du stehst da und hast kein Abitur. Und was willst du machen, statt zur Schule zu gehen: zu Hause sitzen und dich bei Auguste über ihre Kochkünste beschweren?«

Charlotte schob ihren halb leer gegessenen Teller von sich und stützte den Kopf in die Hände. »Die ersten Lehrerinnen fangen schon an, jeden Morgen, bevor sie die Stunde beginnen, den Arm auszustrecken und ›Heil Hitler!‹ zu sagen. Sie brüllen es nicht wie diese SA-Leute, sie sagen es mit leiser Stimme, manche noch verschämt. Wir werden nicht bestraft, wenn wir den Gruß nicht erwidern. Aber wie lange noch? Und seit Neuestem ist Rassenlehre ordentliches Unterrichtsfach. Wusstest du das?«

»Was sagt denn deine Freundin Friederike? Ihren Vater schätze ich als Kollegen, er und seine Frau sind vernünftige Menschen, die haben doch keine Vorbehalte.«

»Friederike zieht sich zurück. Sie hat Angst, von den anderen wegen ihrer Freundschaft zu mir aufgezogen zu werden. Sie ist feige – wie alle anderen.«

»Ich könnte morgen zum Direktor Burg gehen und mit ihm sprechen. Soviel ich weiß, ist er auch Jude. Und schließlich bist du nicht die einzige jüdische Schülerin auf der Schule. Wir alle zahlen ein beträchtliches Schulgeld.«

»Typisch Jude. Denkt zuerst ans Geld!«

»Charlotte, reiß dich zusammen!«

»Entschuldige, das ist nur ein Zitat!«

»Ich missbillige deine Entscheidung von Herzen. Ich könnte dich zwingen, weiterhin zur Schule zu gehen, schließlich bist du nicht volljährig. Aber das wäre sinnlos. Es schmerzt mich sehr. Du bist so begabt – und jetzt läuft alles ins Leere.«

»Papa«, Charlotte stand vom Tisch auf, um dem Gespräch ein Ende zu setzen. »Jeden Morgen, bevor ich in die Schule gehe, kämpfe ich mit Brechreiz. Ich hänge über der Kloschüssel und würge. Drei Kilo habe ich abgenommen, du siehst das nur nicht. ICH WILL NICHT MEHR IN DIE SCHULE.«

Albert tätschelte die Hand seiner Tochter: »Wir werden es durchstehen, irgendwie werden wir das schaffen.«

Er sagte nicht, was genau er mit »das« meinte. Er wusste es selbst nicht.

Das mit Hakenkreuzen vollgekritzelte Blatt Papier hat die Erinnerung an den Austritt aus dem Gymnasium im September 1933 in Charlotte wachgerufen. Jetzt kann sie das Bild vollenden. Im Hintergrund malt sie ein Pult, übersät es mit dem falsch ausgerichteten nationalsozialistischen Symbol. An dessen Stirnseite erhebt sich oben im Bild der angeschnittene Kopf eines Lehrers, am anderen Ende vor dem Pult sitzt eine Schülerin. Im Vordergrund aber stehen sich, beide in intensivem Blau gemalt, Vater und Tochter Salomon wie ebenbürtige Erwachsene gegenüber. Der Text zum Bild wiederholt rhythmisch, gereimt und in ironischer Untertreibung Charlottes Entscheidung: *Ich geh nicht mehr zur Schule. Kannst machen, was du willst mit mir. Ich geh nicht mehr zur Schule. Das macht mir kein Plaisir.* (4318, Abb. 10*)

Auf dem Abschlusszeugnis der Fürstin-Bismarck-Schule wurde Charlotte bescheinigt, dass ihr Betragen einwandfrei gewesen sei und sie auf eigenen Wunsch die Schule verlasse, um Privatunterricht zu nehmen.

In Gottes Höhn

Was sollte jetzt aus Charlotte werden? Albert Salomon zermarterte sich das Hirn. Sie konnte doch nicht den ganzen Tag zu Hause sitzen und schwermütig werden. Charlotte, nach ihren Plänen befragt, reagierte einsilbig auf seine Fragen. Sie könne ja zeichnen. Vor Jahren hatte Fräulein Wildgruber Charlottes Talent entdeckt und in ihr die Freude am Malen geweckt. Aber hatte Lotte wirklich eine Begabung, die sich ausbilden ließ? Mit ihrem Satz: *Ich lerne zeichnen, denn das ist ein Beruf, den Gott für alle Menschen – warum für mich nicht – schuf,* konnte er nichts anfangen. (4320) Schließlich waren auch nicht alle Menschen für die Chirurgie geschaffen. So wiederholte Albert seine Frage: »Was nun, Charlotte? Was kommt jetzt nach der Schule?«

Paula, immer resolut, immer pragmatisch, wusste Rat. Charlotte solle Künstlerisches mit dem Vernünftigen verbinden und eine Ausbildung absolvieren, die ihr Chancen auf einen Broterwerb eröffnete. Solange es Frauen gab, existierte ein Interesse an Mode – und solange es Mode gab, würden Kleider entworfen, Modelle gezeichnet und genäht: Lotte könnte doch Modezeichnerin werden, vielleicht noch Schneiderin obendrein – dann hätte sie etwas Reelles in der Hand.

Albert war das fast zu vernünftig. Zwar hatte er sich bisher noch keine konkreten Vorstellungen von Charlottes möglichem beruflichen Weg gemacht, aber natürlich auf ein profundes Studium nach dem Abitur gesetzt. Kunstgeschichte oder alte Sprachen oder vielleicht doch Medizin? Und jetzt sollte sich ausgerechnet Charlotte, die tagaus, tagein in ihren blauen Hängekleidern und Faltenröcken herumlief und bislang nicht das geringste weibliche Interesse an modischer Erscheinung gezeigt hatte, Kleider entwerfen und sich mit Mode beschäftigen?

Aber Albert Salomon ließ seiner Frau freie Hand. Wahrscheinlich wusste sie besser als er, was als Übergangslösung das Richtige für Charlotte war. Denn die Zeiten würden sich ändern, dann konnte seine Tochter das Abitur nachholen und ein ordentliches Studium beginnen.

Gleich am nächsten Morgen ging Paula mit Charlotte zu Feige und Strassburger. Die beiden jüdischen Unternehmer betrieben am Kurfürstendamm 40/41 eine angesehene private Modezeichnerschule. Im Büro, dessen Wände mit Fotos von eleganten Frauen in Abendroben tapeziert waren, wurden sie von der Leiterin empfangen. Paula machte die Konversation, Charlotte stand neben ihr, den Kopf gesenkt, als ginge sie das alles nichts an. *Ich habe eine Tochter, sie ist zwar nicht sehr begabt, jedoch soll sie das Modezeichnen lernen.* (4321)

Charlotte traute ihren Ohren nicht. Da wurde einfach über

sie verhandelt und sogar ihre Begabung fürs Zeichnen geleugnet. Aber es blieb ihr keine andere Wahl, nachdem sie sich selbst aus dem Fürstin-Bismarck-Gymnasium entlassen hatte.

»Heute Abend gibt es ein Fest in den Räumen der Schule, da kann Ihre Tochter gleich ihre neuen Mitstudentinnen und Lehrerinnen kennenlernen«, verabschiedete die Leiterin Paula, ohne Charlotte nur anzusehen.

»Immer bin ich am falschen Ort«, sinnierte Charlotte, als sie abends zu Feige und Strassburger ging. Durch die verschlossenen Türen drang Tanzmusik und lautes Gelächter, am liebsten wäre sie gleich umgekehrt. Aber da kam schon die Lehrmeisterin aus einem Nebenraum, fasste Charlotte am Arm und zog sie in den Saal. Vorstellen konnte sie die neue Schülerin nicht, dazu war es zu laut. Aber Charlotte sah, wie die Paare, die auf die Musik zu »Im weißen Rössl am Wolfgangsee« walzten, im Tanz innehielten, sich umdrehten und sie musterten. Sie hörte, wie ein Mädchen sagte – und sich nicht die Mühe gab zu flüstern –: *Sieh doch, die dumme Gans, so kommt man doch nicht zum Tanz.* (4322)

Die *dumme Gans* betrachtete die eleganten Paare: die jungen Damen in dekolletierten langen Abendkleidern, in dunklen Anzügen, weißen Hemden und mit Fliegen die Herren – Charlotte selbst im kurzen, hellblauen Sonntagskleidchen mit Bubikragen. Sie drehte auf dem Fuß um, lief nach Hause und schäumte: »Da kriegen mich keine zehn Pferde mehr hin! Diese aufgeblasenen Puten. Ich finde sie alle widerlich.«

Da wurde ihr Vater streng: »So geht es nicht, Lotte, so schnell gibt ein Fräulein Salomon nicht auf. Du gehst ein Semester in diese Schule zum Unterricht, danach sprechen wir uns wieder.«

War er zu hart gewesen? Seine Tochter schottete sich völlig ab. Oft saß sie wie verloren auf dem Bett in ihrem Zimmer, wenn er nach Hause kam, hielt sich mit beiden Händen den Kopf, die Haare fielen ihr über die Augen, sie wollte nichts sehen und nichts hören. Paula wiegelte ab: *Das ist nur Weltschmerz, das geht vorüber, mein Lieber. Brauchst du dir keine Sorgen zu machen. Ich war in diesem Alter auch so.* (4323)

Am Ende des Semesters wurden die Arbeiten der Schülerinnen zensiert. Die Zeichenlehrerin ging von Arbeitsplatz zu Arbeitsplatz, begutachtete die Entwürfe der jungen Damen. Bei Charlotte blieb sie länger stehen: *Ja, das Zeichnen ist 'ne schwere Kunst. Dafür muß man schon etwas begabt sein und – das sind Sie leider nicht.* (4334)

Die dämliche Kuh, dachte Charlotte, aber sie war nicht wütend, sie war froh. Jetzt musste sie nicht länger bleiben – nicht bei dieser dümmlichen Lehrerin, nicht bei diesen Studentinnen, die sich alle schon als Schrittmacher der »Neuen Linie« sahen, wie die Nazis die »deutsche Hochmode« nannten, während der einfachen deutschen Frau die aufs Volkstümliche zugeschnittene Trachtenmode schmackhaft gemacht wurde. Die ehrgeizigsten Studentinnen wünschten sich nichts sehnlicher, als Redakteurinnen der Zeitschrift *Mode und Heim* oder der Frauenbeilage der *Frankfurter Zeitung* zu werden, die sich ausgiebig Modefragen widmeten.

Der Winter kam, der Winter ging, Charlotte hatte sich verpuppt, sich eingesponnen in einen Kokon aus Müdigkeit, Schweigen und Abwehr. Albert wagte kaum zu fragen, ob sie noch male. Paula wusste, dass sie regelmäßig in die »Volksbücherei des Westens« ging. Dort konnte man für fünf Pfennig zwölf Bücher ausleihen. Was Lotte für Bücher lese, wisse sie nicht, sie werde keinesfalls in ihren Sachen schnüffeln.

Dass gerade in dieser kritischen Situation eine Einladung der Großeltern kam, sich mit Charlotte in Rom zu treffen, ihr die Ewige Stadt zu zeigen, empfanden die Eltern als eine Erlösung aus der Winterstarre. Welch ein schönes Geschenk zu Lottes siebzehntem Geburtstag im April! Tatsächlich schien sich beim Eintreffen der Einladung neues Leben in ihr zu regen. »Und frische Nahrung, neues Blut, saug ich aus freier Welt«, zitierte Albert am Abend Goethe, den Brief der Großeltern in Händen, hielt aber inne, weil die weiteren Zeilen des Liebesgedichts gar nicht passten.

Marianne und Ludwig Grunwald hatten unmittelbar nach Hitlers Ernennung zum Reichskanzler ihre Sachen gepackt und waren zunächst nach Rom emigriert. Doch das Erstarken der italienischen Faschisten unter Mussolini ließ sie zweifeln, ob sie mit Rom als Exil eine gute Wahl getroffen hatten. So hatten sie Anfang 1934 erneut ihre Zelte abgebrochen und waren an die Côte d'Azur gezogen. Von Villefranche bei Nizza würden sie nach Rom kommen, um ihre Enkelin zu treffen.

Wie sollte sie jetzt im Rückblick auf den kleinformatigen Blättern ihres Zeichenblocks die Fülle bannen, mit der die Ewige Stadt sie sieben Jahre zuvor überreich beschenkt hatte, fragte sich Charlotte. Sie hatte nicht gewusst, dass sie so durstig nach Licht und Glanz und Schönheit gewesen war.

Wenn sie an Rom dachte, fing sie noch jetzt an zu singen und in einer Mischung aus Latein und Italienisch *Roma aeterna città divina* zu trällern. Reime drängten sich auf, schlechte Reime in schlechtem Metrum: *Roma divina città aeterna. Und in dem Erlösungsstrahl – fühl ich deine Kraft noch mal.* (4333) Für einen Augenblick war sie erneut so übermütig, so glücklich bis an die Grenzen der Ausgelassenheit, wie sie sich zuletzt in Rom gefühlt hatte.

Gern wäre sie damals allein durch die Straßen und über die Plätze Roms gebummelt, über den Campo de' Fiori, die Piazza di Trevi, di Navona, San Ignacio, hätte in einem Straßencafé gesessen und ein kolossal leckeres Gelato gelöffelt. Doch nie und nimmer hätten die Großeltern sie auch nur eine Minute aus den Augen gelassen und den Gefahren einer italienischen Stadt ausgesetzt, in der alle Männer »ungezogen« oder »faschistisch« oder beides gleichzeitig waren. »Lebensart« bedeutete, sich in den Museen der Werke großer Meister zu erfreuen oder auf dem Forum Romanum jedem Säulenstumpf eine historische Tiefe zu geben, nicht aber, sich unter das gemeine Volk zu mischen.

An einem Abend diskutierten die Großeltern, ob sie am nächsten Tag die Kirche Santa Maria in Trastevere besuchen sollten. Sie war, wie Marianne nicht müde wurde zu betonen, unzweifelhaft von erheblichem kunsthistorischem Wert, allein die Mosaiken Pietro Cavallinis verdienten Aufmerksamkeit. Aber konnte man sich durch dieses verrufene Viertel wagen? Charlotte bestand darauf, »verrufen« klang nach Abenteuer, klang richtig gut.

In Trastevere schritt Marianne Grunwald mit gerümpfter Nase und verkniffenem Mund durch die Straßen, Ludwig neben ihr so aufrecht, als hätte er gerade eine Militärübung absolviert. Charlotte jubelte über die halb nackt in den Gassen spielenden Kinder, die zwischen den Häusern flatternde Wäsche und die dicken Frauen, die an den Haustüren miteinander schwatzten und den seltsamen Menschen hinterherschauten, die ihnen wie Gestalten aus einem Kuriositätenkabinett erscheinen mochten: Mitten im Frühsommer eilten sie mit hochgeschlossenen Mänteln und Hüten zielstrebig auf die Kirche zu.

Das Viertel war in früheren Zeiten jüdisch gewesen, zehn Synagogen hatte es gegeben, und im 4. Jahrhundert war dort, wo heute die Kirche stand, eine Quelle entsprungen, die die Juden als Zeichen für die Ankunft des Messias gedeutet hatten. Natürlich wusste Marianne von alldem – aber diesen Teil der Geschichte überging sie mit dürren Worten. Das waren nur eine Art italienische Schtetl-Juden gewesen, arm, ungebildet, kinderreich.

Im Kirchenraum aber lebte sie auf und blätterte die komplizierte Gründungsgeschichte der Kirche auf, ohne ein einziges Mal in den Reiseführer zu blicken. Seit jeher hatte sie sich für Archäologie und Kunstgeschichte interessiert, und da es im Hause Benda wie bei den Grunwalds immer genügend Personal gegeben hatte, sie leidiger Hausfrauenpflichten zu entheben, konnte sie von früher Jugend an ihre Neigungen pflegen. Die Rolle des Cicerone schien ihr auch jetzt zu gefallen, gemessen an ihrem Wissen sah ihr Mann ziemlich alt aus.

Auf dem Rückweg bestand sie darauf, noch Santa Cecilia und San Francesco di Ripa zu besuchen. Gern wäre Charlotte in einer der kleinen Trattorien eingekehrt und hätte einen Teller Nudeln gegessen. Aber die Großeltern zog es in anständigere Viertel, in denen keine Katzen in der Küche herumsprangen.

Die Kirchen von Trastevere in allen Ehren, aber was waren sie gegen den ein paar Tage zuvor besuchten Petersdom und die Vatikanischen Museen! Charlotte hatte die Gemälde Michelangelos, Leonardos oder Raffaels wie eine Epiphanie erlebt, Erscheinungen des Göttlichen in der irdischen Welt. Da mussten doch einem Maler Pinsel und Palette aus der Hand fallen, der Zeichenstift zersplittern, die Imagination verdorren.

Im Rückblick geht Charlotte vor den Giganten in die Knie, erstarrt in Anbetung – und befreit sich durch Albernheiten von der Gewalt ihrer Werke. Sie malt die Deckentableaus der Sixtinischen Kapelle, aber statt vor heiligem Schauder zu erbeben, flapst sie wie ein kindisches Gör: *Der Michelangelo, den finde ich ganz fabelhaft – darin steckt wirklich allerhöchste Kraft. Man muß zwar sehr den Hals verdrehn, um überhaupt etwas zu sehn. Er schwebt zu sehr in Gottes Höhn. Jedoch, ça vaut la peine!* (4329)

Natürlich will sie auch das Ewige der Ewigen Stadt verewigen: Auf einem einzigen Bild versammelt Charlotte Peterskuppel und Pantheon, einen römischen Brunnen und die *Pietà* Michelangelos, Engelsburg und den Adam aus der Sistina, schließlich die Gärten der Villa Borghese und selbst den Zug, an dem die Großeltern sie zur Rückfahrt nach Deutschland verabschieden. (4333) Erinnerungen türmen sich übereinander, Eindrücke schichten sich wie fallende Dominosteine. Nur ein Bild bleibt von majestätischer Strenge: der Petersplatz, schwarz von Menschen, die Kuppel und Fassade des Doms im Hintergrund, Berninis Kolonnaden an den Seiten und in der Mitte eine Gasse, ein roter Teppich, auf dem der Papst in einer Sänfte zum Hauptportal getragen wird. (4327)

Die seltsame Mischung aus lautstark aufbrandender Begeisterung und nach innen gekehrter mystischer Verzückung auf den Gesichtern der Nonnen beweist: Dieser Mann hat Macht über Menschen. Aber warum, fragt sich Charlotte, nutzte Pius XI. diese nicht, um den Faschisten entgegenzutreten? War auch er heimlich ein Antisemit und sah die Juden als Christusmörder an, denen recht geschah, wenn sie verfolgt würden? Mit weit ausgebreiteten Armen steht der Papst inmitten eines Halbrunds von schwarz gewandeten, knienden Gläubigen, deren Hände gefaltet sind. Im Vordergrund sind zwei hochgewachsene Menschen aufrecht abgebildet, ungebeugt und unverhüllt schauen sie fragend zu ihm auf. Und was sagt der Pontifex mit der schwarzen Brille des Kurzsichtigen und im weißen sackähnlichen Kleid, auf dem rote und schwarze Striche den Eindruck eines mit Blut bespritzten Metzgerkittels erwecken: *Ich bin Pius XI., Vertreter Gottes auf Erden. Tiens, tiens, tiens. Was tun denn die kleinen Juden hier?* (4328)

Trotz solcher Irritationen fiel Charlotte der Abschied von Rom schwer: *Und fort aus deiner Bläue in nordische Gräue – Fort von unserem Glück, müssen wir zurück.* (4333) Auch das war wieder im Metrum abgerutscht, aber Charlotte ließ es stehen. Nach enthusiastischen Aufschwüngen folgten oft Zusammenbrüche. Die Sprache brachte es an den Tag.

Nur der wagt, der kann gewinnen

In der Berliner Gräue war es dann ungereimt weitergegangen. Albert hatte seine Frage wiederholt: »Was nun, Charlotte? Was kommt jetzt nach der Schule?«

Gestärkt durch die neue Kunsterfahrung in Italien, stellte Charlotte sich dieses Mal der Frage: Sie würde sich an den »Vereinigten Staatsschulen für Freie und Angewandte Kunst« bewerben, die 1924 aus der »Hochschule für die Bildenden Künste« und der »Unterrichtsanstalt des Kunstgewerbemuseums« hervorgegangen waren. Immer wenn sie in der Hardenbergstraße an dem imposanten Gebäude, einem neobarocken Palais der Jahrhundertwende gegenüber dem Steinplatz, vorbeiging, schien ihr eine innere Stimme zuzuflüstern: *Nur der wagt – der kann gewinnen. Nur der wagt, der kann – beginnen.* (4335)

Charlottes Selbstbewusstsein war kümmerlich. Auch im Sich-Mut-Zusprechen war sie keine Meisterin. Aber ein Lehrling.

Schon der erste Schritt war schwer. Über dem Portal wehte die Hakenkreuzfahne. Doch das majestätische Relief auf der Fassade des Palais mit der Widmung »Erundiendae Artibus Iuventuti« – »Der in den Künsten zu unterweisenden Jugend« – signalisierte Erhabenheit, als würde man heilige Hallen betreten. Charlotte musste sich mit ganzem Körper gegen das schwere Portal stemmen, um in den Bau zu gelangen. Rechts und links vom Foyer gingen Treppen ins obere Stockwerk. Der Raum mit der Aufschrift »Verwaltung« stand offen. Es roch nach Mettwurststulle. So heilig waren die Hallen dann doch nicht.

An der Wand des Büros hing ein Foto Adolf Hitlers, und der Angestellte, der sich als Herr Schmidt vorstellte, begrüßte sie mit »Heil Hitler«. Charlotte gab sich Mühe nicht zu stottern.

»Nehmen Sie auch Juden auf?«, fragte sie.

»Aber Sie sind doch keine Jüdin«, antwortete Herr Schmidt. »Sie sehen so deutsch aus.«

Dann in beschwichtigendem Tonfall: *Na, so sind wir ja hier nicht. Kommen Sie mal ruhig zur Prüfung her. Das werden die Herren Professor'n dann schon sehn – ob sie Sie nehmen.* (4336)

Am Prüfungstag saßen die Kunststudenten in spe im Halbrund um eine leicht erhöhte kreisrunde Mitte, auf der ein Aktmodell stand: ein Mann, kein Adonis, sein Körper wirkte eher unproportioniert, der Kopf viel zu klein und der Bauch nach vorn gewölbt wie bei Menschen, die lange Hunger gelitten haben. Die Augenlider waren gesenkt, die Miene ausdruckslos.

Im Atelier herrschte absolute Stille, kein Husten, kein Papierrascheln, kein Anspitzen von Zeichenstiften störte die Konzentration. Dreißig Kandidaten standen oder saßen an der Staffelei oder mit Zeichenblöcken auf ihren Knien und arbeiteten. Das Modell war in der verordneten Haltung erstarrt, der Professor hatte Anweisungen zur Stellung der Arme gegeben, einer herabhängend, einer in die Hüfte gestützt, und der Ausrichtung von Standbein und Spielbein. Er bewegte sich weitgehend geräuschlos durch die Reihen, schaute den Bewerbern über die Schulter. Am braunen Hemd trug er ein Hakenkreuz-Abzeichen.

Charlotte wusste, wie sie bei einer Kontrapoststudie vorgehen musste: eine senkrechte Linie vom Scheitel bis zur Sohle des Standbeins ziehen, damit die Figur auch tatsächlich Stand gewann und nicht im luftleeren Raum schwebte. Dann entwarf sie einen Umriss des Körpers, wobei der Oberkörper sich zur Standbeinseite biegen, das Becken sich aber zur Spielbeinseite neigen musste, damit ein Gleichgewicht entstand. Die Pose des Modells natürlich zu zeichnen, erforderte ein geübtes Auge und einen instinktiven oder durch Erfahrung erlernten Sinn für Proportionen. Charlotte radierte viel. Die Muskeln der Beine gerieten ihr zu voluminös. Sie radierte. Die Beine waren verschieden lang, die Statik geriet aus den Fugen. Sie radierte. Die Bauchmuskulatur erhielt durch Schraffuren Plastizität, Penis und Hoden gelangen auf Anhieb.

Nach einer halben Stunde gab es eine Pause, und die Prüflinge atmeten so laut aus, als hätten sie körperliche Schwerstarbeit geleistet.

Dann ließ der Professor das Modell seine Position verändern; der Mann stand jetzt in der Pose des klassischen Diskuswerfers auf dem Podest. Charlotte nahm ein neues Blatt. Wenn sie sich konzentrierte, zog sie die Unterlippe unter ihre oberen Zähne und sog Luft ein. Nein, diese Stellung konnte sie nicht zeichnen, sie war einfach zu schwierig. Allein die Rundung des Rückens, diese vollkommene Linie, die sie an antiken Plastiken studiert hatte und die so leicht erschien und doch so unglaublich schwer zu ziehen war, verweigerte sich ihr. Das Muskelspiel, die Grätschung der Beine, die gestreckten Arme, dabei der rechte weit nach hinten mit dem vorgestellten Diskus in der Hand und der linke Arm nach unten gebeugt, sodass die Hand das rechte Knie berührte, das überforderte sie schlichtweg – aber nicht nur sie.

Auch dem Modell ging bald die Kraft für diese unnatürliche Haltung aus, der Mann verlangte Ruhepausen, in denen er sich streckte, um anschließend wieder seine Position einzunehmen. Immer wieder setzte Charlotte mit dem Stift an, immer wieder unterbrach sie. Sie spürte den Professor in ihrem Rücken, der ihr über die Schulter auf das Blatt schaute.

»Warum versuchen Sie sich nicht an einem Detail? An der linken Hand auf dem Knie oder der Neigung des Kopfes, der Stellung der Füße. Dann bekommen Sie ein Gefühl für die Drehung des Körpers, für die Dynamik der Figur, die auf einen Punkt konzentrierte Anspannung vor dem Wurf der Scheibe.« Charlotte zog ihren Kopf noch tiefer in die Schultern.

Ein junger Mann mit senffarbenen Stoppelhaaren, der in der ersten Reihe saß und sich schon vor der Prüfung mit witzigen Bemerkungen hervorgetan hatte, rief in die Stille hinein: »Ist es auch erlaubt, Herr Professor, einfach nur den Diskus zu malen?« Alle lachten, erleichtert über die Unterbrechung. Nur Charlotte nicht. Ihr kam dieser nackte Mann auf dem Podest so ausgesetzt vor, trotz der akademischen Versachlichung entblößt bis auf die Seele. Der Professor schaute nur kurz auf mit einem Blick, in dem das Urteil über den lächerlichen Menschen und seine Bemerkung stand.

»Ich meine ja nur«, setzte der Senfgelbe etwas kleinlauter nach, »Malerei soll doch das Unsichtbare sichtbar machen – oder habe ich da etwas falsch verstanden?« (4337)

Einige Tage später konnten sich die Aspiranten in einer Sprechstunde das Ergebnis der Prüfung abholen. Charlotte ahnte, was sie erwartete – ein »Nicht bestanden«. Als der Professor – ein anderer als der, der die Prüfung abgenommen hatte – es aussprach, war es trotzdem ein Schnitt ins Fleisch:

Nein, Ihre Arbeit genügt uns nicht.

Charlotte nickte stumm und fragte doch zum Abschied: *Ach, Herr Professor, lohnt es sich denn überhaupt für mich, mit dem Zeichnen fortzufahren?*

Die Auskunft blieb vage: *Wer darf da wagen zu sagen, es lohnt sich oder es lohnt sich nicht. – Das liegt bei Ihnen.* (4338)

Als Albert Salomon am Abend nach Hause kam, brauchte er nicht zu fragen, was das Gespräch in der Akademie ergeben hatte. Charlotte warf sich ihm in den Schoß und schluchzte haltlos. Zum ersten Mal ahnte der Vater, was ihr das Zeichnen bedeutete, nicht eine Überbrückung schwieriger politischer Zeiten oder bloße Beschäftigung für ein arbeitsloses Mädchen, sondern ein Begehren, das aus dem tiefsten Inneren ihrer Person kam. Er strich ihr über den Rücken. Was sollte er sagen, das nicht nach falschem Trost klang?

»Du wirst es eben im zweiten Anlauf schaffen. Ab morgen engagieren wir die beste Zeichenlehrerin, die es in Berlin gibt, und du nimmst Privatstunden.«

Nachdem Charlotte ins Bett gegangen war, machte Paula ihrem Mann Vorhaltungen: *Offen gesagt, ich versteh dich nicht, das viele Geld so auszugeben. Sie ist doch nicht fürs Zeichnen begabt. Alle haben's doch gesagt.* (4339)

Zum ersten Mal aber hörte Albert Salomon nicht auf seine Frau, sondern auf seine eigene innere Stimme, und die sagte ihm: Lotte will es, sie will zeichnen, sie will malen, sie will es mit allen Fasern ihrer jungen Seele. Also soll sie es lernen.

Charlotte nannte ihre neue Zeichenlehrerin Miss Rouge, weil diese zum Unterricht immer in derselben roten Jacke erschien. Zwischenzeitlich änderte sie den Namen in Miss Kaktus, nachdem Charlotte tagelang nichts anderes als einen Kaktus malen sollte, den die Miss aber immer wieder ausradierte, weil die Zahl der Stacheln nicht stimmte. Als die Zeichenlehrerin ihr fünfmal denselben Kaktus vor die Nase gesetzt hatte, damit sie ihn endlich richtig malte, platzte Charlotte der Kragen: Diese Frau hatte doch mit ihrer Fixierung auf Kakteenstacheln nicht alle Tassen im Schrank und sprach sogar von Blättern statt von Stacheln. Miss Porcupine, redete Charlotte sie jetzt im Geiste an, Fräulein Stachelschwein. (4374)

Das Schlimmste aber war, dass dem Fräulein alles ins »Nette« geriet, immerzu gebrauchte sie das Wörtchen »nett«, das abstoßendste Wort schlechthin. Das brachte Charlotte noch mehr auf die Palme. *So ist's doch schon viel netter,* sagte das Fräulein, wenn eine Zeichnung Gnade vor ihren Augen fand. Und wenn sie besonders freundlich zu Charlotte sein wollte, bedachte sie diese mit Lob: *Ich halte Sie – für nett begabt!* (4349)

»Wenn die Porcupine noch einmal ›nett‹ sagt, werfe ich ihr den Kaktus ins Gesicht, sodass die zarten weiß gepuderten Wangen völlig unnett aussehen«, gestand sie Paulinka.

Diese versuchte sie zu besänftigen: »Bestimmt lernst du etwas bei ihr.«

Charlotte zeichnete und malte ohne oder gegen Miss Porcupines Unterricht Tag und Nacht. Sie ging kaum noch aus dem Haus. Dort lag eine Wirklichkeit, die jeden Tag kälter, abweisender und gefährlicher für sie wurde. Ihre Welt wurde viereckig, umrissen von Zeichenblock und Staffelei. Je grauer sich das Außen einfärbte, umso leuchtender schien das Innen auf. Van Gogh wurde ihr zum großen Vorbild, sie übernahm seine Motive: die gelben und blauen Stühle, die Stillleben mit Birnen und Äpfeln, die klobigen Schnürschuhe und vor allem die Sonnenblumen in leuchtendem Gelb-Orange. (4351, Abb. 11*) Selbstbewusst notierte sie: *Ich habe das, was van Gogh in seinem Alter erreichte […] nämlich jene unerhörte Leichtigkeit des Striches, die leider sehr viel mit dem Pathologischen zu tun hat, schon jetzt erreicht.*

Sie meldete sich ein zweites Mal an den Vereinigten Staatsschulen für Freie und Angewandte Kunst zur Prüfung an. Auf dem Plan stand wieder Aktzeichnen. (4353, Abb. 12*) Jetzt aber trat Charlotte anders auf: Sie war nicht mehr die eingeschüchterte, überforderte Dilettantin, selbstbewusst saß sie in der ersten Reihe; den Kopf erhoben, nahm sie mit ausgestreckter Hand Maß am Objekt der Darstellung, strahlte eine ruhige Souveränität aus. Und: *Ja, diesmal geht's.* Sie wurde aufgenommen, zur Probe zunächst, aber aufgenommen in den hehren Kreis der Studierenden der Berliner Hochschule für die Bildenden Künste. Als sie das Prüfungsergebnis erhielt, stimmte sie übermütig das einzige Triumphlied an, das ihr in den Sinn kam: »Allons enfants de la Patrie, le jour de gloire est arrivé.«

Sie war die einzige Jüdin in ihrer Klasse. Seit dem 25. April 1933 regelte das »Gesetz gegen die Überfüllung deutscher Schulen und Hochschulen« den Anteil jüdischer Studierender: Er durfte den Anteil von Juden an der Bevölkerung insgesamt nicht übersteigen: 1,5 Prozent. Ausnahmen gab es nur für Kinder jüdischer Frontkämpfer. Albert Salomon ging davon aus, dass neben ihrem Talent, das nun in eine andere Kategorie als »nett« eingestuft worden war, sein Eisernes Kreuz Charlotte die Kunsthochschule aufgeschlossen habe. Er irrte. Nachforschungen an der Universität der Künste in Berlin haben ergeben, dass Salomons Verdienste im Ersten Weltkrieg keine Rolle gespielt haben. Vielmehr begründete das Komitee die Aufnahme Charlottes am 7. Februar 1936 mit der Art ihres Auftretens: Da die Aspirantin so reserviert und bescheiden sei, stelle sie keine Gefahr für die arischen Studenten dar. Als gefährlich galt die mögliche erotische Ausstrahlung jüdischer Studentinnen, die ihre männlichen Kommilitonen nicht nur von der Arbeit abhalten, sondern sie in Liebeshändel verwickeln könnten, die unweigerlich zu Empfängnis und Geburt nicht rassereiner Kinder führen würden. So gerieten Zurückhaltung und Graumäusigkeit Charlotte einmal zum Vorteil. Die würde keinen Studenten verführen, da waren sich die Herren Professoren einig. Die konnten sie so mitlaufen lassen.

Daberlohn taucht auf

Charlotte stutzte, als sie die Wohnungstür in der Wielandstraße öffnete, blieb in der Garderobe stehen. Da hing ein fremder grauer Herrenmantel, aber nicht der Mantel irritierte sie. Vielmehr drangen merkwürdige Laute aus dem Salon: Sie konnte Paulinkas Stimme erkennen, aber was war in sie gefahren? Der Leibhaftige? Paulinka schrie, bis ihre Stimme umkippte, sie röhrte, grölte, kreischte, fiepte, gellte, pfiff, fiel von allerhöchsten Tönen in einen knarzenden Bass – ohne Übergang. Als müsste sie der Welt beweisen, zu welch absurden Geräuschen eine menschliche Stimme fähig war, wenn man sie folterte.

»Aufhören!«, wollte Charlotte rufen. »Die Nachbarn werden die Polizei rufen. Aufhören!« Aber da brach das Geschrei ab, eine männliche Stimme war zu hören, anspornend, anfeuernd, dann wurden einige Arpeggien auf dem Klavier angeschlagen.

Leise öffnete sie einen Spaltbreit die Tür zwischen Korridor und Salon, um einen Blick auf das rätselhafte Geschehen zu werfen. Der Anblick, der sich ihr bot, war aber keineswegs der eines Pandämoniums. Paulinka lehnte entspannt am Flügel, ihre Gestalt spiegelte sich im Lack des Deckels. Vor den Tasten saß ein Mann, den Charlotte nicht kannte. Ein Korrepetitor, mit dem Paulinka ihre nächste Opernpartie probte? Charlotte schloss geräuschlos die Tür und verschwand in ihr Zimmer. Bestimmt würde ihr Paulinka erzählen, was da heute Morgen abgelaufen war. Und wer dieser dunkelhaarige Mensch war, von dem sie nur einen flüchtigen Eindruck gewonnen hatte.

Der dunkle Mensch war auf ein Empfehlungsschreiben Kurt Singers in die Wielandstraße gekommen: *Liebe Paulinka, ich schick Dir hier Herrn Amadeus Daberlohn. Er gibt sich für »den«*

Gesangpropheten aus. Leider fehlt ihm die Erlaubnis zu prophezeien, zu unterrichten. Ich kann sie nicht geben, bevor ich ihn nicht einer gründlichen Prüfung unterzogen habe. Dies lege ich in Deine »lieben Hände«. (4377)

An Paulas Freundlichkeit appellierte niemand vergebens, ihr alter Liebhaber Singer schon gar nicht. Und dass er mit den »lieben Händen« auf eine frühere zärtliche Geste anspielte, fand sie doppelt gewinnend. Da stand also dieser Amadeus Daberlohn, der eigentlich Alfred Wolfsohn hieß, im Flur der Wohnung Salomon-Lindberg; in den Händen zerknautschte er eine schwarze Baskenmütze, die Gläser seiner dicken Brille waren beschlagen, die Augen dahinter nur zu ahnen. Paula erwartete eine höflich vorgetragene Bitte, sich seiner freundlich anzunehmen, vielleicht sogar einen Hauch Unterwürfigkeit, zumal von der Erhörung seines Anliegens etwas sehr Existenzielles für ihn abhing: die Chance, arbeiten zu können und sich einen bescheidenen Lebensunterhalt zu sichern. Da er schwieg, munterte sie ihn auf: »Also, wir sollen jetzt miteinander arbeiten!«

Und was waren die ersten Worte des seltsamen Menschen an seine Mentorin und Prüferin? *Ich muß gestehn, zu Herrn Professor Klingklangs Zeiten, da sangen Sie bei weitem besser.* (4379) Paula starrte ihn an. Raus mit dem rotzfrechen Kerl, der sich erdreistete, ihre Gesangskunst zu kritisieren, war ihr erster Impuls. Eine bodenlose Unverschämtheit, sich auf diese Weise bei ihr einzuführen. Aber dann ging Paula in sich und überlegte, ob der Mensch nicht recht hatte, ob sie in der Zeit mit Professor Ochs nicht wirklich besser gesungen hatte als jetzt, wo sie sich einfach zu viel aufbürdete, im Rahmen der Kulturbund-Veranstaltungen fast jeden Abend auf der Bühne stand, sich nicht schonte, ihre Stimme nicht schonte.

Aber als Daberlohn im selben Atemzug erklärte, sie werde von der Zusammenarbeit mit ihm eine Menge profitieren, hatte er den Bogen überspannt. Schließlich wollte er etwas von ihr, wollte aus ihr Nutzen ziehen, nicht sie aus ihm. Sie schickte ihn weg. Daberlohn aber schien durchaus nicht eingeschüchtert, sondern kündigte an, am nächsten Morgen wiederzukommen.

Pünktlich um zehn Uhr fand er sich ein und überreichte ihr ein Buch mit seinen Theorien zur Entfaltung der menschlichen Stimme, zitierte sich im Gespräch mit ihr selbst und wusste seine Thesen gleich in Vorwürfe zu kleiden: Sie, Paula, habe nur Pflichten im Kopf, ihr fehle die Freiheit, die zum Singen unerlässlich sei, sie denke ausschließlich an ihren Mann, den sie wohl schätze, aber nicht liebe, sie versacke im bürgerlichen Alltag, sie singe nur noch fürs Publikum, kein Wunder, wenn ihr Gesang mittelmäßig geworden sei.

Paula wollte ihn vor die Tür setzen, diesen Herrn Daberlohn, doch sosehr sie seine Dreistigkeit empörte, faszinierte sie zugleich der Rigorismus, mit dem er seine Ideen verfocht.

Sie legte Noten auf den Flügel: »Begleiten Sie mich!«, forderte sie ihn auf. Bachs Lied aus dem Notenbüchlein für Anna Magdalena: »Bist du bei mir, geh ich mit Freuden zum Sterben und zu meiner Ruh« gehörte in seiner innigen Schlichtheit zu Paulas Lieblingskompositionen.

Singen ist Hingabe, schwärmte Daberlohn, als sie geendet hatte.

Mit unreifen und reiferen Knaben, die eine Sängerin vergöttern, weil die körperliche Unmittelbarkeit des Gesangs sie erregt, kannte Paula sich aus. Sie musste Daberlohn in seine Schranken weisen. *Mir scheint, Ihr seid gefährlich, mein junger Freund.*

Aber solch ein Satz stimulierte Daberlohn nur zu größeren Waghalsigkeiten: *Sie müssen wissen, ich kann auch küssen, und das ist für sehr vieles wichtig – wenn es auch Ihnen, die Sie ja so eine treue Gattin sind, nicht immer richtig scheinen mag.* (4413) *Tief im Grunde Ihrer Seele türmt sich die Unbefriedigung auf, und dann kommen eben eines schönen Tages die berühmten Nervenzusammenbrüche.* (4450)

Was für ein überspannter Mensch, dachte Paula. Und wenn einer einen Nervenzusammenbruch fürchten musste, dann doch wohl dieser Kauz!

Der aber ging triumphierend von dannen, besang seinen Sieg mit: *Auf in den Kampf, Torero! Stolz in der Brust, siegesbewusst,* und gab sich in einer Bar dem Alkohol hin. Der Rausch hob sein Selbstwertgefühl in messianische Höhen: *Doch diese Frau von heute, die könnt ich vielleicht kriegen. Ich werde sie zur allergrößten Sängerin machen, denn das ist gutes Material. Ja, ja, die werd ich kriegen. Jedoch ist dazu eine Bedingung nötig – Sie muß mich lieben! […] Ja, ich schenke der Welt die große Sängerin. Drum verehrt mich – ich bin Euer Erlöser.* (4384, 4386, Abb. 13*)

Einstürzende Perspektiven

»Wie ist dein Tag gewesen, Lotte?«, fragte Albert wie jeden Abend, wenn sie beim Essen saßen.

»Öde«, antwortete Charlotte. Albert war von seiner Tochter einsilbige Auskünfte gewöhnt, aber dieser abschätzige Bescheid erstaunte ihn doch. Wie froh war Charlotte gewesen, als sie nach einem Studienjahr Gebrauchskunst bei Professor Ernst Böhm in die Klasse von Professor Bartning wechseln konnte, um endlich »richtige« Malerei zu studieren. Und jetzt nichts als Frustration und Missmut? Konnte er die Seelenlagen seiner Tochter je ergründen? Er wartete auf eine Begründung, aber dazu war Charlotte nicht aufgelegt. Charlotte hatte sich nicht vorgestellt, dass sich der Unterricht in der klassischen Malerei vorwiegend auf das Studieren und Kopieren antiker Statuen konzentrieren würde. Die Liebe der Professoren zur *Athena mit dem Kreuzbandaegis,* der *Sandalenlösenden Aphrodite* und dem *Xantener Knaben* war eine unausrottbare Krankheit. Als gäbe es keine anderen Themen und keine Gegenwart in der Kunst.

Professor Bartning war ein besonders liebenswürdiger Mensch. Immer trat er in hellblauem Hemd mit Fliege vor die Klasse. Sein Lieblingswort war »reizend«, manchmal gesteigert zu »sehr reizend«. Der reizende Professor bot all jenen Studenten, die der Diskuswerfer und Dornauszieher überdrüssig waren, an, zum Zeichnen statt in die Berliner Antikensammlung in den akademieeigenen Garten zu gehen und dort die Pflänzchen und Blumen ins Visier zu nehmen, was ihm den Namen »Primelprofessor« einbrachte. Wenn er nicht bäuchlings auf dem von Buchsbaum umstandenen Gartenbeet lag, um die ersten Schneeglöckchen aus dem Boden zu klopfen, empfahl er seinen Studenten, sich die Märchen der Gebrüder Grimm zu Gemüte zu führen: *Ein köstlich Gut ist uns das deutsche Märchen. Heil dem, der es bewahrt!* (4355) Auch aus den Märchen könne man die lohnendsten Motive für die Malerei gewinnen. Charlotte sah, dass ihre Mitstudentin Barbara Petzel, die alle die schöne Barbara nannten, die Augen verdrehte – nicht eben vor Entzücken. Mit Märchen hatte Barbara nichts im Sinn, zumindest nicht mit alten.

»Gehst du mit in die Bibliothek?«, fragte sie Charlotte nach den praktischen Übungen. »Da stehen Bildbände mit neuer französischer Kunst, so etwas hast du noch nicht gesehen. Und uns plagt man mit Buschwindröschen und antiken Knaben.«

Barbara eröffnete Charlotte eine neue Welt, die Welt von Cézanne und Matisse, von Monet, Manet und Chagall. Die Werke dieser Künstler waren so unerhört anders als alles, was sie bisher gesehen hatte. Nach dem Unterricht verbrachte sie jeden Nachmittag Stunden in der Bibliothek, bis der Hausmeister sie hinauswarf. Die Maler, die sie jetzt studierte, kümmerten sich nicht mehr um eine möglichst wirklichkeitsgetreue Wiedergabe ihrer Objekte, sie stellten ihre eigenen Gesetze auf. Die Regeln von Perspektive und Fluchtpunkt warfen sie über Bord, gaben der Farbe eine neue Ausdruckskraft, lösten sie vom Gegenstand, machten sie selbst zum Gegenstand. Das war atemberaubend.

»Ich habe dich gemalt, wie Modigliani dich gemalt hätte«, sagte Charlotte zur schönen Barbara und gab ihr Bilder, die das blonde Mädchen im Stil der überstreckten weiblichen Figuren des Italieners zeigten: ovales Gesicht mit übergroßen, geschlitzten Augen, langem Hals und extrem schmaler Silhouette. Barbara fühlte sich geschmeichelt und erzählte Charlotte zum Dank ihre Liebesgeschichte. Nur einen Kuss habe sie mit ihrem Liebsten getauscht, ihre Eltern hätten sie erwischt und umgehend in ein Kloster gesteckt. Daraus sei sie entflohen, jetzt treffe sie ihren Liebsten heimlich.

Charlotte blieb stumm, als hätte sie den Sinn der Worte nicht verstanden. Solche Geschichten passierten doch nur in Romanen. Als Barbara sich in farbigen Details ihres Dramas verlor, hörte sie nicht weiter zu und verschwand wortlos an der nächsten Ecke.

Barbara traf Luise und ging mit ihr nach Hause. »Die Lotte ist einfach komisch. Man weiß nie, was in ihr vorgeht. Sie läuft immer herum wie ein trüber Novembertag.«

»Und ständig trägt sie diesen absolut tristen Pfeffer-und-Salz-Mantel und die plumpen Schnürschuhe«, meinte Luise lachend. »Dabei soll ihr Vater ein Professor sein.«

»Gewesen sein«, korrigierte Barbara, »na, du weißt schon.«

»Tatsächlich? Kann ich gar nicht glauben, die sieht doch so brav deutsch aus wie nur eine.«

»Ist sie aber nicht. Sag's nicht weiter.«

In der Bibliothek war Charlotte allein, hier störte sie niemand, hier konnte sie die Malerei entdecken, die man den Studenten der Hochschule vorenthielt. Doch als sie an einem Nachmittag den Lesesaal betrat, hielt sie mitten im Schritt inne: Die Regale, in denen die Monografien der modernen Maler gestanden hatten, waren leer. Kein einziges Buch mehr, nur abgelagerter Staub verriet die Umrisse der voluminösen Bände. Sie suchte in anderen Regalen, da gab es meterweise Bücher über griechische, römische, niederländische, italienische und deutsche Kunst – aber wie von Geisterhand abgezogen, war der Bestand vom Ende des 19. Jahrhunderts an verschwunden.

Am darauffolgenden Tag fragte sie Professor Bartning, der reagierte betreten: »Ja, da kam eine Anweisung von oben.« Er sagte nicht, wer oder was »oben« war, und Charlotte vermied es nachzuhaken, um Bartning nicht noch verlegener zu machen. So standen Professor und Studentin eine Weile stumm voreinander. »Aber Sie werden andere schöne Kunstbände finden«, versuchte er sie zu trösten. Sie wusste: Holbein und Dürer, Michelangelo und Raffael …

Nie wieder ging sie in die Bibliothek. Holbein und Raffael konnte sie auch im Original im Deutschen Museum sehen, wenn sie denn wollte.

Die Würfel sind gefallen

Paula erzählte Charlotte, was hinter Daberlohns extremen Übungen zur Entfaltung der menschlichen Stimme stecke. Mit siebzehn Jahren hatte er sich als Kriegsfreiwilliger gemeldet und als Sanitäter gedient, lag nach einem Gefecht zwei Tage und zwei Nächte auf dem Schlachtfeld. Begraben unter den Körpern gefallener und schwer verwundeter Soldaten, hörte er das Wimmern um Hilfe, die Schreie entsetzlichen Schmerzes, das Brüllen, das Röcheln, die Qual, die Agonie. Er überlebte, litt aber unter einem schweren Trauma, hatte sein Gedächtnis verloren. Die Amnesie verging, die traumatischen Störungen blieben.

Aus seinem Erlebnis auf dem Schlachtfeld entwickelte Daberlohn die Theorie, dass die menschliche Stimme einen weit größeren Umfang habe, als gemeinhin angenommen und in der Gesangsausbildung praktiziert werde. Er experimentierte mit der eigenen Stimme, suchte nach den Extremen, bis zu denen sich das Organ dehnen ließ, und bestand auf sechs Oktaven, die ein Mensch bewältigen könne. Wer von Grenzen sprach, öffnete seiner Meinung nach das Tor zur Verkümmerung – nicht nur der Stimme, auch der Seele. Denn Stimme und Seele seien ein Ganzes. Die Stimme könne die Seele heilen, und Künstlertum bedeute, sich in die eigene Seele zu versenken und dem Geheimnis von Tod und Wiedergeburt nachzuspüren. Charlotte fand das kolossal spannend, aber sie sagte nichts. Paula fand Daberlohns Ideen weniger spannend als vielmehr unprofessionell. Trotzdem faszinierte er sie, und sie war bereit, mehr über seine Theorien zu erfahren und gemeinsam mit ihm den Umfang ihrer Stimme auszuloten.

Von dem Tag an, da Charlotte Daberlohns Geschichte erfuhr, sah sie ihn mit anderen Augen. Wenn er sich hochfahrend und arrogant über die Empfindungen seiner Mitmenschen hinwegsetzte, blitzte in ihrem Bewusstsein das Bild des unter Toten und Schwerverletzten lebendig Begrabenen auf, und sie erfasste ein Mitgefühl, das auch bei Irritationen in ihr lebendig blieb. Wer durchlitten hatte, was er durchlitten hatte, dem musste man vieles verzeihen.

Paula wollte Daberlohn und seine Braut zu Weihnachten einladen. »Er ist so ein einsamer Mensch, hat so ein schwieriges Leben, und seine Braut ist nicht gerade die Frau, die ihm Halt gibt. Wahrscheinlich tut es ihm gut, den Weihnachtsabend in einer ganz normalen Familie zu verbringen«, versuchte sie ihren Mann für ihren Plan zu gewinnen.

»So, und du meinst, wir sind eine normale Familie?«, fragte Albert lachend. Er hatte Vorbehalte gegen Daberlohn, die er Paulas wegen zurückhielt. Für ihn war dieser Mann einfach exaltiert und närrisch, eher ein Schamane als ein guter Gesangslehrer.

Paula versuchte, ihn zu verteidigen: »Daberlohn strebt danach, die Stimme eines Sängers zu befreien. Die bisherige Gesangsausbildung hält er für verfehlt, weil sie Stimme und Ausdruck in Konventionen zwingt. Er will neue Wege gehen.«

»Was brauchst du neue Wege?«, fragte Albert, »hast du keine Angst, er könnte dir deine wundervolle Stimme ruinieren?« Er blieb zutiefst skeptisch, aber was sollte er machen? Seine Frau schien diesen Daberlohn trotz aller Vorbehalte für einen charismatischen Musiker zu halten, der durch Besessenheit ausglich, was ihm an solider Ausbildung fehlte. Und Albert wäre der Letzte, der ihr Vorschriften gemacht hätte, wen sie empfangen dürfe und wen nicht.

Weihnachten spielte ohnehin keine große Rolle für ihn. Zwar hatte das Fest ihm früher etwas bedeutet, als Charlotte klein gewesen war und alle mit ihrer Aufregung, der Freude über die Geschenke und ihrem herzhaften Singen der Weihnachtslieder begeistert hatte. Jetzt war Weihnachten nichts als ein ruhiger Abend, an dem man zusammensaß, an dem Paula und Charlotte musizierten, an dem man gut aß und sich einen Burgunder gönnte.

Musste man sich eine solch familiäre Angelegenheit mit Amadeus Daberlohn und seinem unbekannten Fräulein Braut verderben? Was würde überhaupt Lotte dazu sagen?

Lotte schien keine Meinung zu dem Thema zu haben, aber wenn Paula sich etwas in den Kopf gesetzt hatte, fehlte es ihr nie an Argumenten: »Daberlohn spielt wunderbar Klavier. Es wird ein musikalisches Vergnügen – und anschließend können wir uns mit Karten- oder Brettspielen amüsieren.«

Nach Schachspiel sieht Amadeus Daberlohn nicht gerade aus, dachte Albert.

Es wurde viel getrunken an diesem Weihnachtsabend. Daberlohns Braut, die ihren Verlobten »Mucki« nannte, kicherte manchmal unangemessen laut, ihre Wangen erblühten in Magentarot. Daberlohn sprach sie mit »Kindchen« an und behandelte sie auch so, obgleich sie eine zum Üppigen neigende Frau um die dreißig war. Nach dem Essen packte Daberlohn einen Knobelbecher und Würfel aus. Das Würfelspiel folge einer einfachen Regel: Drei Würfel wurden im Becher geschüttelt, verdeckt auf den Tisch gestürzt, der Becher dann mit Verzögerung angehoben, um die Spannung zu erhöhen. Wer in einer Runde die höchste Augenzahl erreicht hatte, gewann den Einsatz, der aus kleinen Münzen bestand. Charlotte fand das Spiel langweilig, ihr Vater stellte insgeheim Überlegungen an, ob sich die Verteilung der Punkte mithilfe der Wahrscheinlichkeitsrechnung erklären ließ. Daberlohns Verlobte juchzte, wenn sie drei Einsen aufschlug, sie hatte wohl die Spielregeln nicht verstanden oder war schon zu betrunken, um sich zu erinnern. Paula lächelte milde – nur Daberlohn nahm das Spiel ernst und hatte Glück. Immer wieder würfelte er mehr als fünfzehn Augen, manchmal sogar drei Sechser. Er trumpfte auf: *Ich glaube an die Würfel. Wer dreimal hintereinander 6 würfelt, mit dem wird etwas Großes geschehen.* (4504)

So reden Faule oder Narren, dachte Albert, erhob sich und verließ den Raum. Daberlohn insistierte, Paula müsse es gelingen, drei Sechser hinzulegen; dann sei ausgemacht, dass sie die größte

Sängerin aller Zeiten würde. Paula winkte ab, einen Verrückten musste man gewähren lassen, aber man musste seine Spinnereien nicht mitmachen. Jetzt wollte Charlotte plötzlich ihr Würfelglück beschwören. »Wir können in mein Zimmer gehen, wenn die anderen keine Lust mehr haben«, schlug sie vor. Paula runzelte die Stirn. Der Abend nahm eine Wendung, die ihr nicht gefiel: Albert hatte sich mürrisch zurückgezogen, Daberlohns angesäuselte Verlobte trank immer weiter, und er selbst wollte mit Charlotte »das Glück herausfordern«.

Der Teppich in Charlottes Zimmer wurde zum Spieltisch: Sie kniete darauf, Daberlohn, den Charlotte jetzt für sich bei seinem Vornamen Amadeus nannte, lag ihr bäuchlings gegenüber und kommentierte gönnerhaft ihr Würfeln: *Sie werden's noch einmal später sehr weit bringen – denn Sie besitzen, mein kleines Fräulein, sehr viel Ehrgeiz, mein kleines Fräulein.* (4507)

Charlotte würfelte keine drei Sechser, offenbar hatte das Schicksal nichts Großes mit ihr vor. Doch in den Augenblicken, in denen sie von den Würfeln aufsah und in die glänzenden Augen des vor ihr liegenden Mannes blickte, geschah etwas anderes. Doch etwas Großes.

Paula hielt es nicht lange im Salon aus, sie war von Daberlohn einige Ungezogenheiten gewöhnt, aber mit der Stieftochter einfach in deren Zimmer zu verschwinden, grenzte schon an Frechheit. Resolut öffnete sie die Tür zu Charlottes Zimmer, sah das merkwürdige Paar auf dem Teppich und schluckte. *Da habt Ihr Euch ja für Eure Studien grade das richtige Modell ausgesucht.* Daberlohn reagierte auf die Zurechtweisung wie ein unschuldiger Junge, der erstaunt ist, dass man ihm so unrecht tun kann. »Madonna«, redete er Paula an. *Aber Madonna, nett seid Ihr gar nicht.* (4508)

»Jetzt kommt in den Salon: Ich werde singen.« Paula setzte sich an den Flügel. »Bist du bei mir«, begann sie, »geh ich mit

Freuden zum Sterben und zu meiner Ruh. Ach, wie vergnügt wär so mein Ende, es drückten deine schönen Hände mir die getreuen Augen zu!« Eigentlich passte das Lied nicht zu Weihnachten, aber Paula wusste, mit dieser Arie würde sie Daberlohn zurückerobern – zurück zu ihr und weg von Charlotte. Und es gelang – für diesen Augenblick.

Wenige Tage später ergriff die schüchterne Charlotte die Initiative. Sie passte Amadeus Daberlohn vor dem Haus ab, verabredete sich mit ihm und traf ihn heimlich in einem Café am Tiergarten. Er bewunderte ihre Hände. Sie äußerte den Wunsch, ein Porträt von ihm zu malen.

Als sie das Café verließen, nahm er Charlotte mitten auf dem Trottoir in die Arme und küsste sie zum ersten Mal. Küsste sie richtig.

Charlotte will diesen ersten Kuss im Bild festhalten. Sie versucht, aus den Tiefen ihrer Erinnerung Bilder von küssenden Paaren heraufzubeschwören. Man sieht sich ja schließlich nicht selbst beim Küssen zu.

Nie hatte sie ihren Vater Franziska oder Paula küssen sehen, wenn man von nichtssagenden Wangenküssen absah. Nie hatte sie junge Paare in innigem Kuss vereint gesehen, nur einmal im Kino wahrgenommen, wie ein Mann und eine Frau sich neben ihr im Dunkeln küssten. Sie war aufgestanden und hatte sich zwei Plätze entfernt hingesetzt. Der verrückteste Kuss war ein gemalter, von René Magritte, dessen Gemälde sie in einem Band in der Bibliothek entdeckt hatte. Ein Mann und eine Frau küssen sich, beider Köpfe sind verhüllt, vollkommen in Tücher eingeschnürt. Das Bild trägt den Titel *Die Liebenden.* Lange hatte Charlotte es angestarrt. Sie wollte verstehen, warum der Maler etwas so Persönliches wie einen Kuss als Unpersönlichstes überhaupt gestaltete. In der Beschreibung las sie, dass Magrittes Mutter sich ertränkt hatte, und als man sie aus dem Fluss zog, ihr Kleid um den Kopf gewickelt gewesen sei. Ob das eine Erklärung war?

Wenn Liebende ihr Gesicht einbüßten, war Liebe da noch möglich? Oder war Liebe so entgrenzend, dass man Kopf und Gesicht verlieren konnte und trotzdem ein ganzer Mensch blieb? Oder durch die Liebe erst ein ganzer Mensch wurde?

Wie immer, wenn sie beim Malen eine Lähmung ergreift, zwingt sich Charlotte, Farben auf die Palette zu drücken. Das Bild ihres ersten Kusses ist noch nicht als optische Vorstellung vorhanden, aber die Empfindung ist präsent, und die mischt die Farben, bis die Seele einstimmt. Erst dann kann sie den Aufbau des Bildes entwerfen, teilt es in je zwei vollendete und zwei angeschnittene vertikale Rechtecke. Aus dem Innern des Cafés, in dem sie sich mit Amadeus getroffen hatte, konnte man wie durch Butzenscheiben nach draußen blicken. Ins Dunkle, in ein diffuses morastiges Nichts.

Aber es war Frühling gewesen.

Charlotte experimentiert mit umbrafarbenen Wellen, die sie mit titanweißen und lila Streifen abmischt, Wellen, die sich im oberen Quadrat teilen und lichten. Sie malt das Paar wie in einer Blüte, einer Tulpe, die sich nach oben öffnet, den Kelch wie eine Mandorla weitet. Amadeus, am markanten Hinterkopf und der Brille leicht zu erkennen, beugt sich zu dem Mädchen herab, seine ausgestreckten Hände berühren ihre Brust. Auch bei sich selbst führt Charlotte nur den Kopf aus, das Kleid hängt formlos herab, der Körper darunter nur angedeutet. Die Haltung des Kopfes spricht von Liebe. Da knistert keine Erregung, herrscht nur die Ruhe völliger Harmonie und Hingabe in einer hermetisch geschlossenen Welt, in der jenseits des Paares nichts existiert. Aber noch sind sie zwei, nicht eins geworden. Die Verbindung der Körper setzt Charlotte im unteren Quadrat in Szene. Mit seinen Händen scheint Amadeus den Kopf des Mädchens zu halten, sie verschwindet nahezu ganz hinter ihm: Nur eine minimale Andeutung von Schulter und Kopf lässt ahnen, dass der Mann das Mädchen küsst, mehr als das: sie so in sich hineinzieht, dass sie völlig mit ihm verschmilzt – als Person vergeht. (4644)

Charlotte rückt das Bild von sich ab, blinzelt, um die Wirkung zu prüfen. Und schlägt die Hand an die Stirn: So finster hat sie die Liebenden gemalt, von giftig grünen, blauen und rostbraunen Flammen umzüngelt, als wollte sie das Szenario einer Katastrophe heraufbeschwören: Dieses Paar soll in der Hölle schmoren. Sie muss die Palette reinigen und ein ganz helles Gelb und Rot mischen. So kann es mit den beiden jedenfalls nicht weitergehen.

Der Weg in die Tiefe

So ging es eben doch weiter mit Charlotte und Amadeus Daberlohn. Er füllte ihren Tag aus. Von morgens bis abends überlegte sie, wie sie ihn treffen könnte. Wenn er Paula Gesangsunterricht gab, ging sie ihm aus dem Weg, sie wollte nicht an der Tür erlauschen, was sich im Salon abspielte, nicht versuchen, aus dem gedämpften Geräusch der Stimmen auf die Stimmung zu schließen oder sich von Paulas schrillen, sich überschlagenden Tonfolgen erschrecken lassen. Aber wenn Amadeus das Haus verließ, lauerte sie ihm auf, kam ihm wie zufällig entgegen, zitterte davor, wie er sie grüßen, ob er eine Verabredung vorschlagen oder ihr nur abwesend zunicken und seiner Wege gehen würde.

Sie drückte sich in der Nähe des Künstlercafés Josty in der Joachimsthaler Straße herum, weil er sie einmal dorthin mitgenommen hatte. Sein Freund Fritz Blech, ein Bildhauer, war mit von der Partie gewesen, und die beiden hatten sich über die Skulptur unterhalten, an der Blech gerade arbeitete. Über ihr wildes Theoretisieren hatten sie Charlotte völlig vergessen. Sie war auf ihrem Stuhl herumgerutscht, unfähig, sich bemerkbar zu machen. Dabei wäre es doch ganz einfach gewesen: Sie hätte aufstehen und gehen müssen. Aber dazu war sie nicht fähig gewesen, wenngleich das Beschämende der Situation sie frieren machte – und das in einem Lokal, in dem es hoch herging und die Wärme im Raum die Hitze der rhetorischen Gefechte zu befeuern schien.

Wie hinter einer Schattenwand hatte sie ihn dozieren hören. Dass nur der Weg in die Tiefe den Weg zur Sonne ebne, war sein Credo. In Endlosschleifen wand er die Metapher des Bergmanns oder Goldschürfers, die alle verborgenen Schätze aus der Erde ans Licht beförderten. *Alle großen Menschen mußten bis jetzt diesen Weg in die Tiefe gehen. So sind es Wanderer auf der Suche nach Gold. Dieses Prinzip hat erstaunlicherweise die größten Beziehungen zur Sonne. So wie sie, versteckt hinter Wolken, so liegt auch das Gold vergraben in den tiefen Schächten der Erde [...] Ich wünsche allen Menschen, die ich gern habe, schwere Erlebnisse, auf daß sie gezwungen werden, den Weg in ihre eigene Tiefe zu gehen.* (4530, 4531)

Er verlangte von seinem Freund, ihm als Symbol für seinen persönlichen Weg eine Totenmaske abzunehmen. »Zu Lebzeiten?«, fragte Blech mit vom Alkohol schlingernder Stimme. Die Frage bewirkte nur neue Ergüsse: Nietzsche habe gesagt, mit einer Totenmaske werde ein Lebender Herr über seinen Zustand, er, Amadeus Daberlohn, behaupte sogar, mit einer Maske könne man tief in das Innere der menschlichen Existenz eindringen und den Zustand höchster Konzentration zwischen Leben und Tod erlangen, der nur durch Singen angemessenen Ausdruck finde.

Charlotte hörte manchmal gar nicht, *was* er sagte. Aber der Furor, mit dem er sprach, die Begeisterung, die seine Hände elektrisierte und die schwarzen Locken zittern ließ, übten eine unwiderstehliche Faszination auf sie aus.

Wenn er redete, und das tat er permanent, galoppierten die Worte aneinander vorbei, eines drängte das andere zur Seite, sie stürmten voran, kamen schweißgebadet ins Ziel, verharrten für einen kurzen Augenblick im Triumph des Sieges, um sofort das nächste Rennen aufzunehmen. Er peitschte auf seine Worte ein, drückte die Stiefel in die Flanken, fuchtelte wild mit den Armen. Nie ließ er die Zügel schleifen, nie gönnte er sich Ruhe. Zwei Tage und Nächte hatte er stumm auf dem Schlachtfeld gelegen. Dieses Schweigen sollte genug fürs Leben gewesen sein.

Sobald er sich in einen Rausch hineingeredet hatte, vergaß Daberlohn Charlotte oftmals, rieb sich dann erstaunt die Augen, wenn er ihrer wieder gewahr wurde, als wäre sie durch die geschlossene Tür hineingeschwebt und er überlegte nun, wer sie sei: ein Engel oder ein Geist. Dann packte er abrupt seine Sachen und strebte fort, als wäre er am falschen Ort. Wenn Charlotte ihn bat: »Bleib doch, geh nicht«, fertigte er sie kurz ab: »Ich muss jetzt fort.«

Er blieb ihr fremd, er wollte ihr fremd bleiben. Bei jedem Kuss spürte sie, dass seine Lippen zwar die ihren berührten, der unangerührte Mensch aber ganz woanders war, in einem Raum, der ihr verschlossen blieb.

Doch es gab auch Augenblicke von Nähe und Glückseligkeit, so wenn er ihre Malerei lobte: Sie sei außergewöhnlich, zumindest »über dem Durchschnitt«. (4600, Abb. 14*)

Abends im Bett wiederholte Charlotte immer dieses eine Attribut: »überdurchschnittlich.« Sie wollte ihm glauben. Wenn er beteuerte, sie habe Grund, sich ausnehmend talentiert zu fühlen, so äußerte dies eben nicht irgendein Jemand, kein höflicher Gast bei Paulinkas Soireen, der der Tochter des Hauses ein Kompliment machen wollte, um den Eltern zu gefallen. Nein. Es sprach dieses Lob ihr Amadeus, der überaus intelligente Daberlohn, der in Sachen Kunst ein souveränes Wissen besaß und Urteile fällte, so unverrückbar wie in Stein gemauerte Leuchttürme.

Charlotte wuchs. Ein neues Gefühl von Selbstachtung breitete sich in ihr aus. Sie sehnte sich danach, ihn von ihren Bildern reden, ihre künstlerische Handschrift preisen zu hören. Und wenn er sie nicht bat, sondern von ihr geradezu verlangte, ein Buch für ihn zu illustrieren, ja sogar die Bedingung stellte, die Zeichnungen müssten bis zu seinem Geburtstag fertig sein, so deutete sie dieses Begehren als Ausdruck seiner außerordentlichen Wertschätzung. Sie würde sich ihrer würdig erweisen.

Amadeus Daberlohn war der erste Mann in ihrem Leben. Die abgeschottete Existenz aller Juden, die in jenen Vorkriegsjahren kaum noch Berührung mit der Außenwelt erlaubte, weil alles, was außerhalb der Mauern des eigenen Zuhauses geschah, bedrohlich, ja lebensgefährlich war, trug dazu bei, dass der Boden der Realität immer brüchiger wurde, dass man nichts mehr richtig wahrnahm. Der Alltag hielt immer weniger bereit, an das man sich halten konnte. Wo sich alles auflöste, blieb nur die Liebe als Halt.

Sie stand jetzt im Dunkeln, Abend für Abend, in der Hoffnung, er möge kommen. Wenn Paulinka oder ihr Vater sie fragten, wo sie gewesen sei, log sie ohne Hemmungen. Es war nicht ungefährlich für ein jüdisches Mädchen, am Abend allein unterwegs zu sein. Auf dem Kurfürstendamm sah man manchmal Horden von SA-Männern in Uniform, die grölend und skandierend das Trottoir hinuntermarschierten. Charlotte verließ sich auf ihr unauffälliges Äußeres, niemand vermutete eine Jüdin in ihr, niemand würde die graue Maus im dunklen Mantel anhalten. Aber schicklich war es dennoch nicht, im Dunkel allein vor einem Lokal auf und ab zu spazieren oder auf einem Bahnhof auf den letzten Vorortzug zu warten.

Sie liebte. Andächtig, innig, glühend. Aber immer wieder stiegen Zweifel in ihr auf wie ein Nebel, der der Landschaft alle Klarheit raubt und Baum und Fluss und Turm und Haus zu Schemen werden lässt – wie der Mensch sich verflüchtigt, den man unerwidert liebt.

Und die Eifersucht – die sie wie eine heftige Lungenentzündung aus der Bahn warf. Wie eine Kranke hustete sie sich die Seele aus dem Leib, delirierte in heftigen Fieberträumen, ließ sich verzehren von schwarzen Fantasien, schwebte zwischen Leben und Tod. Aber nicht Amadeus' Verlobter, dem »Kindchen«, neidete sie den Bräutigam. Das sah doch ein Blinder, dass er die nicht liebte. So einfältig war sie und dümmlich, sie verstand nichts von dem, worum es Amadeus ging, von seinem Suchen nach einer Heilung des Menschen durch die Kräfte des Geistes. Und dann dieses lächerliche »Mucki-Mucki«-Gesäusel. Da konnte ein Mann sich nur mit Schaudern abwenden, zumal wenn er wie Amadeus in höheren Sphären schwebte. Nein, es war Paulinka, auf die sie eifersüchtig war, ihre Stiefmutter Paulinka, die sie immer so verehrt und geliebt hatte.

Paulinka würde Amadeus nicht erhören, da war sich Charlotte ziemlich sicher, aber sie wies ihn auch nicht ab. Sie genoss sein Begehren, seine Hingabe, stachelte sie mit Worten der Zuneigung, mit Geschenken an – sie hatte sogar einen wertvollen Ring verkauft, um ihm finanziell unter die Arme zu greifen. Wenn Amadeus sich jedoch des Sieges gewiss fühlte, machte sie sich über ihn lustig: *Na, da kommen Sie ja wieder angewackelt […] mein Schnuppelhäschen.* Oder sie verwies ihn unverblümt des Hauses.

Charlotte litt. Wenn sie sah, wie Amadeus Paulinka anschmachtete, vor ihr auf die Knie ging und »Madonna« hauchte, wusste sie nicht, wen sie lieber aus dem Haus werfen würde, ihn oder sie. Amadeus streute Salz in ihre Wunden, sein Vorrat an Demütigungen schien unerschöpflich. Sie fing an zu lauschen, wenn sie die beiden im Salon allein wusste – und schämte sich deswegen. Aber wenn sie ein Gespräch hörte, das ihren Verdacht zu bestätigen schien, war es Triumph und Schmach zugleich, als hätte sie ein Paar des Verbrechens überführt.

Daberlohn: Ich schenke dir mein ganzes Vertrauen. Spiel nicht mit mir. Du könntest meine Sonne sein, die mir in meinen Todesnächten scheint. (4498)

Paulinka: Aber, lieber Freund, redet Euch nicht so in Extase hinein, denn das schadet Euren Nerven. Ihr wißt doch, daß ich an Euch glaube und Euch so gerne ein bißchen glücklich sähe. (4499)

Daberlohn: Ihr seid so schön. Wenn Ihr lächelt, lachen Eure Hände auch. (4635)

Am schlimmsten ging die Fantasie mit ihr durch, als Daberlohn und Paula gemeinsam eine Konzertreise unternahmen. Paula hatte die Partie des Orpheus in Glucks Oper angeboten bekommen. Es war eine ihrer Lieblingsrollen – und eine ihrer erfolgreichsten. Wie oft hatte Charlotte sie die Arie singen hören: »Ach, ich habe sie verloren, / all mein Glück ist nun dahin! / Wär, o wär ich nie geboren / Weh! daß ich auf Erden bin!«

Daberlohn bestand darauf, sie zu begleiten. Seit Jahren schrieb er an einem Buch über dieses Thema und wiederholte immerzu das Mantra seiner orphischen Religion: die Möglichkeit der Erschaffung eines neuen Selbst durch die Reise in die Todeswelt, in das andere des Seins. Nur so könne die Heilung des Traumas geschehen – und die Rückkehr ins Leben.

Charlotte summt Orpheus' Arie vor sich hin. Mit der Melodie kriecht die Qual jener Tage wieder in sie hinein, legt sich wie ein eiserner Ring um ihre Brust. Und treibt sie zum Malen. Malend sieht sie Amadeus im Konzertsaal ihrer Mutter zuhören, ihr zujubeln, Brava, Brava rufen. Sie stellt sich vor, wie er nach dem Konzert in ihr Zimmer dringt (natürlich wohnen sie beide im selben Hotel); Paulinka liegt schon im Bett, trägt das rote Seidennachthemd, das Charlotte so gut kennt, Amadeus fällt vor ihr auf die Knie, stammelt: *Ach Madonna, ich segne dich! Es war herrlich.* Sie lächelt, tätschelt ihm den Kopf, bedeutet ihm – immer noch lächelnd –, dass sie jetzt schlafen will, er bleibt auf den Knien vor ihr liegen: *Ach, meine Sonne, verlaß mich nicht.* (4582, 4583)

Als Amadeus von der Konzertreise mit Paula zurückkam, früher als Charlotte erwartet hatte, besuchte er sie. Sie lagen auf dem Teppich in ihrem Zimmer. Er streichelte ihren Rücken und sprach von dem Helden seines Lebens: *Wenn Orpheus über den Tod der Eurydice jammere und klage, wenn er die Fähigkeit verloren hat, singen zu können, so liege das in tieferem Sinne nicht an dem tatsächlichen Verlust der Gattin, sondern an dem Seelenverlust, den er selber erlitten hat. Um die Kraft, wieder zu singen, und damit von ihm aus betrachtet seine eigene Existenz nicht als Schattendasein führen zu müssen, werde er gezwungen, den gefährlichen Gang in die Unterwelt zu wagen und den Kampf mit Furien und Dämonen aufzunehmen …*

Über Furien und Dämonen hätte sie Amadeus einiges erzählen können. Über Seelenverlust auch.

Der Tod und das Mädchen

Schubert war im Haus Salomon allgegenwärtig, manchmal trällerten Paula und Charlotte Lieder aus der *Schönen Müllerin* wie die letzten Berliner Gassenhauer. Aber »Der Tod und das Mädchen« verbot jedes leichtfertige Spiel. Das Lied war heilig, seine entrückte Aura, die Angst und Atemlosigkeit im schnellen Wechsel der Akkorde durften sie ihm nicht nehmen:

»Vorüber! Ach vorüber!
Geh, wilder Knochenmann!
Ich bin noch jung, geh, Lieber!
Und rühre mich nicht an.«

Doch schließlich wird der Tod zum Freund, der im langsam schreitenden Pavanen-Rhythmus Ruhe und Trost ausstrahlt:

»Gib deine Hand, du schön und zart Gebild!
Bin Freund, und komme nicht, zu strafen:
Sei gutes Muts! Ich bin nicht wild,
Sollst sanft in meinen Armen schlafen.«

Das Motiv des Schubert-Liedes verfolgte Charlotte, aber sie traute sich nicht, es ins Bild umzusetzen: Zu herausfordernd, zu existenziell schien es ihr. Vielleicht bin ich in zwanzig Jahren reif dafür, dachte sie. Aber vielleicht brennt es dann nicht mehr in meiner Seele.

Anfang 1937 wurde an der Hochschule für die Bildenden Künste ein Wettbewerb ausgeschrieben. Der ausgelobte Preis war nach dem Maler Hermann Sandkuhl benannt, einem Landschaftsmaler, der im Jahr zuvor an Herzversagen gestorben war. Das Preisgeld war bescheiden, hundert Reichsmark, aber der Wettbewerb sollte weniger Prämien ausstreuen als die künstlerischen Anstrengungen der Studenten fördern. Das Thema des Wettbewerbs war »Stillleben«, ein Sujet, das Charlotte ähnlich langweilig fand wie antike Knaben.

In einem übermütigen Augenblick ging sie auf Professor Bartning zu und fragte ihn: »Würden Sie bei dem Wettbewerb auch ein Bild mit dem Titel: ›Der stille Tod‹ zulassen?«

Bartning klemmte ein Monokel in sein Auge und sah sie erstaunt an: »Sie möchten ein Stillleben in der Tradition der flämischen Malerei des 17. Jahrhunderts malen? Das Vanitas-Motiv mit Totenschädel auf einem Buch, von Kerzenleuchter oder umgefallenem Weinglas flankiert? Sehr originell, Charlotte, nur zu!«

»Nein, ich dachte eher an den ›Tod und das Mädchen‹, nach Schubert.«

Bartning nahm sein Monokel aus dem Auge, als könnte er dann besser ergründen, was sie vorhatte. Er schüttelte den Kopf. »Das geht leider nicht, es sprengt den Rahmen eines Stilllebens. Aber nehmen Sie sich das Thema gern fürs nächste Semester vor. Oder«, er lächelte, »in ein paar Jahren als Abschlussarbeit.«

Also setzte sich Charlotte hin und malte, was erwartet wurde: Äpfel in einer Schale mit Wasser- und Weinkrug. Sie hatte sich viel mit Cézanne beschäftigt, seine Malerei mit Hingabe und Begeisterung studiert, so konnte sie ihn zum Vorbild nehmen, ohne ihn zu kopieren. In der kontemplativen Stimmung seiner Bilder, Ergebnis feinster Farbabstufungen, hatte sie gefunden, was Émile Bernard über Cézanne geschrieben hatte: »Wahrlich, seine Art zu arbeiten war ein Nachdenken mit dem Pinsel in der Hand.« Auch über Äpfel konnte man nachdenken.

Kurz vor Ende der Teilnahmefrist fing Professor Ernst Böhm sie auf dem Flur ab. »Fräulein Charlotte«, richtete er zögernd sein Wort an sie, »verstehen Sie mich nicht falsch. Keinesfalls will ich Ihnen raten, bei dem Sandkuhl-Wettbewerb eine mittelmäßige Arbeit einzureichen. Nur: Sollten die Professorenkollegen, die die anonym eingereichten Arbeiten zu bewerten haben, Ihnen den Preis zuerkennen, dürfen Sie ihn nicht annehmen. Denn dann würde öffentlich, dass eine Jüdin an dieser Hochschule ausgezeichnet wird. Das geht nicht mehr.«

Charlotte senkte den Kopf, sie wollte Professor Böhm nicht in die Augen sehen.

»Ich weiß selbst nicht, wie lange ich hier noch lehren kann. Meine Frau ist Jüdin, da droht mir nach dem Gesetz der Sippenhaft, aus dem Amt entfernt zu werden. Ich will Ihnen nicht zu nahe treten, aber als Jüdin können Sie nach der Auffassung unserer neuen Chefideologen nur noch entartete Kunst produzieren, selbst wenn Sie einen Löwenzahn im Stil Dürers malen.«

Die Preisverleihung sollte am letzten Tag des Sommersemesters 1937 zelebriert werden – »mit 'nem bisschen Getöse«, wie Professor Bartnings Assistent verkündete, der für den Ablauf der Feierlichkeiten in der Aula der Hochschule verantwortlich war. Das bedeutete Reden, musikalische Untermalungen, ein kleiner Umtrunk, Berliner Stimmung eben. All das war Charlotte verhasst, aber natürlich würde sie sich nicht von dem Festakt ausschließen können.

Nach seiner letzten Seminarstunde bat Professor Bartning Charlotte, noch einen Augenblick im Hörsaal zu bleiben. Als alle Studenten gegangen waren, schloss er mit deutlichem Nachdruck die Tür. Seine und Böhms Befürchtungen waren eingetreten: Die Kollegen hatten ihrem Stillleben den Sandkuhl-Preis zuerkannt. Er, Bartning, hatte das Bild sofort als das ihre erkannt, sich den Mund fusselig geredet, es kritisiert: als epigonal, dilettantisch, unsicher in Strich und Farbgebung, einfallslos. Er schämte sich für jedes Attribut. Die Kollegen hatten ihn verwundert angeschaut, weshalb er sich so ereiferte – und offensichtlich so falschlag in seiner Beurteilung.

Bartning war ein Freund Martin Niemöllers, er stand der Bekennenden Kirche nahe und vertrat Niemöller oft als Laienprediger, wenn dieser inhaftiert war. Vom Zeitpunkt ihrer Immatrikulation an hatte er es sich zur persönlichen Aufgabe gemacht, Charlotte Salomon, die einzige Jüdin seiner Klasse, zu beschützen. Ihm war klar, dass wenn sie in zwei Tagen als Preisträgerin in der Aula gefeiert würde, sie einen weiteren Tag später die Hochschule würde verlassen müssen. Der neue Direktor, Max Kutschmann, war ein faltenloser Nazi und würde nicht eine Minute zögern, sie zu relegieren, um die Hochschule judenfrei zu machen. Der Kollege Böhm hatte mit Bartning an einem Strang gezogen, geschickt versucht, die Aufmerksamkeit der Preisrichter von ihrer Gouache auf ein anderes vermeintlich »virtuos« gemaltes Bild zu lenken. Es war nicht gelungen. Der Spruch der Jury lautete bis auf die beiden Gegenstimmen einstimmig: Das Bild mit den delikaten Farben sei ein außerordentlich gelungenes, reifes Werk. Da musste Bartning Farbe bekennen und die Kollegen davon überzeugen, dass es unklug wäre, ja der Hochschule schaden würde und namentlich der Preisträgerin, wenn der Wettbewerb zugunsten einer Jüdin als Siegerin entschieden würde. Nur wenige Kollegen sperrten sich oder plädierten dafür, den Preis ganz auszusetzen. Die meisten lenkten ein und verständigten sich schnell darauf, dass Barbara Petzel auch ein hübsches Stillleben gemalt habe.

Sie solle dem Festakt fernbleiben, sich krankmelden, riet Bartning Charlotte. Sie müsse sich das nicht antun. Er habe Barbara die Hintergründe offenbart, sie wisse, dass sie nur zweite

Wahl sei. Aber sie werde, wie er sie kenne, ihre Rolle perfekt spielen.

»Und Barbara weigert sich nicht, den Preis statt meiner anzunehmen?«, fragte Charlotte.

»Nein, das tut sie nicht«, sagte Bartning.

»Dann werde ich zum Wintersemester nicht wieder hier erscheinen«, erwiderte Charlotte. »Damit haben Sie ein Problem weniger!«

»Aber Charlotte, Sie dürfen jetzt nicht aufgeben. In der Klasse sind Sie anerkannt, da hat niemand etwas gegen Sie.«

Doch Charlotte beharrte auf ihrem Entschluss: Zwar blieb sie zum Wintersemester 1937/38 noch immatrikuliert, kehrte aber nicht mehr an die Hochschule zurück. Den Kontakt zu Barbara brach sie ab. Ihr Stillleben vernichtete sie.

Jetzt hatte Charlotte wieder viel Zeit, die sie einsam zu Hause vor ihrem Zeichenblock und der Staffelei verbrachte. Jedes Mal, wenn sie Schubert hörte, kehrte der Gedanke an »Der Tod und das Mädchen« zurück. In ihrem Kopf formte sich eine Vorstellung. Worauf sollte sie warten, das Bild in ihrem Innern nach außen zu kehren?

Sie zeichnete die Szene, in der der Tod das Mädchen zu sich holt, in düsteren Farben und doch wie eine innige Liebeszene. Der »wilde Knochenmann« wird zum zärtlichen Freund. Vor einem beige-schlammfarbenen Hintergrund hebt sich das Paar dunkel ab, der lange Mantel des Todes hüllt die Figur des Mädchens fast vollständig ein, nur die Köpfe der beiden und die überlangen skelettierten Hände des Todes sind weiß konturiert. Die junge Frau schaut dem Tod in seinen nackten Schädel, mehr fragend als furchtsam, beinahe vertrauensvoll. Anders als im Gedicht von Matthias Claudius begehrt sie nicht auf gegen den Tod. Vielmehr ruht ihre Hand auf seinem Oberarm, als wollte sie mit ihm tanzen, während der Tod mit seiner knöchernen Hand die nackte Schulter seines Geschöpfs umfasst, die linke ruht auf dem Kopf des Mädchens. Es ist eine besitzergreifende Geste, zugleich eine zärtliche Einladung, sich ihm anheimzugeben, in seinen Armen sanft zu schlafen. (Abb. 15*)

Nach dem Krieg schrieb Alfred Wolfsohn, dass man in diesem Bild »den Zusammenprall zweier Welten wahrnehmen« könne: »die häßliche äußere Wirklichkeit im Gegensatz zur geträumten inneren Schönheit. [...] Diese ernste gesammelte Schönheit, dieses Strahlen, spürt man in unmittelbarem Zusammenhang mit der Hand des Todes, die auf ihren Schultern ruht.«

Auferstehung

Amadeus hatte, wenn er sie ansprach, von »mein Fräulein« auf »Junior« gewechselt.

»Wieso Junior?«, fragte Charlotte, »wer ist dann der Senior?« Paulinka vielleicht, überlegte sie. Aber gebrauchte man die Form nicht rein männlich? Er sollte sie lieber Juno nennen, nach der obersten römischen Göttin.

An einem Sonntag hatte er sie zu einem Bootsausflug eingeladen, einem der wenigen Vergnügen, die Berlin ihnen im Sommer noch bot. Seit 1935 war den Juden Schritt für Schritt eigentlich alles verboten worden, was das Leben lebenswert machte: der Besuch von Kino und Theater, Schwimmbädern und Tennisplätzen, Museen und Galerien, Oper und Konzerten, Spazierengehen im Tiergarten, Sitzen auf einer Bank im Freien und natürlich auch Bootsfahrten auf den Berliner Seen. Sogar die Prachtstraße Unter den Linden stand seit neuestem unter diesem Bann: Juden durften hier nicht mehr flanieren.

Aber Charlotte und Amadeus scherten sich nicht um Verbote, obwohl Amadeus schon einmal abends von SA-Männern zusammengeschlagen worden war: »Mein Gesicht sieht den Karikaturen im *Stürmer* allzu ähnlich«, hatte er gesagt.

An einem anderen Abend, als sie beide aus einem Café kamen – nicht Arm in Arm, Gott bewahre! –, hatte eine junge Frau hinter ihnen hergerufen: »Lass das Mädchen in Ruhe, du verdammtes Judenschwein!« Charlotte war erstarrt, aber Amadeus hatte sich umgedreht und liebenswürdig gefragt: »What would you like to tell me? I don't understand. I'm really sorry. I am American.«

Da war das boshafte Fräulein, in dem die Empörung über Rassenschande brannte, ziemlich belämmert abgezogen. Des Englischen nicht mächtig, hatte es allenfalls das Wort »American« verstanden und wollte sich nicht mit einem Amerikaner anlegen.

Aber am helllichten Tage würde man am Wannsee wahrscheinlich nicht angepöbelt werden. Amadeus hatte ein Boot dort liegen. Es trage den Namen seiner Verlobten, sagte er beiläufig.

Sie fuhren mit dem Fahrrad durch den Grunewald. Eigentlich sollten inzwischen auch alle jüdischen Fahrräder konfisziert sein, aber in der Praxis stockte die Durchführung der Anordnung. Die Strecke zog sich, die Luft war warm und schwer vor Feuchtigkeit. Am Wannsee angekommen, zog Charlotte sich in dem Holzverschlag um, aus dem Amadeus das Kanu gezogen hatte. Sie kam sich nackt vor, zitterte vor Hitze und Kälte zugleich. Als sie im Badeanzug erschien, hatte Amadeus das Boot schon über den Kiesstrand zum Wasser gezogen. Am liebsten wäre sie gleich in den See gesprungen, um die Fahrt mit dem Rad und ihre Beklommenheit abzuwerfen. Aber Amadeus hieß sie ins Boot steigen, stieß es vom Ufer ab, watete ein Stück durch das seichte Wasser und beförderte sich schließlich mit einem komischen Hüpfer selbst ins Boot. Charlotte hatte ein Bein ausgestreckt, das andere angewinkelt, gab sich leichtherzig und sorglos, obwohl sich ihre Halsmuskeln spürbar verspannten. Amadeus bediente das Paddel, sein Schlag war unregelmäßig, immer wieder brach das Boot in eine Richtung aus. Aber das spielte keine Rolle, sie hatten ja kein Ziel, das sie erreichen wollten. (5002, Abb. 16*)

»Mein Fräulein, Sie sehen aus wie Michelangelos *Nacht.*«

Charlotte wusste, worauf er anspielte, sie kannte Abbildungen von den Medici-Kapellen in Florenz, hatte auf ihnen die Plastik der nackten Frau in der Pose einer Ruhenden mit angewinkeltem Bein gesehen: engelhaft zart das Gesicht im Schlaf, der Körper erstaunlich männlich und muskulös. Charlotte wollte sich aus ihrer halb liegenden Stellung aufrichten, aber er gebot ihr: »Bleib!« Sie senkte den Kopf. Alles war so verwirrend, am meisten die Nähe ihrer Körper, die einander ausgesetzt waren; sein kalkweißer Leib, darüber das dunkle Gesicht mit den schwarzen Haaren wirkten gespenstisch. Die Luft wurde immer drückender, auch wenn am Himmel noch heitere Kumuluswolken standen.

Amadeus steuerte das Boot durch hohes Schilf in eine verschwiegene Bucht. Sie stiegen aus, er nahm Charlotte an der Hand, führte sie in eine von hohem Gesträuch umgebene Mulde, entkleidete sie, entkleidete sich und legte sich auf sie. Kalt war er, nass, kalt. Auch sie war kalt, lag da wie ein Stein, unfähig, sich zu rühren. Er spreizte ihre Beine, drängte sich zwischen sie, bedeckte ihren Körper mit dem seinen, sein Kopf presste sich an ihren, seine Brille drückte an ihre Wange, sie hätte sie ihm abnehmen mögen, aber sie vermochte nicht, sich zu bewegen, fühlte sich wie eine abgestorbene Pflanze.

Er küsste sie nicht, er liebkoste sie nicht, er bedrängte sie. Auf eine absonderliche Weise wirkte er beteiligt und unbeteiligt zugleich, als wäre der Liebesakt für ihn ein Experiment, bei dem er sich selbst beobachten müsste und herausfinden, ob seine sensiblen Nerven überhaupt reagierten. (4700) Schon rollte er sich von ihr weg auf die Seite, blieb reglos neben ihr liegen. Mit seinen Gedanken, seinem Begehren schien er bereits ganz woanders zu sein. Sie wünschte sich weit weg. Nicht am Wannsee, nicht in Berlin, vor allem nicht in diesem schrecklichen Berlin, wo sie zu ersticken drohte. Lieber in einem fremden Land leben, ohne Paulinka, ohne Amadeus. Die Schwüle nahm zu, die Stille wurde lastend. Charlotte zog ihren Badeanzug an. Amadeus schwieg, als hätte es ihm die Sprache verschlagen.

Plötzlich war Charlotte wütend auf diesen Mann. Aber er hatte ihr doch nichts getan. Er hatte ihr nichts getan.

Da fand Amadeus seine Sprache wieder: *Ich habe die Vision, dass es eine Auferstehung des leidenden Menschen geben muss, nicht im Himmel, sondern hier auf Erden. Das ist meine Religion.*

Charlotte schwieg. Sie glaubte nicht an die Auferstehung.

Es kommt jetzt ein Gewitter. Sie sprang auf: *Ich liebe Gewitter. Komm, gehen wir ins Wasser.*

Ohne Amadeus' Reaktion abzuwarten, stürzte sie sich ins Wasser, beachtete nicht die Blitze, die jetzt schon in der Nähe zuckten, nicht das Grummeln des Donners, das in Krachen und Trommeln überging. Sie überließ sich den aufgefrischten Wellen, hätte schreien mögen vor Lust, weil die Elemente los waren und Regen auf ihre Haut nadelte. Amadeus teilte mit heftigen Schlägen das Wasser, rief: *Das ist die neue Religion. Das ist meine neue Religion* und fasste sie unter den Rücken, sodass sie auf dem Wasser zu liegen kam, und in einem stürmischen blauen Wirbel schlang sie ihre Arme um seinen nackten Körper, wurde sie seine Wasserfrau.

Wenn er nur nicht am Ende des seligen Taumels gesagt hätte: *Siehst du, das war schön, mein Kind.* (4707)

Auf dem Teppich

Daberlohn: Ich komm jetzt mit dir mit herauf.
Charlotte: Das traust du dich ja doch nicht.
Daberlohn: Das wirst du sehen.
Charlotte: Was willst du denn da oben??
Daberlohn: Da oben ist ein Teppich mit … mit vielen Blumen drauf. Da will ich mich drauflegen und denken, es sei eine Wiese.
(4649)

Es ging auf Mitternacht zu. Amadeus und Charlotte hatten sich in einem Café am Bahnhof getroffen. Er brachte sie nach Hause. Sie erschrak, als er ihr vorschlug, mit auf ihr Zimmer zu kommen. Ihr Vater würde schlafen, er stand jeden Morgen früh auf. Aber Paulinka ging immer spät zu Bett. Ihr Zimmer grenzte an das ihre, und überhaupt konnte man in einer Etagenwohnung kaum etwas voreinander verbergen. Wahrscheinlich wartete Paulinka schon auf sie, um ihr Vorwürfe zu machen, weil sie sich spätabends allein in Berlin herumtrieb. Ein junges Mädchen aus gutem Hause tue so etwas nicht.

Mit Paulinka lag sie im Augenblick ziemlich über Kreuz, sie zankten ständig, und sie ließ sich nichts mehr von ihrer Stiefmutter sagen. Aber wenn ihr Vater erführe, dass sie Amadeus nachts mit auf ihr Zimmer genommen hätte, wäre das schlimm. Im Geist sah sie sein fassungsloses Gesicht vor sich, eine Welt würde für ihn zusammenbrechen: Seine Tochter wagte es, einen Liebhaber in die elterliche Wohnung zu schleusen.

Sie schaute in Amadeus' Augen. »Komm!«, sagte sie.

Sie zündete nur das Nachttischlämpchen an, warf einen roten Schal darüber. Amadeus lag schon auf dem Teppich. Es war ein alter Isfahan mit floralen Mustern in Rot und hellem Grün. Ihr Vater sammelte Perserteppiche, eines seiner schönsten Stücke hatte er in Charlottes Zimmer gelegt. Charlotte stand hilflos da und hielt sich an der Tür fest. Schaute auf den Mann, der die Hände hinter dem Kopf verschränkte wie einer, der endlich ausruhen kann.

Daberlohn: Ach, komm doch herunter.

Charlotte: Was soll ich denn da unten?

Daberlohn: Hier unten ist es schön. Ich lieg auf einer Sommerwiese. Ach, komm auch her zu mir. Du brauchst dich ja nur ganz still neben mich zu legen. Hab keine Angst, ich tu dir nichts. (4652)

Langsam glitt Charlotte auf den Boden, ihr Kleid schob sich über die Knie. Sie hatte keine Angst. Sie liebte. Die Nacht schimmerte in allen Schattierungen von Rot und Blau und Grün.

»Schenk mir deine Zeichnung ›Der Tod und das Mädchen‹!«

»Warum gerade die?«

»Sie zeigt uns: dich und mich.«

»Ich leihe sie dir. Ich will sie zurück.«

»Ich kriege sie ja doch.«

Er setzte sich auf und zog Charlotte auf seinen Schoß. Jetzt blühte die Sommerwiese auf dem Teppich, und der Raum duftete nach süßem Klee. *Hast du denn keine Angst vor mir? Ich bin doch ein wildfremder Mann für dich.* (4653)

Ich liebe dich, sagte Charlotte.

Der selige Augenblick währte nicht. Amadeus wurde des innigen Zusammenseins schnell überdrüssig: *Ich muß jetzt gehen.*

Charlotte schlang die Arme um seinen Hals: *Ach bleib doch da!*

Aber Amadeus löste sehr bestimmt ihren zärtlichen Griff, murmelte *Aufwiedersehn* und verschwand. Die Blumenwirbel auf dem Teppich verfärbten sich ins Schwarze. Zurück blieb ein dunkles Mädchen, auf dem Boden hockend, den Kopf tief gebeugt. (4654, 4655)

Er kam zurück, dieses Mal am hellen Nachmittag. Anna musste ihm geöffnet haben, plötzlich stand er in Charlottes Zimmer. Sie saß an ihrem Tisch und las und schrieb.

Charlotte wollte Buch und Kladde schnell in die Schreibtischschublade schieben, aber Amadeus hatte beides schon entdeckt und nahm sie mit dem Ausdruck satter Zufriedenheit eines Zöllners an sich, der gefährliche Drogen sichergestellt hat. »Wie kannst du nur so einen Schund lesen wie diesen *Demian* von Hermann Hesse? So ein abgeschmackter Aufguss von Jung'scher Archetypenpsychologie.«

Charlotte schluckte. Sie versuchte, Amadeus die Kladde zu entreißen, auf deren Umschlag sie mit einem Pinsel »Worte« gemalt hatte. Es war ihr Sudelbuch für Lesefrüchte, Gedankensplitter, Zitate, Ideen. Für alles, was sie umtrieb, worüber sie nachdenken wollte. Auf der aufgeschlagenen Seite stand ein Zitat aus *Demian:* »Ich wollte ja nichts als das zu leben versuchen, was von selber aus mir herauswollte. Warum war das so sehr schwer?«

»Was von selber aus mir herauswollte.« Amadeus lachte spöttisch auf. »Nichts als die schwammige Formulierung für einen Individualismus, der nur Gefühle und Triebe kennt! Es kommt aber darauf an, sich zu erkennen, über sich selbst zu triumphieren und die Welt neu zu schaffen. Weg mit dieser krankhaften Selbstbezogenheit. Höchste Zeit, dass du endlich Nietzsche liest!«

»*Demian* ist auch von Nietzsche beeinflusst«, wagte Charlotte einzuwenden. Das hätte sie besser nicht gesagt, denn nun musste sie eine Suada über sich ergehen lassen des kurzen Sinns und Inhalts, dass Hermann Hesse nichts, aber auch gar nichts von Nietzsche verstanden habe. Um seine Rede zu unterstreichen, brauchte Amadeus beide Hände zum Gestikulieren, legte Charlottes Kladde zur Seite, sodass sie zumindest ein weiteres Eindringen in ihre intimen Gedanken nicht mehr befürchten musste.

Sie versuchte sich an ihn zu schmiegen, ihre Arme um seine

Brust zu legen, aber er erwiderte die Liebkosung nicht, redete weiter. Was bedeutete für ihn die Liebe einer Frau? Bloß die Unterwerfung unter seinen intellektuellen Willen? Suchte er in jeder die dankbare Schülerin, die in ihm den großen geistigen Führer anbetete? Vielleicht regte ihn auf, diese Fügsamkeit bei Charlotte nicht zu spüren, obwohl sie ihm selten widersprach.

»Zeig her, was du sonst noch alles für großartige Weisheiten bedeutender Dichter notiert hast!«

»Nein«, sagte Charlotte. »Nein!«

»Hast du Angst vor mir?«

Da zitierte sie aus dem Kopf noch einmal *Demian:* »Man braucht vor niemand Angst zu haben. Wenn man jemanden fürchtet, dann kommt es daher, dass man diesem Jemand Macht über sich eingeräumt hat.«

»Wahrscheinlich wieder dein Hermann Hesse«, höhnte Daberlohn, versuchte aber, Charlotte an sich zu ziehen.

Laß mich, ich finde dich widerlich!

Ja, Liebchen, daran wirst du dich gewöhnen müssen. Mit diesen Worten ergriff er seine Baskenmütze, die er beim Eintreten auf ihr Bett geworfen hatte, und warf die Tür ins Schloss.

Die Liebe blüht nicht, gestand sich Charlotte ein, sie ist keine Blume, die sich farbenprächtig entfaltet und zur Sonne wächst. Sie ist ein bitteres Kraut, das wild seine Triebe schießt, bis das Herz vollständig zugewuchert ist.

Rauschend in den Traum der Nacht

Charlotte malt sich als Malerin. Der Kopf ist tief über das Papier geneigt, die Nase berührt beinahe die Vorlage. Eine stark Kurzsichtige könnte sich so zum Blatt hinunterbeugen, um zu sehen, was Feder oder Pinsel vollbringen. Augen und Mund der malenden Frau sind nicht ausgeführt, Frisur und Kleidung nur grob konturiert. Charlotte kriecht als Person in ihr Objekt hinein, wird eins mit dem, was sie aufs Papier bringen will. Der Bildgegenstand bleibt rätselhaft: etwas rasch Hingeworfenes, in der Bewegung erstarrt, ein Flugzeug vielleicht oder ein aus einem schnellen Strudel auftauchender Delfin? Oder die Idee einer beschleunigten Zeit?

Mit der linken Hand hält die Malerin das Blatt auf dem Tisch, mit der rechten führt sie den Pinsel. Der Tisch, auf dem sie arbeitet, ist minimalistisch entworfen: eine umbrafarbene Fläche, mit Malkasten und Wasserglas darauf. Einen Stuhl gibt es nicht: Charlotte sitzt im Nichts. Der Hintergrund liegt im Dunkel, suggeriert, dass es Nacht ist. Ein Gitternetz zerteilt die Fläche: Die blauen Stäbe könnten eine Fensterfront zerschneiden oder in einer Gefängniszelle den Weg nach draußen versperren. (4708)

Mehrfach hatte er es angekündigt: Sie solle ein Buch für ihn illustrieren, bis zu seinem Geburtstag müsse das Werk vollendet sein, er könne nicht länger warten. Schließlich brachte er den schmalen Band mit: Rilkes Erzählung *Die Weise von Liebe und Tod des Cornets Christoph Rilke.* Charlotte kannte Rilkes Gedichte, sie liebte das *Stundenbuch* und die *Sonette an Orpheus.* Die Geschichte vom jungen Cornet, der gegen die Türken ins Feld zieht, war ihr neu. Mit zunehmender Verwirrung las

Charlotte die Geschichte des jungen Kadetten, der, gerade zum Fahnenträger seiner Kompanie ernannt, mit seinen Mannen gegen die eingefallenen Türken ins Feld zieht. Auf dem Marsch gegen den Feind quartiert die Truppe sich in einem ungarischen Schloss ein. Nachts findet der Achtzehnjährige sich in einem entlegenen Turmzimmer in den Armen der Gräfin wieder. Während dieser Stunden stecken die Türken das Schloss in Brand. Der Cornet stürmt aus den brennenden Gemächern auf den Hof. Seine Kompanie ist aber schon aufgebrochen. So reitet er todesmutig und todesgewiss allein in das Heer der Feinde, die lodernde Fahne in der Hand – und fällt. *Reiten, reiten, reiten – durch die Nacht, durch den Tag, durch die Nacht – und der Mut ist so wenig geworden und die Sehnsucht so groß.*

Charlotte fragte sich, was Amadeus bewogen hatte, ihr gerade dieses Buch zur Illustration zu geben. War das Reiten in den Tod nicht sehr männlich, und stand die aufgerichtete Fahne nicht als ein – sie stotterte in Gedanken – phallisches Symbol für die Verlängerung der Liebesnacht mit der älteren Frau? Wie konnte ausgerechnet Amadeus eine Erzählung lieben, die den Tod in der Schlacht verherrlichte, gerade er, der doch die absolute Erbärmlichkeit solchen Sterbens miterlebt hatte?

Viele Stunden verbrachte sie damit, die Worte in innere Bilder zu übersetzen. Wenn sie ob der Fremdheit der Erzählung und der Größe der Herausforderung mutlos wurde, feuerte Amadeus' Satz sie an: Ihr sei es gegeben, Außerordentliches zu vollbringen. Mit diesem Vertrauen in ihre Fähigkeiten hatte er aus der kleinen Kunststudentin eine Künstlerin gemacht. Diese Erwartung wollte sie rechtfertigen. *Sie vertieft sich mit ganzer Seele in die auszuführende Illustrationsarbeit.* Träumend versetzt sie sich in den jugendlichen Helden: in sein Ungestüm, seinen Mut, den Stolz, die Sehnsucht, das Verlangen. Hinter ihren geschlossenen Augen entsteht eine eigene Welt, eine poetische Zeit: *Aus dunk-*

lem Wein und tausend Rosen rinnt die Stunde rauschend in den Traum der Nacht. (4709)

Der Traum der Nacht entflieht, der Morgen bringt das Verhängnis: Auf dem letzten Blatt bäumt sich ein schwarzes Pferd auf – seinen Reiter hat es verloren. Der Hintergrund flammt in blutigem Rot. (4711, Abb. 17*)

Immerzu stellte sie sich vor, was Amadeus sagen würde, wenn sie ihm die Mappe mit all den Gouachen überreichte, die sie in vielen Nächten gemalt hatte, dabei immer seine Gegenwart spürend, seine traurig-fremden, berückend schönen Worte in sich aufsaugend, damit sie in ihrer Seele groß würden, Worte, wie von Rilke entliehen.

Dann kam sein Geburtstag, der 23. September 1938, er wurde 42 Jahre alt. Sie hatten sich in dem kleinen Café in der Nähe des Zoologischen Gartens verabredet, das noch versteckt genug und vor willkürlichen Kontrollen von SA-Männern sicher erschien. Die Besitzerin, eine ältere Frau mit rot gefärbten Haaren, gab durch ein wissendes Lächeln zu verstehen, dass sie das Liebespaar durchschaute. Dem Mann stand der Jude ins Gesicht geschrieben; und das Mädchen mit den hellen Augen machte natürlich darum so einen unsicheren Eindruck, weil sie wusste, welche Strafen auf Rassenschande standen.

Ausnahmsweise wartete Amadeus schon im Café, als sie mit ihrer Zeichenmappe dort eintraf – meist verspätete er sich bei ihren Treffen zwanzig Minuten oder gar eine halbe Stunde. Charlotte strahlte.

»Herzlichen Glückwunsch!« Sie war glücklich an diesem Tag. Sie, die immer von Selbstzweifeln heimgesucht wurde, fühlte sich in einem Akt mutigen Selbstvertrauens von den Illustrationen zu Rilkes Werk überzeugt. Sie fand sie gelungen, ja mehr als das, sie waren das Beste, was sie je gemalt hatte.

Amadeus stand nicht vom Tisch auf. Er begrüßte sie nicht, bedankte sich nicht für den Glückwunsch, sondern fragte in geschäftsmäßigem Ton: »Und mein Geschenk?«

Seit Monaten hatte sie auf diesen Tag, diese Stunde, diesen Augenblick hin gelebt, jetzt traf der kalte, fordernde Ton sie bis ins Mark. Eine innere Stimme sagte ihr: Dreh dich einfach um und geh! Aber sie setzte sich an den Tisch und schob ihm die Mappe hin. Doch er öffnete sie nicht einmal: *Ja – ich seh's mir dann zu Hause an, denn ich habe heut furchtbar wenig Zeit.* Schon war er aufgestanden. Den Mantel über den Arm geworfen, fragte er zum Abschied eher pflichtschuldig als interessiert: *Also, wann treffen wir uns wieder?*

Sie starrte ihn an. Kein Blick, nicht ein einziger Blick auf das Werk eines halben Jahres? Ihre Stimme war eisig, ihr selbst fremd: *Vorläufig überhaupt nicht!* Das Wort »vorläufig« war ihr versehentlich herausgerutscht. »In alle Ewigkeit nicht mehr«, hätte sie sagen sollen, oder wenigstens »in diesem Leben nicht mehr«.

Und was antwortete der Meister der Herzenskälte: *Ganz wie Sie wünschen, mein Fräulein!* Damit war er aus der Tür hinaus, ihre Mappe unter dem Arm.

In der heißen Aufwallung ihres Zorns wusste sie nicht, was sie tun sollte. Ihn verfluchen, war ihr erster Gedanke: »Auf deinem Bauche sollst du kriechen und Erde fressen dein Leben lang.« Aber das hieße, Gott lästern. Sie öffnete das Fenster, um Luft zu holen, zur Besinnung zu kommen – und warf plötzlich Geldmünzen hinaus.

Da fiel ihr die Besitzerin des Cafés in den Arm: »Dat lassen Se aber jetzt janz fein bleiben, Frolleinchen!«

Am liebsten schmiss ich mich gleich hinterher. Doch ist das der Kerl nicht wert. Als sie das Café verließ, lenkte sie schon wieder ein: *Außerdem werd ich doch mal erfahren, wie ihm die Zeichnungen gefallen haben.* (4712–4719)

Danse macabre

Sie musste hinabsteigen in die Unterwelt, in das Reich der Toten und Verbannten, und hoffen, einen gnädig gestimmten Hades zu finden, um ihn mit ihrem Malen und Singen zu bewegen, sie dem Leben zurückzugeben. Wenn sie sich den Schrecken auslieferte, die sie als Person auseinandergerissen hatten, dann konnte sie – vielleicht – diese Bruchstücke wieder zusammensetzen: *dann könnte ich vielleicht finden – was ich finden mußte: nämlich mich selbst: einen Namen für mich.*

Einen Namen für mich. Im August 1938 wurde ihr ein neuer Name vom Führer geschenkt: Sara. Mit dem »Gesetz über die Änderung von Familien- und Vornamen« wurde verordnet, dass ab dem 1. Januar 1939 alle weiblichen Juden den Vornamen Sara, alle männlichen Israel ihrem Namen hinzufügen mussten. Kurz darauf wurden sämtliche Reisepässe nichtarischer Deutscher für ungültig erklärt. Charlotte hatte keinen Pass, da sie noch keine 22 Jahre alt war, trotzdem erklärte diese Verordnung sie wie alle Juden zur Unperson.

Am 7. November erfuhr sie mit Paulinka und Albert in den Abendnachrichten von der Ermordung des deutschen Botschaftssekretärs Ernst vom Rath durch den polnischen Juden Herschel Grynspan; sie hörten die Kommentare aus Goebbels Propagandaministerium, die sich überschlagenden Stimmen sprachen von einer Verschwörung des Weltjudentums.

»Passt auf, da braut sich etwas zusammen. Der Mord liefert den Nazis einen willkommenen Vorwand, gegen uns loszuschlagen«, sagte Paula. Albert Salomon drehte das Radio ab, er konnte und wollte das geifernde Gehetze nicht hören.

Der Sturm brach zwei Tage später los. Kurt Singers Tochter

rief als Erste an. Singers wohnten in der Mommsenstr. 56, nur ein paar Schritte von Salomons entfernt. Noch nie hatte Paula sie so aufgeregt erlebt.

»Ist Dr. Salomon zu Hause? Ist Lotte zu Hause? Gott sei Dank. Verdunkelt die Fenster, löscht alles Licht, marodierende Banden ziehen über den Kurfürstendamm und brüllen ›Juda verrecke‹. Sie zünden Synagogen an, werfen Schaufenster ein, plündern und zerren unsere Leute aus der Wohnung, schlagen und misshandeln sie. Auf dem Ku'damm ist die Hölle los. Der Papa ist gerade in New York, aber …« Weiter kam sie nicht, da war schon die Leitung gekappt.

Albert, Paula und Charlotte blieben wie gelähmt am Wohnzimmertisch sitzen. Dann nahm Paula ihren Mann und ihre Tochter in den Arm.

Charlotte sah zum ersten Mal in ihrem Leben, dass ihrem Vater Tränen in den Augen standen. In dieser Nacht ging niemand ins Bett. Durch die geschlossenen Fenster drangen das Rufen und Brüllen, die dumpfen Geräusche von aufprallenden Schlagstöcken zu ihnen hinauf, das Klirren von zerberstendem Glas. Es hörte einfach nicht auf.

Am nächsten Morgen sahen sie alle aus wie Gespenster. Paula wollte das Radio andrehen, doch Albert hielt ihre Hand fest. Sie wollte mit Freunden telefonieren, er fiel ihr in den Arm. Als Anna, adrett wie immer mit hochgestecktem Haar und weißem Servierschürzchen um die Taille ins Zimmer trat und den Frühstückstisch deckte, atmeten alle auf. Aber nur für einen Augenblick.

»Anna«, sagte Albert Salomon, »Sie sollten uns verlassen. Jetzt gleich. Wir wissen nicht, was noch kommt. Fahren Sie zu Ihrer Schwester. Ich gebe Ihnen Geld.«

Anna sah den Herrn Professor an, als hätte er plötzlich Latein mit ihr geredet. Wortlos drehte sie sich um, brachte im nächsten Augenblick Tee und Kaffee und warme Milch. Statt frischer Schrippen lagen Scheiben dunklen Brots im Brotkörbchen. *Sie müssen sich verstecken, Herr Professor,* sagte Anna. *Man hat schon die Hälfte der Juden der ganzen Stadt genommen.* (4763)

»Ich gehe ins Krankenhaus, da gibt es heute vermutlich einiges zu tun.«

Kaum war Albert gegangen, läutete es an der Wohnungstür. Zwei Männer, der eine in schwarzem Ledermantel mit Hut, die Krempe tief ins Gesicht gezogen, der andere von furchteinflößender Größe, standen davor. »Wir müssen Herrn Salomon sprechen.«

Paula bewahrte Ruhe: *Worum handelt es sich, bitt' schön?*

Die Polizisten waren unbeeindruckt: *Machen Sie keine Widerstände – denn wir finden ihn dann doch.*

Paula zog sich den Mantel an und setzte den Hut auf. Anna und die herbeigelaufene Auguste standen vor der Wohnungstür, als wollten sie eine Barrikade mit ihren Körpern bauen. Aber Paula schob sie sanft zur Seite: *Es bleibt uns nichts anderes mehr übrig.* (4764, 4765)

Zum zweiten Mal wurde Albert Salomon während einer Operation aus dem Operationssaal geholt, das erste Mal hatte man ihn aus der Universitätsklinik entlassen, jetzt, fünf Jahre später, wurde er im Jüdischen Krankenhaus in »Schutzhaft« genommen. Es war der 10. November 1938. In der Nacht zuvor waren 91 Juden ermordet und mehr als 20 000 verhaftet und verschleppt worden. Albert Salomon war Opfer eines Pogroms, das von langer Hand vorbereitet gewesen war, in der Presse aber als spontaner Ausbruch des gerechten Volkszorns gefeiert wurde.

Am Abend dieses 10. November schloss Charlotte sich in ihrem Zimmer ein und saß lange regungslos auf ihrem Bett. Plötzlich fing sie an, aus ihrem Strickpullover Fäden zu ziehen, ja ihn schließlich aufzuribbeln. Sie konnte nicht aufhören, sich den Pullover vom Leibe zu fädeln, als hätte sie sich verstrickt und müsste alles aufziehen, um später die Handarbeit von vorn zu beginnen. Die Wolle häufelte sich in gekräuselten Ballen auf dem Boden, bis Charlotte im Unterhemd dasaß und die gelbbraunen Häufchen anstarrte, die unbrauchbar vor ihr lagen. Sie begann zu frösteln, dann formte sich ein Satz in ihrem Kopf, der sie nicht verlassen wollte, der sich wie die eintönige Melodie einer Kinderspieluhr immer wiederholte: *Ich hab genug von diesem Leben. Ich hab genug von dieser Zeit.* (4790)

Am Tag nach der Verhaftung ihres Vaters schickte Paula Charlotte aufs Polizeipräsidium, damit sie erkunde, ob sie ihm nicht ein paar warme Sachen zum Anziehen bringen könne. (4767) Vor dem Präsidium waren viele Frauen versammelt, die wissen wollten, wohin man ihre Männer gebracht hatte. Manche hatten Blechgeschirr in der Hand, um ihnen etwas Warmes zum essen zu bringen, wie einen Henkelmann für die Pause bei der Arbeit.

Gerüchte schlingerten zwischen den Reihen der Frauen: Die Männer würden noch heute wieder entlassen, die Männer müssten in verschiedenen Fabriken in Berlin arbeiten, an den Wochenenden gebe es Besuchszeiten, die kräftigen Männer sollten beim Bau neuer Straßen eingesetzt werden, Akademiker in der Verwaltung arbeiten. Als eine Frau in eine Stille hinein sagte: »Die Nazis bringen unsere Männer um«, wurde sie mit Blicken gesteinigt. Trotz allem, was in der Nacht zuvor geschehen war: So etwas durfte man nicht sagen. Jetzt schwiegen die Frauen. Und warteten. Schließlich ging die große Tür des Polizeipräsidiums auf, ein Mann in Uniform baute sich davor auf und rief: »Haut ab, ihr Judenschweine. Sonst buchten wir euch auch noch ein.« Dabei fuchtelte er mit der Hand, als müsste er einen Schwarm Hornissen abwehren. (5020, Abb. 18*)

Zurück in der Wielandstraße, sah Charlotte Amadeus allein am Esstisch sitzen und Auguste befehlen, ihm ein Essen aufzutragen. Er saß auf Alberts Platz. Als er Charlotte gewahr wurde, lud er sie mit einer Geste ein, auch am Tisch Platz zu nehmen, begann sogleich, ohne nach ihrem Vater zu fragen, die Thesen seines nächsten Buches vorzutragen: *Ich seh die Zukunft der Menschheit vor mir. Viele Kreuze werden getragen. Viele werden zusammenbrechen. Nur wenige werden übrigbleiben, doch für sie ist das Leiden das schnellste Tier, das zur Vollkommenheit trägt. Mein nächstes Buch wird sein: Christus 1940.* (4771–4773) Dabei spielte er mit Messer und Gabel wie ein ungeduldiges Kind, das nicht warten kann, bis ein voller Teller auf seinem Platz steht. Plötzlich fiel er über Charlotte her, als müsste er die leere Zeit überbrücken, versuchte sie zu küssen. Doch bevor sich seine Lippen an ihrem Hals festsaugten, fragte er: »Wann kommt denn die Madonna nach Hause?«

Charlotte stieß ihn zurück: »Du bist widerlich.«

Als Paula nach Hause kam, entzündete sich ein heftiger Streit. Paula war froh, dass Amadeus Daberlohn ihr in der schwierigen Situation beistand und den Mann im Haus ersetzte. Sie regte sich über ihre Tochter auf, die provozierend herumstand, statt sich an den Tisch zu setzen. *Dieses Herumstehen macht mich ganz nervös. Geh endlich aus dem Zimmer oder setz dich ruhig hin.*

Ich kann so lange hier stehen, antwortete Charlotte patzig, *wie ich will, das geht dich gar nichts an.* (4781)

Nun mischte Daberlohn sich ein: *Wenn du noch länger frech zu deiner Mutter bist, so bekommst du von mir eine Ohrfeige.*

Seit wann duzen wir uns denn, giftete Charlotte zurück und stürmte aus der Wohnung. (4782) Planlos lief sie über die Wielandstraße Richtung Kurfürstendamm, dann zurück in die entgegengesetzte Richtung zum Savignyplatz. Sie wusste nicht, wohin sie sich wenden sollte, sogar bei den Großeltern würde sie übernachten, alles besser, als erleben zu müssen, wie Paulinka und Amadeus ihren Vater verrieten. Aber sie hatte nicht einmal mehr eine Freundin, zu der sie gehen konnte.

Als jemand sie grob von hinten an ihrem Mantel zerrte, fuhr sie herum, Panik im Gesicht. Es war Paulinka, die ihr nachgelaufen war: *Du blödes Frauenzimmer, was läufst du denn jetzt weg? Dein Vater ist im Lager [...] Und man weiß nicht, ob man ihn noch mal wiedersieht,* schrie sie. (4787, 4788)

»Du blödes Frauenzimmer, wie kannst du zulassen, dass sich ein anderer Mann auf Papas Platz breitmacht«, wollte sie zurückschreien, aber sie sah in Paulinkas Augen Angst, Angst um sie. So ging sie mit ihr nach Hause und schloss sich in ihrem Zimmer ein.

Diesen Tag würde sie aus ihrem Gedächtnis streichen, wenn das ginge.

Albert Salomon wurde ins KZ Sachsenhausen deportiert. Charlotte malt ihren Vater im Lager. Eine kleine Gestalt in dunkler Kleidung, über eine Schaufel gebeugt, darüber steht aufrecht, Albert Salomon fast um eine halbe Länge überragend, ein Aufseher mit Peitsche, der den Gefangenen antreibt: *Hier wird gearbeitet und nicht gefaulenzt.* Auf dem nächsten Bild ist der Gefangene unter der Last der Schläge und der Worte des Kapo zu Boden gesunken: *Gefaulenzt habt ihr genug in eurem Leben.* (4798, 4799)

Was für ein sadistisches Vergnügen musste es sein, dachte Charlotte, wenn ein Mann wie dieser Aufseher, der vermutlich noch vor Kurzem ein subalternes Pöstchen bekleidet hatte, sich jetzt in der Position eines Herrenmenschen fühlen und einen Professor, der kaum körperliche Kraftanstrengung kannte, ins Geschirr nehmen durfte. Nie hatte ihr Vater von seinen Erlebnissen im KZ gesprochen, eigentlich auch nichts zu erzählen brauchen; es reichte ihn anzusehen, wie er nach zehn Wochen nach Hause kam.

Er war wieder nach Hause gekommen. Paula, die Allmächtige, hatte nicht gerastet, ihren einflussreichen Freundeskreis aktiviert, alle Schaltwerke genutzt und Hebel in Bewegung gesetzt, hatte List und Charme, Schmeichelei und Drohung entfaltet, um ihren Mann mit gefälschten Entlassungspapieren aus Sachsenhausen zu befreien. Es war ihr gelungen. Sogar für einen Nachbarn, einen Rechtsanwalt, hatte sie noch einen Entlassungsausweis besorgt.

Den beiden Männern wurde verboten, einen Zug zu nehmen, sie mussten die 35 Kilometer zu Fuß bis Berlin laufen. Völlig entkräftet machten sie sich auf den Weg, der Rechtsanwalt brach nach einigen Kilometern zusammen und starb. Albert Salomon erreichte sein Zuhause, auf 78 Pfund abgemagert, der Körper misshandelt von der täglichen Schinderei und den Schlägen der Aufseher, die Seele gezeichnet von den erlittenen Demütigungen. Paula steckte ihn ins Bett und rief die Ärzte. Nach vier Wochen Bettruhe und hingebungsvoller Pflege konnte Albert Salomon einige unbeholfene Schritte im Zimmer wagen.

Freunde sagten: »Er hat Glück gehabt, er ist dem Lager entronnen.«

»Glück?«, fragte Charlotte und konnte den Blick nicht abwenden von dem gebrechlichen, alten Mann, der ihr Vater sein sollte. Paula beschwor Albert: »Du musst es schaffen. Sonst gibst du den Peinigern recht.«

Die Juden, die Anfang 1939 noch nicht emigriert waren, wussten, dass ihnen der Boden unter den Füßen brannte. Trotzdem hielten viele die Illusion aufrecht, sie hätten noch alle Optionen offen, taumelten töricht und verblendet ihrem Verderben entgegen.

Paula hatte die Freunde der Familie zu einem Abendessen in die Wielandstraße geladen. Fast war es wie früher oder wie in einer zeitlosen Zeit, in die keine Veränderung drang. Da saß der Kreis kultivierter und sorgfältig gekleideter Menschen um den feierlich gedeckten Tisch im Wohnzimmer, Auguste trug Gans auf, Klöße, Rotkohl, Maroni, Äpfel, französischen Rotwein, es fehlte an nichts. Die Konversation drehte sich ums Auswandern, aber niemand nahm das Wort in den Mund, schon gar nicht das der Emigration. Man überlegte, ob und wann und wohin man für eine Weile *gehen* könne – als wollte man in einem wärmeren Land bloß den Winter verbringen. Alle redeten eifrig, nur der Hausherr, der hinfällige und hohlwangige Albert Salomon, schwieg. Auguste legte ihm das schönste Stück Gänsebrust auf, verwöhnte ihn nach ihren Möglichkeiten. Sie hatte die Herrschaft des Herrn Daberlohn in diesem Hause gehasst, ihn verabscheut. Hatte der sich hier doch während der Haft Professor Salomons aufgespielt, als wäre er der Herr im Hause und könnte den Dienstboten Anweisungen geben. Wie die Frau Professor das hatte dulden können. Nur gut, dass diese Zeit vorbei war.

Daberlohn und seine Verlobte gehörten auch zu den geladenen Gästen.

»Mucki, wir gehen nach Amerika«, sagte die ewige Braut fröhlich. »Nicht, Mucki?« Dabei schlang sie einen Arm um Daberlohns Hals.

Ein Bildhauer lehnte sich selbstgefällig zurück: »Ich gehe in die USA« – er sagte nicht Amerika, sondern USA, das klang jetzt schicker – »und werde der größte Bildhauer der Welt.«

Eine Bekannte Paulas, eine Sängerin, die rechts von Albert saß, versuchte sich Gehör zu verschaffen: »Und wir gehen nach Australien!«

»Da ist jetzt Sommer«, steuerte ein anderer Gast bei.

Daberlohns Verlobte, die wieder zu viel trank, verkürzte die Reisepläne auf das eine Wort »Amerika«, das stieß sie wie eine Jagdfanfare aus.

Schließlich fiel auf, dass Paula und Albert nur zuhörten.

»Und ihr, wohin geht ihr?«, fragte der Bildhauer.

Paula zögerte nur eine Sekunde, dann antwortete sie: »Wir bleiben vorläufig hier.«

Da entstand für einen kurzen Augenblick Stille. Alle schauten Albert an, der sich bemühte, das Fleisch klein zu schneiden, um ein winziges Stück zum Mund zu führen.

Charlotte malt diese letzte Soiree im Hause Salomon als eine Danse macabre, in der der Tod ein Tänzchen mit seinen auserwählten Geschöpfen dreht. Das Komische schlägt ins Düstere um. Eine der Spukgestalten im Reigen der Gezeichneten ist sie selbst: Auf dem letzten Bild sitzt sie auf dem Bett in ihrem Zimmer, starrt in einen großen leeren Koffer, die Hände vor den Mund geschlagen. Auf dem Boden stapeln sich Bücher und ein Tennisschläger. Sie ist die Einzige dieser illustren Gesellschaft, die tatsächlich emigrieren wird: Noch drei Tage, dann fährt sie zu ihren Großeltern nach Südfrankreich. In ihrem Gesicht steht pure Verzweiflung. (4808, Abb. 19*)

Ins Exil

Die Fahrt wollte einfach kein Ende nehmen, die Fahrt nicht und nicht die ständig sie begleitende Angst. Bei jeder Fahrscheinkontrolle würgte es Charlotte im Hals, sodass sie am liebsten zur Toilette gestürzt wäre, um zu erbrechen. Aber sie wusste, sie konnte nur heil nach Frankreich gelangen, wenn sie ihre Rolle durchhielt: Sie war ein junges Mädchen, das die Großeltern besuchte, weil die liebe Oma krank war und nach der Enkelin verlangte. Natürlich würde sie nur das Wochenende in Villefranche bleiben, die Rückfahrt sei schon auf der Fahrkarte eingetragen, in ihrer Tasche habe sie nur etwas Proviant. Und drei Lieblingsschallplatten der Oma: Schuberts *Der Tod und das Mädchen, Carmen* mit Paula Lindberg in der Titelrolle und Mozarts *Requiem.* Es war Charlottes Lieblingsmusik, aber sie musste sie als »cadeau souvenir« deklarieren. Bei Nizza läge die Kleinstadt, in der die Großeltern lebten. Schon vor fünf Jahren seien sie dorthin gezogen, der Großmutter bekomme die Meerluft so gut, erklärte sie dem Schaffner in Berlin.

»Na, da hätt se doch ooch an die Ostsee ziehen können«, sagte der, »und jetzt isse trotzdem krank jeworden?«

»Krebs.« Charlotte nickte.

»Ah, da hilft ooch die beste Luft nichts.«

Knips, die Fahrkarte bekam ein Loch, vielleicht würde sie bis Hannover Ruhe vor den jovialen Berliner Schaffnern haben, die wissen wollten, was »dat kleene Frollein« für ein kurzes Wochenende nach Frankreich trieb. Eine Reisegenehmigung verlangten sie nicht, die würde sie erst an der Grenze zwischen Freiburg und Basel vorweisen müssen. Ob man sie tatsächlich passieren ließ? Sie sah nicht jüdisch aus, aber bei ihrem Familiennamen gäbe es keinen Zweifel, dass sie Jüdin war. Noch brauchte sie keinen Pass, weil sie keine 22 Jahre alt war; ab diesem Alter war ein Pass vorgeschrieben, der ihr aber als Jüdin nicht mehr ausgestellt werden würde. Die Zeit drängte also, drei Monate blieben noch bis zu ihrem Geburtstag, danach wäre eine Ausreise nicht mehr möglich. Albert Salomon, der so lange geglaubt hatte, sein Ehrenkreuz würde ihn schützen, hatte nach der Haft in Sachsenhausen seine Illusionen begraben. Paula und er wollten versuchen, in die USA zu emigrieren, und dann Charlotte nachholen. Bis dahin aber sollte sie in Südfrankreich bei den Großeltern in Sicherheit leben.

Marianne und Ludwig Grunwald hatten Ende der zwanziger Jahre auf einer Griechenlandreise eine reiche amerikanische Witwe deutscher Abstammung kennengelernt, Ottilie Moore. Am Ende der Reise hatte Mrs. Moore das Paar eingeladen, sie in Frankreich zu besuchen, wo sie in einem stattlichen Haus mit Blick aufs Meer lebte, inmitten einer weitläufigen Anlage, mehr Park als Garten.

Zunächst aber war Ottilie Moore mit ihrer Tochter Didi nach Berlin gekommen und hatte am 1. April 1933 die antisemitischen Ausschreitungen im Rahmen der Boykott-Aktion gegen jüdische Geschäfte erlebt. Erregt und zunehmend angewidert, hatte sie zusammen mit den Grunwalds Rundfunksendungen mit Hetzreden Adolf Hitlers und Joseph Goebbels' gehört, war entsetzt gewesen über die Bücherverbrennung im Mai. »Das ist doch nicht zum Aushalten. Diesem Mob gehört jetzt das Land? Wenn Sie hier rauswollen«, hatte Ottilie Moore zu Ludwig und Marianne gesagt, »kommen Sie nach Villefranche, kommen Sie zu mir. Bei mir sind Sie sicher!«

Bereits nach Hitlers Ernennung zum Reichskanzler hatten die Grunwalds ihre Emigration vorbereitet. Sie zahlten die enorme Ausreisesteuer und wanderten im Herbst 1933 mit Sack und Pack aus, mit Möbeln und Bildern, mit Antiquitäten, Bettwäsche und Geschirr. Zunächst ging es nach Rom, aber als es ihnen nach einem halben Jahr dort nicht mehr gefiel, weil die Stadt zwar ewig, die Italiener aber allzu sehr der Zeit verhaftet waren – und diese Zeit färbte Italien zunehmend ins Schwarz der Faschisten ein –, intensivierten sie ihren Kontakt zu Mrs. Moore, die ihnen die Möglichkeit eröffnete, auf ihrem »Herrensitz« zu leben. Inzwischen seien sie nicht die Einzigen, die in ihrer Villa Ermitage Zuflucht suchten. Auf dem großen Grundstück gebe es ein kleines Steinhaus, idyllisch gelegen, von allen »die Bergerie« genannt. Dieses Haus würde sie ihnen freiräumen, sie wären als Gäste willkommen, ohne Miete zahlen zu müssen.

Da ließen Ludwig und Marianne Grunwald sich nicht lange bitten. Die massigen Vertikos aus dunklem Holz und die schweren Ledersessel wurden ein zweites Mal verpackt und von Rom nach Villefranche transportiert; Geld, Schmuck und Gold würden ihnen immer noch ein halbwegs komfortables Leben ermöglichen. Natürlich sollte die Bergerie nur eine erste Adresse sein, bis sie sich etabliert hätten. Dr. Ludwig Grunwald hoffte, eine Zulassung als Arzt zu erhalten und eine Praxis eröffnen zu können. Dann wäre ihr Lebensunterhalt gesichert.

Charlotte war mit ihrer »Verschickung«, wie sie es nannte, überhaupt nicht einverstanden. Sie wollte nicht von ihrem Vater und Paula getrennt werden. Es hatten sich heftige Szenen im Salon der Salomons abgespielt: Charlotte hatte argumentiert, gewütet, geweint. Man würde sich doch bald wiedersehen, versuchten die Eltern sie zu besänftigen. An der Côte d'Azur könne sie, wenn sie wolle, jeden Tag im Mittelmeer schwimmen. Das Wetter sei immer schön. Viele bedeutende Maler hätten sich in der Provence niedergelassen, von dem goldenen Licht geschwärmt. Sie solle doch nur an Cézanne denken, an van Gogh. Von morgens bis abends könne sie malen, eine Fülle neuer Motive warte auf sie.

Albert und Paula redeten mit Engelszungen auf sie ein. Dass Amadeus Daberlohn nach wie vor das stärkste Band war, das Charlotte an Berlin fesselte, konnten sie vielleicht ahnen, wollten es aber nicht gelten lassen. Schließlich konnte Paula Charlottes Renitenz einfach nicht mehr ertragen. Sie war doch kein Kind mehr, sondern eine Frau von 21 Jahren, da sollte man ein bisschen Vernunft erwarten dürfen. Daberlohn gegenüber klagte sie: *Nichts als Ärger, nichts als Aufregung habe ich mit ihr gehabt. Na, Gott sei Dank, in drei Tagen fährt sie ja nun weg. Soll sich die Großmutter weiter mit ihr ärgern.* (4809)

Im Abteil, Charlotte gegenüber, saß eine alte Frau, die fortwährend aß. Schokolade, Marzipan, Spekulatius: Es schien, als vertilgte sie wie unter Zwang, was vom Weihnachtsteller übrig geblieben war, als müsste sie sich einige Pfunde anfuttern, um die nächsten Wochen zu überstehen. Charlotte schaute aus dem Fenster: Die Rheinebene erstreckte sich vor ihr als kahle Landschaft, mit schmutzigem Schnee bedeckt, aus dem braune Ackerkrumen hervorschauten. Ödnis überall.

Im Zug war es kalt, wahrscheinlich gab es nicht genügend Kohle, um zu heizen. Kurz vor Freiburg wurde Charlotte nervös, bald würden die Kontrollen der deutschen Grenzbeamten beginnen. Am liebsten wäre sie auf die Toilette gegangen und hätte sich eingeschlossen. Aber sie hatte gehört, dass die Zollbeamten das Besetzt-Zeichen an den Toilettentüren kontrollierten: Es zeigte ihnen, wenn sich jemand hinter der Tür versteckte. Dann gab es ein lautes »Aufmachen«-Gebrüll und Gerüttel an der Tür, bis der Schaffner schließlich den Zweitschlüssel brachte. Der illegale Passagier wurde kurzerhand zurück in die Heimat geschickt.

Der Vater hatte Charlotte geraten, sich auf keinen Fall zu verstecken, sondern die rührende Geschichte von der krebskranken Großmutter zu erzählen, deren letzter Wille es sei, noch einmal ihre einzige Enkelin zu sehen. Eigentlich war Charlotte nicht gut im Lügen, wenngleich sie die Probe bei dem einfältigen Berliner Schaffner bestanden hatte. Und hatte sie nicht immer wieder kaltblütig Paulinka belogen, wenn es darum ging, heimlich Amadeus zu treffen?

Die Reisegenehmigung hatte natürlich Paulinka besorgt. »Nicht gefälscht, absolut legal«, hatte sie gesagt und ihr das Dokument auf den Schreibtisch geklatscht. Charlotte hatte gemault und herumgeknatscht: Paulinka hatte wohl wieder einmal mit ihrem Soubrettencharme die Beamten auf dem französischen Konsulat um den Finger gewickelt. Typisch.

»Kriech unter die Bank«, sagte plötzlich die mümmelnde alte Frau ihr gegenüber, ich verdecke dich mit meinem Mantel und den Röcken. Na, komm schon. Ich weiß doch, was mit dir los ist.«

Charlotte zögerte. War es schon so weit gekommen, dass sie sich totstellen musste wie ein bedrohtes Tier, nur um die nackte Haut zu retten? Nein, sie konnte das nicht, sie konnte nicht unter die Röcke dieser Frau schlüpfen, es ging nicht.

Der Zug lief im Bahnhof Freiburg im Breisgau ein. Charlotte sah nicht aus dem Fenster, der Anblick von Männern in Uniform verursachte ihr eine Gänsehaut Aber die Geräusche konnte sie nicht abstellen: Stimmen, die Befehle brüllten, das Schlagen von Waggontüren, Hundegebell. Die Zeit dehnte sich. Es erschien ihr, als wären Stunden vergangen, bis schließlich ihre Abteiltür aufging und ein deutscher Grenzbeamter nach den Pässen fragte. Er war ziemlich alt, ziemlich dick, ziemlich kahlköpfig, wirkte eher gemütlich als gefährlich. Die alte Frau reichte ihr Dokument, ohne aufzusehen, zermalmte unbeeindruckt weiter Printen, der Duft von Nelken und Anis erfüllte das Abteil. Der Beamte wandte sich Lotte zu. Sie händigte ihm Reisegenehmigung und Ausweis aus.

»Wo ist Ihr Pass?« Die Stimme klang bedrohlich leise.

»Ich habe noch keinen Pass, weil ich erst einundzwanzig bin.«

Der Beamte schaute erst Charlotte an, dann ihren Ausweis, studierte das Zertifikat des französischen Konsulats in Berlin. »So, so, das Fräulein Sara Salomon will nach Frankreich.« Eine anrührende Geschichte würde an diesem braunen Uniformhemd mit dem Hakenkreuz abprallen. Dieser Mann würde ihr nichts glauben. Sie hatte die Erzählung über die kranke Oma einstudiert, aber sie fing gar nicht erst damit an, reichte dem Beamten nur den fingierten Brief des Großvaters – mit französischer Briefmarke –, in dem er um einen letzten, das Wort *letzten* war unterstrichen, Besuch der Enkelin bat.

Ein zweiter, jüngerer Beamter tauchte auf. Charlotte hatte das Gefühl, dass sich die Zöllner gegenseitig kontrollieren mussten, damit keiner von ihnen Gefahr lief, in einer Anwandlung von Nachsicht einen Passagier durchzuwinken. Der jüngere befahl ihr, die Reisetasche zu öffnen, inspizierte den Inhalt und benannte jedes Ding, wie um einem blinden Kollegen zu erklären, was er sah: »Drei Schallplatten mit, ich glaube, ernster Musik, eine davon fremdländisch. Zwei Garnituren Unterwäsche.«

»Aber, mein Fräulein, wozu brauchen Sie zweimal frische Unterwäsche für drei Tage?«, mischte sich der ältere Kollege ein. »Das ist ja wohl ein bisschen übertrieben. Aber in bestimmten Kreisen gibt es ja besonders reinliche Menschen.« Jetzt lachten beide Beamte. Der jüngere nahm sich das Necessaire vor, schraubte jede Tube auf, öffnete jeden Tiegel, beschlagnahmte schließlich die Nagelschere: »Waffen dürfen nicht ins Ausland ausgeführt werden, das sollten Sie wissen!« Dabei sah er Beifall heischend zu seinem Kollegen hinüber.

Charlotte senkte den Blick. Sie konnte diese Männer nicht länger anschauen, und so dauerte es eine Weile, bis sie feststellte, dass die Abteiltür geschlossen und die Grenzbeamten verschwunden waren. Sie legte ihre Habseligkeiten in die Reisetasche zurück und verstaute sie im Netz. Ihr knabberndes Gegenüber schaute sie freundlich an: »Das Schlimmste haben Sie hinter sich. Nur am Badischen Bahnhof in Basel wird es noch mal kritisch, da steigt die Schweizer Fremdenpolizei zu.«

Der Schweizer Grenzbeamte sprach ein singendes Schwyzerdütsch, das noch gemütlicher als der badische Dialekt klang, den sie zuvor gehört hatte. »Es ist Ihnen streng verboten, den Zug innerhalb der Schweiz zu verlassen«, sagte er, »das wissen Sie hoffentlich, es könnte erhebliche Strafen nach sich ziehen und die sofortige Rücksendung nach Deutschland.« Auch der freundliche Dialekt verbarg die kalte Drohung nicht. Charlotte nickte und fühlte sich wie ein Paket, das die schweizerische Post jederzeit als unzustellbar an den Absender zurückschicken konnte.

Aber die alte Frau ihr gegenüber schien zufrieden zu sein. »Willkommen in der Schweiz, Mademoiselle, dem Land der Schokolade. Möchten Sie einen Riegel?«

Hinter der Grenze füllte sich der Zug. Charlotte starrte aus dem Fenster. Gern hätte sie einen Blick auf die berühmten Schweizer Berge geworfen, in ihrer Vorstellung wie von Hodler gemalt, in einem eisigen, transparenten Blau. Doch der Tag war grau und verhangen, sie sah Wiesen und Dörfer, Straßen, einzelne Gehöfte, alle menschenleer, abweisend, die Berge in Wolken. Im Januar konnte man nicht mehr erwarten. Sie schloss die Augen, schlafen konnte sie nicht.

In der Ermitage

Die Fahrt bis Nizza dauerte 21 Stunden. Von dort ging es weiter mit dem Bummelzug nach Villefranche. Ihr Großvater erwartete sie am Bahnhof, er umarmte sie nicht, aber er nahm kurz ihre Hand. Alt war er geworden, doch immer noch stellte er den feinen Herrn Sanitätsrat im Anzug mit Weste und Krawatte aus. Als sie den kleinen Bahnhofsunterstand verließen, musste sie die Augen zusammenkneifen. In Berlin hatte sie die Stadt in milchigem Winternebel verlassen, hier schien eine grelle südliche Sonne, die Temperaturen waren frühlingshaft.

»Wo ist Großmama?«, fragte Charlotte.

»Ach, sie hat gerade wieder ihre Zustände«, tat der Großvater die Frage mit einer wegwerfenden Handbewegung ab. »Kommt neuerdings häufiger vor. Das Beste ist, sich nicht darum zu kümmern. Geht von selbst wieder vorbei. Wir essen jetzt erst einmal etwas Ordentliches, Lamm mit weißen Bohnen, dann gehen wir zu Fuß zur Ermitage.«

Charlotte trottete schweigend neben ihrem Großvater her.

»Warum sind Albert und Paula nicht mitgekommen? Was hält die noch in Berlin?«

»Sie wollen in die USA. Sie haben Affidavits: Paula eine Einladung, an der Metropolitan Opera zu singen, und Papa kann auf Vermittlung Albert Einsteins eine Stelle an der Universität in Princeton antreten.«

»Die Amerikaner werden sich bedanken für die Flut von Flüchtlingen, die ins Land schwappt. Wir sind nirgends mehr erwünscht, auch in Frankreich nicht. Am Anfang, als wir hier ankamen, hat man uns behandelt wie Diplomaten oder hochrangige Wissenschaftler: Monsieur le professeur, chère Madame, so ging das den ganzen Tag.« Der Großvater redete sich angestauten Frust von der Seele. Offensichtlich hatte Frankreich sich nicht als das Paradies erwiesen, an das er und seine Frau geglaubt hatten. »Leider hat man mir nicht genehmigt, eine Praxis zu eröffnen. Deine Großmutter hätte als meine Sprechstundenhilfe auch eine vernünftige Aufgabe gehabt und wäre nicht ins Grübeln gekommen. Arbeit hilft über alles hinweg. Jetzt faulenzen wir den ganzen Tag und sind froh, wenn er vorüber ist. Morgens lesen wir drei Zeitungen, dann sind wir erschöpft von all den schlechten Nachrichten aus Deutschland.«

Das Klagen ihres Großvaters empfand Charlotte als ungehörig. Machte er sich überhaupt Gedanken, wie es ihnen in Berlin ergangen war? Er wusste doch aus Briefen, dass die Nazis ihren Vater in »Schutzhaft« genommen hatten.

Schon wollte sie ihm ins Wort fallen, da fuhr der Großvater in seiner Jeremiade fort: »Deine Großmutter hängt den ganzen Tag so dicht am Radio, als wollte sie die Stimmen in ihr Ohr saugen. Von da aus steigen sie dann in ihren Kopf, um Unheil anzurichten. Nach dem Mittagsschlaf bummeln wir hinunter ans Meer, sehen den Fischern zu und warten darauf, wieder nach Berlin zurückzukönnen.«

»Im Augenblick sieht es nicht so aus, als ob dies bald möglich wäre«, sagte Charlotte.

»Aber die Alliierten können Hitler doch nicht einfach weiter schalten und walten lassen. Wie lange soll das Spiel des tobsüchtigen Kleinbürgers noch gehen? Bis ein Krieg ausbricht?«

Charlotte lag auf der Zunge zu sagen: Ein Krieg bricht nicht aus wie ein Vulkan. Er wird angezettelt oder erklärt oder vom Zaun gebrochen, aber er ist kein Naturereignis. Doch sie schwieg. Das Essen im Restaurant war gut, auch wenn sie fürchtete, den Rest des Tages nach Knoblauch zu riechen. Der Großvater trank Rotwein, er wollte auch ihr ein Glas spendieren, aber Lotte winkte ab, Wein stieg ihr immer gleich in den Kopf.

Großvater Ludwigs Haar war weiß geworden, der Schnurrbart gepflegt und voluminös wie immer. Jede Menge Essensreste verfingen sich darin. Die Stoffserviette blieb trotzdem unberührt neben dem Teller liegen. Die Art seiner Rede hatte sich verändert. Er sprach ein breites, flüssiges Französisch, mit ihr aber ein lückenhaftes Deutsch, dessen Pausen er mit Phrasen zu stopfen suchte: »Das war auch so 'ne Geschichte«, »undsoweiterundsofort«, »was machste, was sagste?«, »kommt Zeit, kommt Sechstagerennen«. Redete so ein Mann, der sich immer viel auf seine Bildung zugutegehalten hatte?

Charlotte kämpfte schon im Lokal, als sie am Ende des Déjeuner einen schwarzen Café und der Großvater einen Pastis trank, gegen ein Heimweh an, das sie nie wieder ganz loslassen würde.

»Ich hoffe, du fühlst dich gestärkt«, beendete Ludwig ihre Mahlzeit. »Wir müssen zur Ermitage tüchtig den Berg hinaufschnaufen, ebene Wege findest du in dieser Gegend nicht. Außer der Promenade am Meer natürlich. Ansonsten gibt es nur Steigen und Fallen.«

Der Weg hinauf folgte den Serpentinen der Straßen und ließ sich manchmal durch Treppen verkürzen, die zwischen den Häusern auf den Hügel führten. Schließlich hatten sie die Ermitage erreicht; ein großes, von weißen Säulen flankiertes schmiedeeisernes Tor gab den Blick auf das Anwesen frei – und der riss Charlotte aus ihren wehmütigen Gedanken an Berlin. Was sich vor ihr auftat, war ein Paradies! Ein Garten Eden mit Palmen und Zypressen, Pinien, Judasbäumen und Kreppmyrten. Bougainvilleen und Oleander säumten den Weg zum Haus, noch in Wintergrau, aber schon mit der Verheißung, bald ihre Farben zu versprühen.

»C'est merveilleux, n'est-ce pas?« Ludwig Grunwald freute sich am Staunen seiner Enkelin, der jungen Dame, die er zuletzt vor viereinhalb Jahren in Rom gesehen hatte. Damals war sie ihm mit ihren siebzehn Jahren noch wie ein großes Kind vorgekommen, doch jetzt war sie eine junge Frau geworden. »Ottilie Moore hat uns ein kleines Häuschen überlassen, sie kann es sich ja leisten«, sagte er und zeigte in Richtung der Bergerie, die wie ein Idyll aus einem Schäferroman vor Charlotte auftauchte. »Nur dass Mrs. Moore ständig neue Kinder aufnehmen muss. Das ewige Geschrei und Getobe der Gören raubt uns den Verstand. Aber wir haben keine Wahl. Wir müssen uns das gefallen lassen.«

»Aber wahrscheinlich brauchen diese Kinder Schutz – genau wie ihr«, wagte Charlotte einzuwenden.

Die Bergerie hatte zwei Stockwerke und war aus unverputzten Steinen gebaut. Zum Eingang führte eine seitliche Treppe mit einem kleinen Sitzplatz unter einer völlig zugewachsenen

Pergola. Auf der Rückseite öffnete sich nach Süden eine große Terrasse mit Blick aufs Meer. Die Bergerie war kein ehemaliger Schafstall, wie der Name es suggerierte, keine bescheidene Kate, sondern ein kleines provenzalisches Landhaus, in die grüne Vegetation hineingebaut, als wüchse es aus ihr heraus wie ein lebendiger Organismus. Die Menschen hier hatten ein besonderes Gefühl für Licht und Helligkeit, sie holten das Draußen nach drinnen. Ein Traumdomizil für Menschen, die vor Verfolgung geflohen waren und in einem Naturparadies ein Leben jenseits aller Bedrohung führen konnten. Wie beruhigend für Geist, Sinne und Seele hätten die weiß gestrichenen Zimmer mit den schwarzen Holzpaneelen an den Decken und den vielen Fenstern wirken können, wären diese Räume nicht mit den dunkel gebeizten Berliner Eichenmöbeln der Großeltern vollgestellt und die Wände mit barock gerahmten Ölgemälden des 19. Jahrhunderts zugehängt gewesen. Glücklicherweise war das Zimmer im ersten Stock, das Charlotte zugedacht war, nur sparsam möbliert: ein Bett, ein Schrank, ein Stuhl und ein winzig kleiner Schreibtisch, eigentlich nur ein längliches Brett auf zwei Stützen, das an die Wand genagelt war. Auf dem Bett leuchtete eine im traditionellen provenzalischen Muster gewebte Decke.

Das Fenster war weit geöffnet und bot einen Blick, der alles Heimweh betäubte – wenigstens für diesen Augenblick: Unterhalb der Anhöhe, auf der das Haus stand, sah Charlotte durch Palmen hindurch die Wellen in winterlich opakem Blau auf den steinigen Strand schlagen. Der Großvater stand neben ihr und wartete auf einen Kommentar, ein glückliches Aufseufzen, einen entzückten Schrei. Charlotte sagte nichts, drehte sich schließlich doch zu ihm um und fragte: »Und wo ist nun die Großmama?«

Ludwig Grunwald führte seine Enkelin die Treppe hinunter über den Flur in das Schlafzimmer mit dem Grand Lit. Der Kontrast hätte nicht größer sein können. Hatte Charlottes Zimmer im Januarlicht gestrahlt, waren im Halbdämmer dieses Raums alle Konturen matt und verwaschen. Charlotte ahnte die Anwesenheit der Großmutter mehr, als dass sie sie in dem großen Bett liegen sah. Sie wollte die Vorhänge aufziehen, aber Mariannes Stimme kam aus dem Dunkel: »Lass das! Kein Licht! Bist du das, Lotte?«

Charlotte suchte die Hände ihrer Großmutter und küsste sie. Sie fühlten sich so schlaff an, als gehörten sie nicht zu einem lebendigen Menschen.

»Ach Lotte, warum bist du nur gekommen? Warum bist du nicht bei Albert und seiner Sängerin geblieben? Was willst du hier? Du wirst vor Langeweile eingehen. Nichts als Meer und Sonne und Sonne und Meer und im Winter Regen.«

»Sie schwimmt doch gern, hat sie in Berlin jedenfalls immer getan«, beschwichtigte Ludwig seine Frau.

»Und sie holen uns doch, Lotte«, ließ die sich nicht in ihren düsteren Prophezeiungen beirren, »es ist vollkommen sinnlos, dass du gekommen bist. Fahr wieder zurück!«

»Marianne, so beruhige dich doch«, sagte Ludwig. »Niemand holt uns!«

»Aber die Franzosen stecken alle mit den Nazis unter einer Decke. Dass du das nicht wahrhaben willst.«

Damit drehte sie abrupt ihrem Mann und ihrer Enkelin den Rücken zu und zog die Bettdecke über den Kopf. Ludwig führte Charlotte aus dem Raum. »Es ist gut, dass du hier bist, Lotte. Sie geht mir auf die Nerven. Du wirst sie aufheitern.«

Daran hatte Charlotte erhebliche Zweifel. Und Zweifel ergriffen sie auch, ob es gut gewesen war, nach Villefranche zu kommen. Wie sollte sie es mit den Großeltern aushalten! Die Großmutter melancholisch, der Großvater ein alter Nörgler. Auch im weißen Villefranche konnte man nichts als schwarzsehen. Doch es gab den Blick aus ihrem Zimmer, im Zaubergarten der Ermitage herrschte eine beinahe unwirkliche Ruhe, in die kein »Juderaus«-Ruf dringen würde, da gab es Frieden.

Am nächsten Tag würde sie von dem wenigen Geld, das sie mitgebracht hatte, Malsachen kaufen. Und als Erstes würde sie den Blick aus ihrem Fenster malen, damit er ihr nie verloren ging.

Beim Frühstück am nächsten Morgen sah die Welt freundlicher aus. Großmutter Marianne war aufgestanden und hatte sich zurechtgemacht, die Haare frisiert, ein dunkelblau kariertes Kleid mit weißem Schalkragen angezogen. Sie konnten sogar im Freien frühstücken, und das Ende Januar.

Der Tag ist hellblau, dachte Charlotte, die immer in Farben fühlte. Das lichte Bleu würde sich im Laufe des Tages in ein schwarzes Blau verdüstern, das ahnte sie schon.

Sie hatte schlecht geschlafen, obgleich sie von der langen Reise todmüde gewesen war. Ihre Gedanken waren um Amadeus gekreist, von dem sie sich nicht einmal richtig hatte verabschieden können. In letzter Minute war er auf dem Bahnsteig erschienen und stand neben Paulinka, als sich ihr Zug schon in Bewegung setzte. Wie wild winkte er mit einem roten Tuch, sie konnte es noch erahnen, als die Menschen schon zu kleinen Punkten geschrumpft waren. Warum war Amadeus so spät gekommen? Weil ihm der Abschied von ihr zu schmerzhaft gewesen war? Im Bahnhof und auf dem Bahnsteig patrouillierten viele uniformierte SA-Leute, das musste der Grund gewesen sein: Er hatte vorsichtig sein müssen, sich im Menschenknäuel verstecken, um nicht aufzufallen, nicht verhaftet zu werden.

Am Abend vor der Abfahrt war sie zu ihm gelaufen, hatte Paulinka zugerufen: »Ich muss mich noch von Tante Hedwig verabschieden«, war die Treppen zu seiner kleinen Wohnung hinaufgehastet, und bevor sie Atem schöpfen konnte, hatte Amadeus sie in den Arm genommen, ihr Gesicht, ihren Hals, ihre Brust mit Küssen bedeckt. Seine Behausung war armselig, aber noch aus dem Schimmelfleck an der Decke leitete er die schönsten Deutungen ab: »Da droben wacht Jupiter, zusammen mit seinem Mond Io. Das sind wir beide.« (4818) Immer wühlte er in der Mythologie, in der antiken Literatur, in der Geschichte der Kunst und beschwor Bilder, in die er sich einschrieb, manchmal auch sie beide als Paar: Als Io kreiste Charlotte um den obersten der Götter, Jupiter, von seinem Licht erhellt. Aber hatte Juno Io nicht aus Eifersucht in eine Kuh verwandelt? Zum Abschied hatte Amadeus ihr die Hände auf die Schultern gelegt wie ein Priester, der einen Segen spricht, seine Stimme hatte sie in ihrer Feierlichkeit fast peinlich berührt: Vergiss nicht, *daß ich das Leben liebe und dreifach bejahe. Um das Leben ganz zu lieben – dazu muß man vielleicht auch seine andere Seite, den Tod, umfassen und begreifen […] Mögest du nie vergessen, daß ich an dich glaube.* (4819, 4820) Diese Worte hütete sie wie ein Vermächtnis, schloss sie ein in ihre Pinseldose, in ihren Kasten mit Zeichenstiften, in alle Geheimfächer ihres Bewusstseins. Er glaubte an sie als Künstlerin. Sie würde ihm Ehre machen.

Von Paulinka könnte er ihre Adresse erfahren. Er würde ihr schreiben, würde sie besuchen, ja, vielleicht würde er bei ihr bleiben und hier zusammen mit ihr leben. Natürlich nicht in der Ermitage, aber in einem kleinen Zimmer, das sie gemeinsam mieteten. Sie würde auf ihn warten. Alles, was sie im Augenblick für sich sprach, erschien im Konjunktiv. Amadeus musste fliehen, er konnte nicht länger in Berlin untertauchen, jeder Schritt auf der Straße war lebensgefährlich für ihn geworden. Und er würde in ihre Arme fliehen. Daran wollte sie glauben.

Die Großeltern Grunwald saßen mit ihrer Enkelin im Garten der Bergerie, die Sonne warf schimmernde Flecken auf das weiße Tuch, das den runden Gartentisch bedeckte – und bald tauchte die italienische Köchin und Hausangestellte Vittoria auf und servierte das Frühstück. Charlotte traute ihren Augen nicht.

In Berlin hatten die Grunwalds natürlich jede Menge Personal gehabt – aber hier in Frankreich – als Emigranten!

»Der Kaffee ist schon wieder kalt«, mäkelte der Großvater, doch Vittoria ließ sich nicht aus der Ruhe bringen. »Kommen Sie doch morgens in die Villa, Herr Doktor, da ist der Kaffee heißer, und die Kinder versprühen gute Laune.«

»Gott bewahre«, murmelte der Großvater und schaute griesgrämig auf sein gekochtes Ei, als erwartete er, dass ihm ein fauliger Geruch entströmte, wenn er es mit dem Löffel aufschlug.

Charlotte trug eine weiße Bluse mit Puffärmeln unter einem dirndlähnlichen Kleid. Sie hatte es in Berlin gekauft, weil sie dachte, in einer typisch deutschen Trachtenkleidung am wenigsten als Jüdin aufzufallen. Natürlich würden die Bayern oder Österreicher über diesen nachgemachten Alpenstil nur lachen. Aber die Ermitage war ja eine große Bühne, auf der das reale Leben zugunsten einer Traumwelt ausgesperrt war. In der sich die Menschen wie Marionetten bewegten. Die Großeltern hatten die Partie der bösartigen Alten übernommen, und welche Rolle fiel ihr zu? Das naive Mädchen in einem Schäferspiel? Eine Fremde aus der Ferne, die ein Idyll zerstört?

Dem Großvater gefiel das Kleid: »Muss man jetzt fesches Maderl zu dir sagen?« Er selbst trug einen weißen Anzug mit Weste und Krawatte, in dem er wie ein Lebemann aussah, der an der Riviera Urlaub macht. Eigentlich fehlte nur noch der Champagner zum Frühstück. (4836 ff.)

»Ja, Lotte, was willst du denn jetzt machen mit der vielen freien Zeit?«, fragte die Großmutter.

»Ich werde zeichnen. Das ist, was ich gelernt habe. Und Motive scheint es hier genug zu geben.«

»Aber Kind, bist du auf der Welt, um immer nur zu malen?«

Charlottes Gesicht verhärtete sich: Sie wollte keine Gespräche über die Zukunft zu einem Zeitpunkt, wo es nichts als ein bisschen Gegenwart gab. »Ich kann auch spazieren gehen«, sagte sie spitz. Sie versuchte, den scharf gebrannten schwarzen Kaffee und die Butterhörnchen zu genießen. Aber der Kaffee schmeckte bitter, das Croissant bröselte.

»Du lässt Lotte immer alles durchgehen«, fuhr Ludwig Grunwald aus heiterem Himmel seine Frau an. »Immer meinst du, sie sei was Besseres. Warum soll Lotte denn nicht arbeiten? Wie alle Flüchtlingsmädchen? Sie kann Dienstmädchen werden. Oder in einem Hotel die Zimmer machen.«

Marianne reagierte erbost: »Lotte und Dienstmädchen? Meine Enkelin? Das kommt nicht infrage.«

Charlotte stand auf. Sie hätte schreien mögen, so laut, dass die Pfefferbäume, unter denen sie saßen, vor Schreck ihre Blätter verlören. Amadeus, beschwor sie in ihrem Innern den fernen Geliebten, komm her und rette mich vor dieser Mischpoke.

In diesem Augenblick tauchte Ottilie Moore auf: »Ich muss doch unsere neue Mitbewohnerin begrüßen. Sie sind Charlotte, nicht wahr?« Sie sprach Charlotte französisch aus, redete aber deutsch mit ihr.

Mrs. Moore sah überhaupt nicht amerikanisch aus, sie wirkte wenig eitel, nicht aufgedonnert. Ihr flächiges, ungeschminktes Gesicht, umrahmt von einer blonden Dauerwelle, und die kräftige Statur signalisierten, was sie als Person verkörperte: etwas Großzügiges, Zupackendes, Willensstarkes. Ihr Lachen dröhnte durch den Garten, sodass Charlotte unmerklich zusammenzuckte.

»Fühl dich wohl bei uns«, sagte Ottilie, rasch zum Du übergehend, und reichte ihr die Hand. Charlotte setzte sich wieder, sie versuchte zu lächeln, mühte sich, keine Grimasse zu ziehen. Aber Ottilie Moore strahlte eine Herzlichkeit und Wärme aus, die das Eis, das sich auf ihre Seele gelegt hatte, schmelzen ließen. »Heute kommen wieder zwei jüdische Kinder aus Deutschland, deren

Eltern verhaftet wurden. Ein Freund bringt sie her. Wenn es so weitergeht mit der Entwicklung unter Hitler, wird die Ermitage bald aus allen Nähten platzen. Die Kinder sind zehn und elf Jahre alt, zwei Mädchen; sie brauchen Aufgaben und Ablenkungen von dem Trauma, das sie gerade erlebt haben.«

Charlotte ahnte, was jetzt kommen würde, sie wusste es. Aber sie war nicht als Hase geboren, die sich mit Hingabe kleinen Kindern widmen konnte. Sie konnte mit Kindern absolut nichts anfangen.

Und es kam. Mit genau der Formulierung, die Charlotte vorhergesehen hatte, wandte Ottilie Moore sich an sie: »Ich habe gehört, dass du Malerin bist. Könntest du dir vorstellen, den vielen Kindern hier Unterricht zu geben? Oder wenigstens sie sinnvoll zu beschäftigen?«

»Malen ist kein Zeitvertreib«, erwiderte Charlotte und ärgerte sich, weil die Worte ihr so abweisend herausgerutscht waren. »Und ich weiß nicht, ob ich eine gute Pädagogin bin. Das bezweifle ich. Aber natürlich will ich es gern versuchen.«

»Wunderbar«, sagte Ottilie Moore. Charlotte würde sich daran gewöhnen, dass Ottilie zweihundertmal am Tag Worte wie »wunderbar« oder »wonderful« oder »magnifique« gebrauchte. Wenigstens eine, dachte sie, die glaubt, dass das Leben die Farbe annimmt, die man ihm gibt.

»Finde dich erst einmal zurecht, Charlotte, und erhole dich von Berlin. Ich komme wieder auf dich zu.«

Charlotte verzog sich nach dem Frühstück in den Park, lief wie traumwandlerisch die Wege ab, verlor sich in einem von Lavendel und beschnittenen Rosen umsäumten Rondell, in dessen Mitte ein Brunnen aus hellem Sandstein stand. Das Wasser war abgedreht, schließlich war Winter, aber im Sommer musste das ein Platz sein, wo man ins Träumen verfiel. Hier würde sie Bilder in neuen Farben malen, in Farben, wie sie sie in Berlin nie verwendet hatte, ganz viel Titanweiß brauchte sie, um das Rot ins Rosa aufzuhellen, das Blau mit Gelb in ein Maiengrün zu mischen, dem Blau des Meeres weiße Kronen aufzusetzen, um die Schönheit ihrer neuen Heimat zu feiern. Sie umrundete das Areal, ging an der Mauer entlang, die das Grundstück umfriedete, blieb immer wieder stehen, um herauszufinden, von welcher Stelle im Park man die schönste Aussicht aufs Meer hatte.

Währenddessen verhandelten die Großeltern immer noch die Zukunft ihrer Enkelin. *Sie braucht einen Mann [...] Junge Mädchen haben in einem gewissen Alter Männer nötig,* verkündete Ludwig wie ein biblisches Gesetz. (4839, 4840) »Wenn man zum richtigen Zeitpunkt heiratet, wird man auch nicht zickig.«

»Sie ist nicht zickig, sondern melancholisch. Wie unsere Töchter es waren, die beide in den Tod gegangen sind. Auch Lotte trägt dieses Virus in sich – wie wir alle«, sagte Marianne. Und leiser ergänzte sie: »Wie ich auch.«

»Red mir nicht von Virus«, brauste Ludwig auf. »Was weißt du von Virologie? Es ist kein Virus, sondern ein Hang zur Schwermut. Und der verstärkt sich, wenn man nichts zu tun hat. Wenn Lotte einen gescheiten Mann hätte, wäre alles anders.«

»Hör auf, von Heiraten zu reden. Das ist aberwitzig. Wir alle wissen nicht, was der nächste Tag bringt, wir leben auf des Messers Schneide. Die Franzosen können uns den Aufenthalt entziehen. Morgen kann Frankreich Deutschland den Krieg erklären und uns ausliefern. Und du kannst an nichts anderes denken als daran, wie du deine Enkeltochter unter die Haube bringst. Das ist einfach närrisch. Das Mädchen hat noch nie einen Mann geliebt, spürst du das nicht?«

»Es gibt genügend junge Männer unter den deutschen Emigranten.«

Die letzten Worte hatte Charlotte beim Näherkommen gehört. Es verschlug ihr den Atem. Sie baute sich vor den Großeltern auf, rang um Fassung, ihre Stimme klang ungewohnt scharf: *Ich habe mich noch nie in meinem Leben für Männer interessiert, und ich bitte euch ein für alle Male, mich mit dem Kapitel zu verschonen.* (4840)

Marianne Grunwald zog sich ins Schlafzimmer zurück und schloss die Vorhänge. Sie ertrug diesen Mann nicht mehr, nicht mehr dieses Leben auf schwankendem Grund. Und manchmal ertrug sie auch Ottilie Moore nicht mehr. Güte konnte etwas Gewalttätiges haben.

Charlotte ging in die Altstadt, um Malutensilien zu besorgen, kehrte aber schon nach kurzer Zeit zurück. Außer Zeichenblöcken und bunter Kinderkreide war im Ort nichts aufzutreiben gewesen, sie würde nach Nizza fahren müssen.

Doch sie wollte nicht warten, nahm ungeduldig den Zeichenblock und versuchte von der Ermitage aus den Blick auf Villefranche zu skizzieren – die Bucht mit der Aussicht bis Saint-Jean-Cap-Ferrat, den Hafen mit den Fischerbooten, die rot gedeckten Häuser, das Grün der üppigen Gärten. Alles sehr pittoresk, ein *Locus amoenus*. Sie hielt das Blatt von sich weg, blinzelte, um die Wirkung der Zeichnung zu überprüfen. Dann riss sie mit einer spontanen Geste alle Kreiden aus ihren Hüllen und übermalte die Skizze mit wilden Strichen, sodass eine einzige krude Fläche entstand, ohne Kontur, ohne Struktur. »Winter meiner Seele«, wollte sie unter den wirren Wirbel schreiben, dann »Seelenlandschaft«, besann sich aber und gab dem Bild den Titel »Villefranche im Januar«.

»Es wird Frühling«, sagte Vittoria, als sie den Nachmittagstee brachte.

Die Vertreibung aus dem Paradies

»Sie war glücklich, in der Ermitage zu leben«, schrieb Emil Straus über Charlotte. »Den ganzen Tag über streifte sie im Garten umher, zeichnend und malend, oder sie lag stundenlang unter einem Orangenbaum und blickte in den blauen Himmel, schlief ein, erwachte und war trunken vor Begeisterung und Glück. Im Haushalt half sie wenig. [...] Wo sie gerade weilte, zog sie den Zeichenblock aus der Tasche. Sie mußte sich freimachen, und ihre Sprache war Stift oder Pinsel.« (4835, Abb. 20*)

Straus war wie viele deutsche Juden an die Côte d'Azur emigriert. In einem früheren Leben hatte er als Kantor und Religionslehrer an der Synagoge Frankenthal gewirkt, ein Nachfolger von Paula Lindbergs Vater Lazarus Levi. Ab und zu kam er in die Bergerie, um sich mit Marianne Grunwald zu unterhalten, deren Bildung und Wissen über Kunst und Architektur er schätzte. Eines Tages lernte er die Enkelin kennen, ein zurückhaltendes Mädchen, das wenig von seinen Großeltern geerbt zu haben schien, nicht die Eloquenz der Großmutter, aber glücklicherweise auch nicht das selbstherrliche Gebaren des Großvaters.

Straus sah Charlotte als »blauäugig, dunkelblond, die Haare aufgelockert, schlank, mit geröteten Wangen, urfrisch, etwas ungelenk in ihren Bewegungen und scheu wie ein junges Reh«. Offensichtlich mied sie die Menschen, blieb für sich, suchte keinen Kontakt zu anderen Bewohnern der Ermitage, ging auch den Großeltern, soweit möglich, aus dem Weg. Wenn eine Begegnung unumgänglich war, gab es meistens Streit.

Ein Neffe Ottilie Moores, Wallace Moore, Wally genannt, der auch in der Ermitage lebte, erinnerte sich an Charlotte: »Sie war nicht von dieser Welt.«

Annie Nagler, Schwägerin Alexander Naglers, Charlottes späterem Ehemann, beschrieb ihren Eindruck ähnlich, nur mit einem anderen Bild: »… ihre Füße berührten nie den Boden.«

Nie nahm Charlotte an den Aktivitäten, die Ottilie Moore anbot, teil; sie wurde rot, sobald die Kinder sie ansprachen, und winkte ab, wenn sie mit ihr spielen wollten. Man gab ihr den Spitznamen »die Stumme«. Nur einmal, so erinnerte sich später Ottilie Moores Tochter Didi, habe sie sich ihr zugewandt:

»Didi, warum sitzt du hier unter dem Baum und weinst?«

»Ich will auf den Baum steigen.«

»Und warum?«

»Weil Wally immer auf den Baum steigt.«

»Wer ist Wally?«

»Mein Cousin.«

»Der ist älter, oder?«

»Nur ein bisschen.«

»Na, dann steig auf den Baum!«

»Ich habe Angst.«

»Wovor?«

»Dass ich herunterfalle.«

»Didi, nimm meinen Zeichenblock und die Stifte und mal den Baum. Wenn du ihn gemalt hast, ist deine Angst verschwunden.«

Der einzige Mensch, zu dem Charlotte Vertrauen fasste, war Ottilie Moore. Sie war keine einfache Person, sondern ein Mensch von widersprüchlichem Charakter und sprunghaftem Temperament. 1902 wurde sie in Brooklyn als Tochter eines deutschen Emigranten geboren, der es vom Hotdog-Verkäufer zum Fleischfabrikanten gebracht hatte und schließlich einen lukrativen Vertrag über Fleischkonserven mit der Army abschließen konnte, was ihm einen gigantischen Reichtum bescherte. 1926 heiratete Ottilie Gobel Claude E. Moore, einen in West Point graduierten Offizier, der in San Francisco stationiert werden sollte. Doch Ottilie hatte keine Lust auf Kalifornien, auf eine Rolle als Offiziersgattin schon gar nicht und zwang ihren Mann, seinen Abschied von der Army zu nehmen. Auf der Flitterwochen-Weltreise kamen die beiden an die französische Riviera, die in den zwanziger Jahren bei Amerikanern außerordentlich beliebt war. Sie fanden dort das große Anwesen der Villa Ermitage, ließen das Haupthaus sanieren und den Park neu gestalten. In der Zwischenzeit lebten sie in einer Wohnung in Villefranche. Im Dezember 1928 wurde ihre Tochter Ottilie, genannt Didi, geboren, 1929 zogen sie in die Villa Ermitage.

Drei Jahre später starb Claude unter mysteriösen Umständen, er stürzte von einem Balkon des Sheraton Park Hotels in Washington. Es gab Gerüchte, dass ein heftiger Streit zwischen den Eheleuten vorangegangen war, dass Claude Moore eher in den Tod gesprungen als gefallen sei.

Seither war Ottilie die alleinige Herrscherin in der Ermitage. Sie hatte sich zum Ziel gesetzt, Menschen, die von den Nazis verfolgt wurden, zu retten. Vor allem jüdischen Waisenkindern, deren Eltern in Konzentrationslager verschleppt oder getötet worden waren, wollte sie einen sicheren Hafen bieten. Mit unglaublicher Energie sorgte sie für diese Kinder, ließ sie in Villefranche in die Schule gehen, betreute sie am Nachmittag, bot ihnen Möglichkeiten, Sport zu treiben, das Schwimmen zu erlernen, zu musizieren – all dies in der Absicht, den traumatischen Verlusten ihres jungen Lebens eine andere Erfahrung entgegenzusetzen: Geborgenheit.

Sie war generös, sie hatte Stil, jede Gesellschaft konnte sie mit ihrer überbordenden Fröhlichkeit inspirieren, aber zugleich war sie ein Mensch, der alles kontrollieren musste, keinen Widerspruch duldete und wechselnden Launen ausgesetzt war. Kein Wunder, dass es zwischen dem Ehepaar Grunwald und Ottilie

Moore auf die Dauer zu Spannungen kam. Und Charlotte geriet in diesen atmosphärischen Verstimmungen, die immer häufiger in offene Auseinandersetzungen mündeten, zunehmend zwischen die Fronten.

Die Großeltern spielten sich als vornehme Bildungsbürger auf und dünkten sich allen in der Ermitage, Ottilie Moore eingeschlossen, intellektuell und sozial weit überlegen. Als Gegenwert für ihren Aufenthalt schenkten sie der Gastgeberin im Laufe der Zeit Juwelen und Bilder, hielten sich damit aber auch für berechtigt, bevorzugt behandelt zu werden. Vor allem sollte man ihnen die Kinder vom Hals halten, den Garten und weiteren Umkreis der Bergerie am besten ganz vor ihnen abschirmen. »Die alte Dame war wirklich der Horror«, urteilte später Wallace Moore.

Ludwig und Marianne Grunwald bestanden auf ihrem in Berlin gepflegten Lebensstil, kritisierten jeden Mitbewohner, der zu spät zu den Mahlzeiten kam, kontrollierten, ob die weißen Tuchservietten auf Kante gebügelt waren, aßen nie den Teller leer, weil das als vornehm galt – in Zeiten der Lebensmittelrationierung bedeutete das für alle anderen Tischgenossen einen Affront. Charlotte wand sich vor Verlegenheit über dieses Gebaren, manchmal ließ sie bewusst eine Mahlzeit ausfallen, um nicht miterleben zu müssen, wie die Großeltern sich bei Tisch aufführten. An manchen Tagen hätte sie sie nur schütteln mögen: Wacht auf, wir sind hier nicht in Berlin, wo ihr zur Crème de la Crème gehörtet oder euch eingebildet habt, es zu sein. Ihr seid Flüchtlinge, Gäste in diesem Land, das euch Aufenthalt gewährt, euch duldet. Fangt endlich an, kleine Brötchen zu backen, statt auf dreistöckigen Torten zu bestehen.

Die Großeltern redeten ständig schlecht über Ottilie Moore, kehrten ihre Verachtung, ihren Hohn für diese in ihren Augen ordinäre Amerikanerin heraus. Ottilie wiederum war nicht mit einer Himmelsgeduld für renitente Alte gesegnet. Seit zudem die österreichischen Emigranten Alexander Nagler, dessen Schwester Annie und deren Mann in der Ermitage aufgetaucht waren, hatte sich ihr Interesse von den Grunwalds abgewandt und auf die Naglers verlagert, besonders auf Alexander, der schnell zu ihrem Liebhaber avancierte.

Die Situation eskalierte.

»Ich muss mit dir sprechen.« Ottilie fing Charlotte ab, als diese ihren Lieblingsplatz beim alten Brunnen gerade verlassen wollte, den Zeichenblock schon zugeklappt. »Setz dich ruhig noch einmal hin, im Sitzen kann man unangenehme Nachrichten besser ertragen.«

Charlotte stieg das Blut in den Kopf. »Was ist passiert?«

Ottilie war augenscheinlich stark erregt, immer wieder pustete sie energisch eine Strähne weg, die ihr ins Gesicht fiel. Es klang wie wütendes Schnauben. »En voilà assez! Genug ist genug. Weißt du, was passiert ist? Heute Nachmittag habe ich Wally in den Vorratskeller geschickt. Er sollte etwas Schokolade holen, eines unserer Kinder hat Geburtstag. Und wen trifft Wally bei den Vorräten für süße Sachen? Monsieur Grunwald, die Taschen seiner Anzugjacke ausgebeult von Schokoladenriegeln, gebrannten Mandeln, Waffelkonfekt. Mühsam hamstere ich die knappen Vorräte an Süßigkeiten für unsere Kinder, weil man kaum noch etwas kaufen kann – und Monsieur reißt sie sich unter den Nagel.«

Charlotte zweifelte keinen Augenblick an der Richtigkeit von Ottilies Anschuldigung. Sie stürmte in die Bergerie und konfrontierte den Großvater mit dem Diebstahl. Der leugnete nicht, sagte nur: »Von irgendwas muss man schließlich leben.« Und: »Muss man alles diesen Rangen in den Rachen werfen?« Am gleichen Tag fuhr Charlotte nach Nizza, um für sich und ihre Großeltern eine neue Wohnung zu suchen. In der Ermitage konnten sie nicht länger bleiben.

Das eine Jahr, das Charlotte in der Ermitage Ruhe, ja eine Art von Glück gefunden hatte, war vorbei, den Auszug aus diesem Garten Eden empfand sie als eine erneute Vertreibung, als Aufbruch in ein neues Exil. Ottilie sagte zum Abschied: »*Du* kannst immer wiederkommen, Charlotte.«

Sie zogen in ein kleines Appartement in Nizza, in die Villa Eugénie in der Avenue Neuscheller. Das Haus lag am Hügel, für das über siebzigjährige Ehepaar Grunwald war der Aufstieg von der Altstadt nur schwer zu bewältigen. Auch Charlotte verließ selten die Wohnung, weil sie die Großeltern nicht allein lassen wollte. So blieben die drei zumeist zu Hause und richteten sich dort ihre Privathölle ein.

Sieh doch die Blumen da

Schon in der Bergerie hatte Marianne Grunwald den ganzen Tag in gebückter Haltung in ihrem Sessel gehockt, ihr Ohr am Radio, um die französischen Berichte über die Entwicklung in Deutschland zu hören. Sie sog die Meldungen über einen drohenden Krieg in sich hinein, als wünschte sie, dass endlich einträte, was sie fürchtete. Als der Krieg dann am 1. September 1939 mit dem Einmarsch der deutschen Truppen in Polen und der Kriegserklärung Frankreichs und Englands tatsächlich begann, sah sie das als Erfüllung ihrer Prophezeiungen. Alle Versuche Charlottes, sie von dem Rundfunkgerät wegzulocken, fruchteten nichts. In Nizza nahm Marianne Grunwalds Fixierung auf Nachrichten vom Krieg manische Züge an. Ludwig Grunwald sah dem Abgleiten seiner Frau in eine Parallelwelt eher teilnahmslos zu. Ihn interessierten mehr die materiellen Ressourcen, die ihm blieben, um weiterhin standesgemäß leben und sich belgische Pralinen und Schweizer Schokolade leisten zu können.

Die Zeit, in der Charlotte ganz für sich sein konnte, zurrte zusammen auf die wenigen Stunden vor dem Schlafengehen, in denen sie in ihrem winzigen Zimmer auf dem Bett saß, unfähig, klare Gedanken zu fassen, unfähig zu malen, unfähig aufzubegehren. War sie der Hölle Nazi-Deutschlands entronnen, um in einem anderen Reich der Finsternis zu landen und hier zugrunde zu gehen?

Der Selbstzerstörung der Großmutter konnte sie nicht tatenlos zusehen, aber zugleich durfte sie nicht zulassen, dass die Situation sie selbst zugrunde richtete. So mobilisierte sie in sich Kräfte, die sie eigentlich nicht besaß: zu helfen, zu heilen, zu retten. Und gegen die Versuchung anzukämpfen, die Alten ihrem Schicksal zu überlassen und in die Ermitage zu fliehen, wo Ottilie Moore sie mit herzhaftem Lachen begrüßen würde.

Am 30. Oktober 1939 jährte sich der Hochzeitstag Marianne und Ludwig Grundwalds zum fünfzigsten Mal. Aber das Paar hatte nicht vor, ihn zu feiern oder sonst wie zu begehen. Das Datum stand nur im Raum wie ein zufälliges Memento, das weniger an das Glück einer vergangenen Liebe erinnerte als an die Fragwürdigkeit einer gegenwärtigen Verbindung, die so ausgehöhlt und so lieblos war, so bar jeder zärtlichen Zuwendung, dass man sie am besten auflösen sollte. Doch daran war natürlich nicht zu denken.

Oft hatte die Großmutter Charlotte von den Anfängen ihrer »bräutlichen Liebe« erzählt, vom Mut des aufstrebenden Arztes Dr. Ludwig Grunwald, der es gewagt hatte, um sie, die Tochter aus reichem Hause, anzuhalten; wie ungeschickt er sich bei den ersten Besuchen in ihrem Elternhaus angestellt hatte, wo ein Fauxpas bei Tisch schwerer verziehen wurde als ein falsches Parteibuch oder die falsche Religion. Noch viele Jahre später amüsierte sie sich über die Anstrengungen des schönen Ludwig, kulturell aufzuholen und mit ihr Schritt zu halten, indem er sich für Musik und Kunstgeschichte zu interessieren begann oder ein Interesse vortäuschte, als hätte er plötzlich entdeckt, dass der Mensch nicht nur aus Gallenblase und Zwölffingerdarm bestehe. Marianne konnte herzlich lachen bei diesen Erinnerungen, und Charlotte zog Parallelen zu den Erfahrungen ihres Vaters, dem es als angehendem Schwiegersohn im Hause Grunwald ähnlich ergangen war wie Ludwig viele Jahre vorher bei den Bendas.

Charlotte beschloss, ein kleines Gedenkbuch zum Anlass der Goldenen Hochzeit anzufertigen, gespeist aus den Erinnerungen der Großmutter. Zum ersten Mal versah sie ihre Bilder mit Texten, beließ Malerei und Worten ihre Eigenständigkeit und verwob sie gleichzeitig zu einem Ganzen, in dem der Text Teil der Malerei war, das Bild eine erzählte Geschichte.

Die Großmutter würde sich über ein Bild freuen, das sie als junge Frau mit ihrem hübschen Gemahl zeigte, umgeben von zwei liebreizenden Töchtern; und der Großvater würde endlich aufhören zu sagen: Musst du eigentlich immer malen?

Sie hatte ein bisschen Geld zur Seite gelegt, das Ottilie ihr als Vergütung für einige Bilder gegeben hatte. »Du hast ein geniales Talent, aus dir wird mal was«, pflegte sie zu sagen und ihr dabei über den Kopf zu streichen wie einem Wunderkind, das in seiner Unschuld noch nichts von seiner Begabung weiß. Ottilie ließ die Bilder kostbar rahmen und hängte sie in ihrem Salon auf. Dort nahmen sie sich in ihrer aquarellenen Lichte zwischen den opulenten Ölgemälden aus dem 19. Jahrhundert recht wunderlich aus.

Am Hochzeitstag der Großeltern bestellte Charlotte einen Tisch in einem noblen Restaurant an der Promenade d'Anglais in Nizza. Mit einem Taxi fuhren sie am frühen Abend an die elegante, mit Palmen bestandene Avenue. Nichts deutete hier darauf hin, dass sich Europa seit acht Wochen im Krieg befand. Für einen kurzen Augenblick schienen Marianne Grunwalds Augen zu leuchten, als sie das Restaurant im ersten Stock eines Palais der Belle Époque betraten. Befrackte Kellner bemühten sich um die Gäste, führten sie zu einem Tisch in der ersten Reihe an der gläsernen Fensterfront, rückten ihnen die Stühle zurecht, füllten Wasser aus Karaffen mit silbernen Entenschnäbeln in Kristallgläser. Ludwig interessierte sich weniger dafür, dass das Besteck aus der berühmten Silberschmiede Christoffle stammte und das Porzellan von Bernardaud in Limoges, das mochte seine Frau mit Befriedigung konstatieren. Er widmete sich mit Hingabe dem Genuss der Meerbarbe mit Ratatouille, genierte sich auch nicht, Mariannes Portion aufzuessen, die fast unangerührt auf dem Teller geblieben war.

Vor dem Nachtisch – Crespelles mit Aprikosenkompott – überreichte Charlotte ihr Geschenk, und obgleich sie die vergangenen Monate von allen Illusionen befreit hatten, bei den Großeltern Dankbarkeit und Warmherzigkeit zu finden, hatte sie doch gehofft, ihnen eine Freude zu machen. Ludwig schaute das kleine Buch gar nicht weiter an und fragte nur, warum der Kaffee so lange auf sich warten ließ. Marianne hingegen blätterte Seite für Seite um, aber sie beschwerte sich, dass die Texte so schwer lesbar seien: Warum Charlotte die Worte denn mit dem Pinsel gemalt statt mit dem Stift geschrieben habe? Doch sie studierte Bild für Bild, las schließlich die Widmung auf dem letzten Blatt, in der Charlotte den Wunsch formuliert hatte: *Lass Kunst und Natur Dir helfen, alle Schwierigkeiten zu überwinden.*

»Ach ja!«, sagte sie nur. Und erst nach einer Weile: »Danke, Lotte!«

Kaum waren sie in die Villa Eugénie zurückgekehrt, stürzte Marianne schon wieder zum Radioapparat, kroch fast in das kleine Gerät hinein, ihr Körper ein spindeldürres, tief gebeugtes Fragezeichen. Trotz Kriegserklärung gab es noch keine militärischen Aktionen zwischen Frankreich und Deutschland, die Länder befanden sich in einem »Sitzkrieg«, wie Journalisten das nannten. Aber Marianne konnte das nicht beruhigen, im Gegenteil: Sie war überzeugt, dass in Kürze deutsche Soldaten in das Département Alpes Maritimes einmarschieren würden, um alle deutschen Emigranten zu verhaften.

Von Tag zu Tag wurde das Gefühl völliger Aussichtslosigkeit zwanghafter. *O, laßt mich sterben, o, laßt mich sterben, denn ich fühl es, ich kann nicht länger leben!,* betete sie ohne Unterlass. (4850) Dem Großvater ging das Psalmodieren zunehmend auf die Nerven. Als der Todeswunsch seine Frau dazu trieb, sich eine Schlinge um den Hals zu ziehen, um sich im Badezimmer zu erhängen, reagierte er ungehalten, aber ungerührt. Charlotte hingegen war *ganz gelähmt vor Schreck,* als sie die Großmutter gerade noch rechtzeitig entdeckte und ihr Vorhaben vereitelte. Sie bemühte sich, sie zurück ins Leben zu bringen, das Leben als lebenswert zu beschwören und allen Anfechtungen, es infrage zu stellen, zu widersprechen. Stundenlang saß sie an Mariannes Bett und pries ihr die Herrlichkeiten der Natur: *Sieh doch die Blumen da auf der Wiese. So viel Schönheit, so viel Freude. Sieh doch die Berge da oben, so viel Sonne, so viel Licht.* (4852) *Und immer höher und immer reiner geht unsre Bahn. Tanzende Menschen, hörst du sie singen? Freude, Freude überall.* (4854) Und wie bei einer liturgischen Antifon wiederholte die Großmutter exakt die gleichen Worte. Dann sang Charlotte aus Beethovens Neunter »Freude schöner Götterfunken, Tochter aus Elysium«, und Marianne fiel mit zittriger Stimme ein: *Wir betreten feuertrunken, Himmelische, dein Heiligtum.* (4856)

Für Ludwig war das alles nur *Quatsch.* (5858) Er beschwerte sich: Er könne nicht schlafen, wenn Charlotte an Mariannes Bett sitze und auf sie einrede. Da gebe man ihr doch besser Morphium.

In seinem Ärger über die Schwermut seiner Frau holte er eines Abends zum Schlag aus. Als sie endlich eingeschlafen war, zerrte er Charlotte in die Küche und setzte sie grob auf einen Stuhl. »Damit du es endlich weißt«, begann er seine Rede. »Ich mache das nun schon zum fünften Mal mit. Nicht nur unsere Tochter Lotte, deine Tante, ist mit achtzehn Jahren in den Schlachtensee gegangen, auch deine Mutter Franziska hat sich getötet, zuerst Gift genommen und sich kurze Zeit darauf aus dem Fenster zu Tode gestürzt.«

Charlotte schaute ihren Großvater fassungslos an.

Den schien das aber nicht zu kümmern, er wurde lauter, beschleunigte sein Sprechen, als drängten die sorgsam gehüteten Familiengeheimnisse mit Macht aus ihm heraus: »Ganz schlimm erging es dem Bruder der Großmutter, er war unglücklich verheiratet worden und stürzte sich voller Verzweiflung ins Wasser. Seine Mutter, die ihm die Frau aufgeschwatzt hatte, machte sich Vorwürfe und flüchtete sich in den Wahnsinn. Ständig versuchte sie sich umzubringen. Du kannst dir nicht vorstellen, was Marianne mitgemacht hat: Acht Jahre lang hat sie auf ihre Mutter aufgepasst, um sie vor dem Selbstmord zu bewahren. Acht lange Jahre – und dann ist die Mutter …«, Ludwig lachte zynisch, »… eines natürlichen Todes gestorben. Aber es ging so weiter …«

»Hör auf, hör auf!«, rief Charlotte und rutschte in ihrer Erregung vom Stuhl auf den Fußboden, hielt sich mit beiden Händen die Ohren zu, aber ihr Großvater ließ nicht ab, er brüllte jetzt, damit seine Worte sie auch gegen ihren Willen erreichten: »Dann nahmen sich Mariannes Schwester und ihr Mann das Leben. Und schließlich brachte sich noch die Tochter ihres Bruders, Mariannes Nichte, mit Veronal um. Jetzt ist sie wohl selbst an der Reihe, lange macht sie es nicht mehr. Aller Wahrscheinlichkeit nach wirst dann du …«

Jetzt schrie Charlotte und krümmte sich wie ein krankes Tier, aber der Großvater entließ sie nicht aus seiner Generalabrechnung mit den Toten und Todgeweihten der Benda-Familie: »… die Achte in Folge sein, die sich umbringt. Das sieht man dir doch schon an.« Mit diesen Worten warf er die Küchentür ins Schloss und ließ Charlotte allein zurück. Die lag auf dem Küchenboden wie am Rande eines Abgrunds. Da war nichts, um sich festzuklammern, den Sturz in die Tiefe aufzuhalten. Ihre Mutter war doch an Grippe gestorben. Was redete der Großvater da, was ging in seinem wirren Kopf vor, welche Ungeheuer gebar seine Wut? Hatten die Großeltern, hatten ihr Vater und Paulinka sie jahrelang getäuscht? Lastete tatsächlich ein Fluch auf den Benda-Frauen?

Sie fühlte sich wie vernichtet. Nur Erstarren konnte Linderung verschaffen, sich totstellen, wie sie es schon als Kind geübt hatte, wenn sie sich bedroht fühlte.

Am nächsten Tag aber begann sie aus der Tiefe aufzusteigen, die Starre zu lösen, das Leben wieder an sich heranzulassen und den Willen zu stärken, gegen das unheilvolle Gesetz, dem die Frauen in ihrer Familie unterworfen zu sein schienen, aufzubegehren.

Sie würde ihre Großmutter vor dem Selbstmord retten. Sie würde sich selbst retten. Sie besann sich auf den orphischen Weg der Heilung, wie ihn Amadeus beschworen hatte, und sie, die in der Ermitage »die Stumme« genannt worden war, redete und redete auf ihre Großmutter ein: *Du hast doch eigentlich ein ganz schönes, reiches Leben hinter dir. Du hattest neben allem anderem viel Befriedigung, und es [ist] dir gelungen, in Gedichten vieles auszudrücken, was anderen versagt blieb. Einige deiner letzten Gedichte [sind] gradezu genial, und ich bin überzeugt davon, daß an dir ein großes schriftstellerisches Talent verlorengegangen ist. Ich mache dir also folgenden Vorschlag: Anstatt dir auf solche grauenvolle Weise das Leben zu nehmen, verwendest du dieselbe Kraft und beschreibst dein eigenes Leben. Es wird da sicher einiges Interessante geben, was dich bedrückt, und indem du es niederschreibst, befreist du dich selbst und leistest der Welt vielleicht noch einen Dienst.* (4875, 4876)

Es würde ihr schon viel besser gehen, versicherte die Großmutter. Doch bald kehrten Wahn und Selbstmordgedanken wieder zurück, heftiger denn je. In manchen Nächten rief sie nach den Verstorbenen, nach ihrer Schwester, ihrem Bruder, nach ihrer Tochter Charlotte, nach Franziska, nach ihrer Mutter: »Mutter, Mutter«, schrie sie immer wieder, »du brauchst nicht länger zu warten. Ich komme, ich bin schon auf dem Weg.«

Charlotte war verzweifelt. Tag für Tag, Nacht für Nacht kämpfte sie um den Lebenswillen ihrer Großmutter, kämpfte gegen den abgestumpften Großvater und gegen den Arzt, den sie hinzugezogen hatten und der der Patientin Medikamente verweigerte, die Krankheit bagatellisierte.

Am 20. März 1940 stürzte sich Charlottes Großmutter vor den Augen ihrer Enkelin aus dem dritten Stock der Villa Eugénie, tötete sich auf die gleiche Weise wie Charlottes Mutter vierzehn Jahre zuvor.

Charlotte malt sie, mit dem blutenden Kopf auf dem Pflaster, einen Fuß hoch in die Luft gereckt, als hinge er noch an der Fensterkante fest; malt den Leichnam auf die gleiche Weise wie zuvor ihre tote Mutter.

Der Großvater nimmt auf Charlottes Bild die Nachricht vom Tod seiner Frau gelassen. In seinem Sessel sitzend, ein Bein salopp auf dem Oberschenkel des anderen abgelegt, das Gesicht entspannt, beinahe lächelnd, kommentiert er das Geschehen mitleidlos: *Das ist das Schicksal, daran ist nichts zu ändern …*

Er bietet Charlotte die warme Bettdecke der soeben Verstorbenen an: *Nur keine überflüssigen Sentimentalitäten, ich bin in jeder Beziehung für das Natürliche.* (4902)

Charlotte aber setzt sich vor das Fenster, aus dem die Großmutter gesprungen ist, die Hände verzweifelt vor die Augen geschlagen, die Welt brennt lichterloh. Und in den Flammen lodert ihr Aufschrei: *Lieber Gott, laß mich bloß nicht wahnsinnig werden.* Auf ihrem ausgestreckten Bein liegt ein Zeichenblock, er könnte sie retten. (4907, Abb. 21*)

Unter Ratten

Sie hatte es nicht wahrgenommen. Aber am Morgen sah sie, dass am Bund ihres Pullovers, den sie nachts über ihrem Hemd trug, Fäden gezogen waren, gerissen von spitzen Rattenzähnen. Charlotte schüttelte sich. Jede Nacht huschten Ratten zu Tausenden in den Baracken über die Schlafenden und suchten nach Essbarem. Oft, wenn sie wach lag in der Dunkelheit, hörte sie das Quieken, wenn Tiere um ein paar Brotkrümel kämpften, die sich in Hemden und Hosen der Lagerinsassen verfangen hatten. Die Ratten waren das Allerschlimmste. Selbst bei Tage sprangen sie Menschen an, sobald die etwas Essbares in Händen hielten.

Dabei gab es nicht annähernd genug für die Internierten zu essen. Das wenige, was zugeteilt wurde, musste man schnell hinunterschlingen, am besten hinter vorgehaltener Hand. Sonst raubten es die Ratten, manchmal schlug auch ein Mitgefangener dem anderen brutal das Stück Brot aus der Hand.

Da war noch ein Mädchen im Lager, jünger als Charlotte, vielleicht sechzehn Jahre alt, die aus Bayern stammte. Sie war mit ihrem Vater von Marseille aus nach Gurs deportiert worden. Ihr Vater war Schuhmacher in Eichstätt gewesen, ein Kommunist, der als junger Mann ein begeisterter Anhänger Kurt Eisners und der Münchner Räterepublik gewesen war. Als die Nazis an die Macht kamen, hatte er sofort erkannt, dass er bald auf ihrer schwarzen Liste stehen würde, und war mit seiner Tochter nach Frankreich geflohen. Seine Frau war schon Jahre zuvor gestorben.

Vom ersten Augenblick ihrer Ankunft im Lager hatte Annerose Kontakt zu Charlotte gesucht, war auf sie zugegangen und hatte sie mit ihrem starken bayerischen Dialekt angesprochen, sie angelacht. Obgleich Charlotte wenig Mütterliches ausstrahlte, kam es ihr vor, als suchte Annerose Schutz bei ihr. Sie brachte es nicht übers Herz, das Mädchen abzuweisen – und sehr bald kehrte sich das Verhältnis um. Da war es Annerose, die nach einem elenden Tag die Hand auf Charlottes Schulter legte und sagte: »Na geh, scher's di net drum. Es wird schon wieder werden. Und die Gottesmutter wird uns beschützen.«

Die Gottesmutter? »Du bist fromm? Dein Vater ist doch Kommunist.«

»Das geht sich scho bei uns aus, das Frommsein und das Rotsein.«

Charlotte hätte es nicht für möglich gehalten, aber Anneroses stupides Vor-sich-Hinleiern des freudenreichen Rosenkranzes hatte eine beruhigende Wirkung. Sogar auf sie.

Gurs war die Hölle, da waren sich alle einig, die jemals in diesem Lager interniert waren, Hannah Arendt und Dora Benjamin, Jean Améry, Ernst Busch und die vielen Namenlosen, die dem Lager entkamen und Zeugnis ablegen konnten. Die Zustände waren verheerend, in den fensterlosen Baracken schliefen die Menschen auf dem Boden, erst später wurden ihnen Säcke zugestanden, die sie mit Stroh füllen durften. Jeder hatte nicht mehr als siebzig Quadratzentimeter »Lebensraum« zur Verfügung. Das Gelände war ein ehemaliges Sumpfgebiet, bei Regen verwandelte es sich in eine Schlammwüste. Ratten gab es zehnmal so viele wie Menschen, Krankheiten wie Ruhr und Typhus weiteten sich angesichts der katastrophalen hygienischen Bedingungen immer wieder zu Epidemien aus. Es gab so gut wie keine ärztliche Versorgung. Die Baracken der Männer und Frauen waren durch elektrische Zäune getrennt.

Ursprünglich hatten die Franzosen im März 1939 das Lager im Département Basses-Pyrénées in der Nähe der Stadt Pau errichtet, um republikanische Flüchtlinge zu internieren, die nach Francos Sieg aus Spanien kamen. Anfang 1940, als die Stimmung innerhalb der französischen Bevölkerung angesichts einer drohenden deutschen Invasion immer aggressiver wurde, begann man, alle Ausländer zu internieren, die verdächtig waren, eine »fünfte Kolonne« zu bilden, also subversive Gruppen, die gegen Frankreich arbeiteten. Juden und Antifaschisten, die nach Frankreich emigriert waren, gehörten ganz sicher nicht dazu, dennoch wurden gerade sie als sogenannte »feindliche Ausländer« nach Gurs verschickt. Dazu zählten auch Ludwig Grunwald und Charlotte Salomon. Ab Juni 1940 war das Camp de Gurs das größte Lager dieser Art in Frankreichs unbesetzter Zone. Im Oktober desselben Jahres wurden fast alle Juden aus Baden, der Pfalz und dem Saarland hierher deportiert und von dort aus später nach Auschwitz verschleppt.

Die beiden jungen Frauen hatten keinen Kontakt zu den Männern, Annerose nicht zu ihrem Vater, Charlotte nicht zu ihrem Großvater. Während Annerose unter der Trennung litt, war Charlotte eher erleichtert. Das hätte ihr noch gefehlt, neben Hunger und Schmutz und den Demütigungen durch das Lagerpersonal auch noch das ständige Klagen ihres Großvaters aushalten zu müssen. Den Zeichenblock und die Bleistifte, die sie mitgebracht hatte, rührte Charlotte in Gurs nicht an. Sie konnte nicht zeichnen, sie wollte nicht zeichnen. Sie schaltete auf Leblosigkeit, darin war sie geübt, auf die freiwillige Flucht in einen Zustand des Erstarrens, wie ein Mensch, der sich bei lebendigem Leib einfrieren lässt in der Hoffnung, eines Tages wieder zum Leben erweckt zu werden. Wäre nicht Annerose mit ihrem unerschütterlichen Gottvertrauen und ihrer Warmherzigkeit gewesen, die ihr immer wieder Leben einhauchte, hätte sie als Tote gelebt.

Annerose strickte. Als sie und ihr Vater abgeholt wurden, hatte sie, warum auch immer, ihr Strickzeug eingepackt. Nach kurzer Zeit war ein dickfädiger Norwegerpullover mit schwierigem Muster fertig. Sie konnte ihn nicht anziehen, dafür war es in Gurs zu heiß. Sie ribbelte ihn wieder auf, zog die Fäden glatt und begann einen neuen Pullover, mit einem noch komplizierteren Muster. So ging das immer weiter. Es war absurd, aber Annerose ließ sich nicht beirren. »Besser stricken als grübeln.« Sie sah Charlotte an: »Hast du denn nichts, womit du dich beschäftigen kannst?«

»Nein, ich kann gar nichts. Ich kann nur grübeln.«

»Die Jungfrau Maria beschützt auch Menschen, die nicht an sie glauben.« Das war für Annerose das Geheimnis göttlicher Güte.

Drei Wochen nach ihrer Internierung wurde Charlotte eines Morgens in die Kommandantur gerufen. In dem verräucherten Raum saß ihr Großvater auf einem Stuhl, die Hände vors Gesicht geschlagen. Der Mann in Uniform hinter dem Schreibtisch trug viele Abzeichen, die signalisierten, dass er etwas zu sagen hatte. Er fasste sich kurz: Ihr Großvater sei zu alt und zu krank, um hier länger interniert zu bleiben. Er werde entlassen. Da er alleine hilflos sei, werde sie zu seiner Betreuung eingesetzt.

»Damit wir uns richtig verstehen, Fräulein« – er legte tiefe Missachtung in das deutsche Wort »Fräulein« –, »Sie erhalten in Nizza nur eine Aufenthaltsgenehmigung, solange Sie sich um Monsieur Grunwald kümmern. Wenn er stirbt, sehen wir Sie wieder. J'espère que je me suis bien fait comprendre!«

»Oui, Monsieur«, sagte Charlotte und griff ihrem Großvater unter den Arm, um ihn vom Stuhl zu heben. Er ließ es mit sich geschehen.

Es war der 12. Juli 1940. Hochsommer in Frankreich. Die Entfernung von Gurs nach Nizza betrug nahezu achthundert Kilometer. Wegen des Krieges verkehrten Züge nur unregelmäßig. Gurs hatte keinen Bahnhof, die nächste größere Eisenbahnstation war Pau.

Annerose weinte beim Abschied: »Kannst du nicht in Lourdes Station machen und für mich und meinen Vater beten?«

Sie konnte es nicht, aber sie versuchte auf Bairisch zu sagen: »Es wird alles scho wieder werden.«

Da musste Annerose lachen.

Die Zugfahrt von den Pyrenäen in Richtung Nizza glich keinem Aufbruch in die Freiheit. In den Eisenbahnzügen, aus denen die Sitzbänke entfernt worden waren, um noch mehr Menschen transportieren zu können, die vor deutschen Fliegerbomben flohen, saßen die Menschen zusammengepfercht auf dem Boden der Abteile, Familien mit Säuglingen, schreiende Kleinkinder, eingeschüchterte Mädchen und um Haltung bemühte Männer. Kaum einer sprach, ausgenommen Ludwig Grunwald. Wenn er nicht vor sich hindämmerte, erhob er seine Stimme und beschwerte sich lauthals über die Zustände bei der französischen Eisenbahn, als wäre er der Einzige, dem solch ein Ungemach widerfahre. Dabei hätte er als Deutscher, dessen Akzent leicht zu identifizieren war, am ehesten den Mund halten sollen, waren doch alle um ihn herum Opfer der Deutschen.

Ohne Ankündigung hielt der Zug von Pau Richtung Osten an einer Station, die Passagiere wurden aus den Abteilen geworfen: Es gehe nicht weiter, vielleicht am nächsten Tag, hieß es.

Charlotte bemühte sich, in der Kleinstadt, in der sie gestrandet waren, ein Nachtquartier zu finden. Der Großvater war achtzig Jahre alt, er war tatterig und von den Entbehrungen der letzten Wochen gezeichnet. Sie konnten nicht wie viele der Flüchtlinge einfach am Bahndamm liegen bleiben und den Morgen erwarten. So hielt Charlotte Ausschau nach Pensionen, sprach in Hotels vor. Manche hatten schon das Schild »Complet« im Fenster hängen. In einer Pension war noch ein Zimmer frei. Charlotte schüttelte den Kopf: »Wir brauchen zwei.« Aber es gab nur das eine. Nun gut, dann schlief sie eben auf dem Fußboden, entschied Charlotte. Aber ein paar Minuten später erschien im kurzen weißen Nachthemd, mit spindeldürren nackten Beinen, ihr Großvater in der Ecke des Zimmers, wo sie noch den Koffer auspackte, und streckte seine Arme nach ihr aus: *Ich versteh dich nicht. Du kannst dich doch ruhig mit mir in ein Bett legen – wenn doch nichts anderes zu haben ist. Ich bin immer fürs Natürliche.* (4915)

Charlotte war schockiert. Darauf also lief alles hinaus? Das ewige Sich-an-sie-Drängen, sein Klammern und Tatschen, die sich ständig an ihren Busen verirrenden Hände des Großvaters. Verstand er das unter der natürlichen Nähe zu seiner Enkelin? Seine Offerte war ihr so widerwärtig, dass Charlotte stante pede aus dem Zimmer stürmte. Sie stotterte, als sie in der Rezeption die Pensionswirtin entdeckte: »Gibt es nicht doch eine andere Möglichkeit für mich zu übernachten? Ich kann nicht mit meinem Großvater in einem Zimmer schlafen.«

»Mal sehen.« Die Wirtin, kurz angebunden, führte Charlotte in ein winziges Zimmer, das eher ein Abstellraum zu sein schien, aber tatsächlich befand sich hinter einem Vorhang ein Bett. Charlotte war erleichtert, alles war besser, als mit dem Großvater zusammen zu sein. Zum ersten Mal seit drei Wochen würde sie schlafen. Gerade als ein gnädiger Schlummer sie erfassen wollte, trommelte es an ihr Fenster. Sie schrak auf, schaute verwirrt nach draußen und sah einen dunklen Kopf mit Brille und Baskenmütze. Einen aberwitzigen Augenblick lang dachte sie: Amadeus. Es ist Amadeus. Aber es war ein Fremder.

»Qu'est-ce qui se passe?«, brachte sie mühsam heraus.

Durch das halb geöffnete Fenster erzählte der Mann eine wirre Geschichte auf Französisch, sein unsteter Blick wanderte an Charlotte vorbei in das dunkle Zimmer, als müsste er herausfinden, was sich in dem Raum verbarg. Er sei ein deutscher Flüchtling, suche seine Familie, seine Frau, seine zwei Kinder. Tagelang seien sie durch den Wald gewandert, er habe sie verloren.

Charlotte ging nach draußen, hörte ihm zu, angerührt von der Gemeinsamkeit des Flüchtlingsschicksals. Doch der Deutsche fing an sie zu belästigen, packte sie, suchte sie zu vergewaltigen. Charlotte floh in ihr Zimmer, verbarrikadierte sich, aber der Mann stieg durchs Fenster ein. Sie warf ihn hinaus, er ging nicht.

»Du bist die heilige Maria«, rief er, packte sie erneut und warf sich auf sie. Da erschien, vom Lärm alarmiert, die Wirtin und forderte den Mann auf, sofort das Zimmer zu verlassen. Sie war wütend, Charlotte nahm alle Schuld auf sich. (4918, 4919)

Am nächsten Morgen nach schlafloser Nacht stand Charlotte vor dem geöffneten Fenster: Die Welt war licht, in gelbes Grün getaucht, gerade ging die Sonne auf – ein Bild, als verschwendete sich die Natur, völlig unangerührt von allem Grauen, in die Idylle. Charlotte riss die Arme in die Höhe und rief aus: *Gott, mein Gott, ist das schön.* Dann ließ sie die Arme sinken und flüsterte: »Denn das Schöne ist nichts als des Schrecklichen Anfang.« Hatte sie das bei Rilke gelesen?

Sie fanden einen Zug, der an diesem Tag Richtung Nizza fuhr. Im Abteil saßen sie einander gegenüber, so konnte der Großvater sie wenigstens nicht betatschen. Lieber zehn Nächte zusammen mit Tausenden von Unbekannten als noch eine weitere Nacht mit ihm allein verbringen. Immer wieder hielt der Zug und blieb stundenlang auf irgendwelchen Bahnhöfen stehen. Hitze, Schweiß, Gedränge, abgestandene Luft. Schweigen zwischen Großvater und Enkelin. Obgleich es ihr unmöglich war, etwas zu zeichnen, zog Charlotte ihren Zeichenblock heraus. Solange sie konzentriert auf ein Blatt starrte, sprach niemand sie an.

Sie hing ihren Gedanken nach. Was blieb den Menschen dieser Zeit, woran noch konnten sie sich halten? Was blieb übrig von all denen, die dieses Leid durchmachen mussten? Sie reimte Antworten auf ihre Fragen, summte im Stil von Kinderliedern: *Ein bischen Bildung, ein paar Gesetze und innendrin ein Vakuum – das sind die Reste, die letzten Reste vom Menschen dieses Datuum.* (4920)

Sie musste von vorn anfangen, sich ihr Leben neu zusammenreimen. Alles, was Ordnung und Halt gegeben hatte, war zerstört. Der Krieg verwüstete die Seelen der Menschen, auch ihre. Sie sah keine Oase mehr, nicht einmal mehr das Trugbild einer Fata Morgana.

Als sie schließlich mit ihrem Großvater in der Villa Eugénie ankam, konnten beide vor Erschöpfung kaum sprechen. Still saßen sie einander am Küchentisch gegenüber, bis Charlotte das Schweigen brach: *Weißt du, Großpapa, ich hab das Gefühl, als ob man die ganze Welt wieder zusammensetzen müßte.*

Der Großvater schaute Charlotte an, der Blick eine einzige Zurückweisung: *Nun nimm dir doch schon endlich das Leben, damit dies Geklöne endlich aufhört.* (4920)

Kurz nach ihrer Rückkehr aus Gurs fuhr sie zu Dr. Moridis nach Villefranche. Ihr Großvater höhnte: »Was willst du bei diesem Kurpfuscher, diesem Feldscherer? Er wird dich genauso wenig heilen, wie er deiner Großmutter helfen konnte.«

»Hör auf, Großpapa«, flehte Charlotte.

»Du kannst auch Terpentin trinken, dann muss er dir kein Opium verschreiben, bleibt alles gleich.«

»Bitte, Großpapa, hör auf!«

»Und was soll diese ewige Malerei? Glaubst du, du kannst deine Krankheit auf deine Bilder laden?«

»Schweig endlich, Großpapa!«

»Deine Aufgabe ist es, dich um mich zu kümmern. Tust du das? Kein bisschen. Tagelang redest du kein Wort mit mir. Du putzt nicht, du kochst nicht, du wäschst nicht meine Unterwäsche. Du möchtest wohl wieder nach Gurs. Hat es dir dort so gut gefallen? Ich kann dafür sorgen, dass du wieder dorthin kommst.«

Sie hasste ihren Großvater mit seinem Gottvater-Aussehen, dem weißen Rauschebart und seinem gütigen Lächeln; ihn, den alle bemitleideten, weil seine Frau auf so tragische Weise aus dem Leben geschieden war. Das Wort »suicide« sprach niemand aus, obwohl Selbstmord inzwischen zur Volkskrankheit unter den Emigranten an der Côte d'Azur geworden war. In den Augen der Nachbarn trug der Herr Dr. Grunwald sein Schicksal mit bewunderungswürdiger Ruhe, er jammerte nicht, grüßte freundlich, als wäre nichts geschehen.

Sie hasste ihn, wenn er mit seinen blau geäderten Händen nach ihr griff, um sie zu umarmen und sie an sich zu drücken, »Lotte, Lotte« an ihrem Hals stöhnte. Das tat er in seinen sentimentalen Anwandlungen. War er zornig, und das wurde er immer, wenn sie ihn zurückstieß, blaffte er nur: »Nun mach doch endlich Schluss! Worauf wartest du noch?«

Worauf wartete sie noch? So konnte sie nicht mehr leben, nicht mit ihrem Großvater, der nach außen den kultivierten Herrn herauskehrte, die Wirklichkeit des Lebens in der Emigration leugnete und immer noch gierig nach allem verlangte, was seiner Eitelkeit schmeichelte und den stumpf gewordenen

Sinnen einen letzten Kitzel versprach – der selbst vor der Enkelin nicht haltmachte.

Sie war an ihn gekettet. Der Großvater hatte ihr das Leben gerettet, vorläufig wenigstens. Ihre Aufenthaltsgenehmigung hing von seinem Wohlergehen ab.

Lieber Gott, lass mich bloß nicht wahnsinnig werden, hatte sie nach dem Tod der Großmutter aufgestöhnt, betete sie erneut in jeder schlaflosen Nacht, in der sie den Großvater durch den Flur tapern und immer wieder an ihre verschlossene Tür klopfen hörte.

Dr. Moridis fasste sie an den Händen, als sie sein Sprechzimmer betrat. Er hörte sie ruhig an. »Leider kann ich nicht Farben und Pinsel rezeptieren, aber die sind für Sie das einzige Therapeutikum, das Ihnen helfen wird. Aide-toi et le ciel t'aidera.«

Vom Himmel erwartete Charlotte nichts. Höchstens dass Annerose im fernen Gurs mit dem Beten zur Madonna in des Himmels Bläue vordrang.

Sie dachte an Amadeus. An den letzten Abend in Berlin, da sie Abschied voneinander genommen und er ihr Nietzsches Worte über die Hoffnung auf einen Zettel geschrieben hatte: »Die Hoffnung ist der Regenbogen über den herabstürzenden jähen Bach des Lebens, hundertmal vom Gischt verschlungen und sich immer von neuem zusammensetzend, und mit zarter schöner Kühnheit ihn überspringend, dort wo er am wildesten und gefährlichsten braust.«

Jetzt stand sie mitten im wild tobenden Bach, von gefährlichen Strudeln umspült, die Gischt drohte sie zu verschlingen – und der einzige Regenbogen, der sich über den Wassern spannte, bestand aus den Farben Gelb, Blau und Rot, die sie auf eine Palette drücken und mischen musste.

Belle Aurore

Draußen hupte lange ein Auto, es klopfte lautstark an der Tür, dann stand Ottilie Moore im Flur des Appartements der Villa Eugénie. Sie stemmte triumphierend zwei Flaschen Rotwein wie Hanteln vor der Brust; lachend und heftig gestikulierend umarmte sie Charlotte. Es war Ende September 1941. Charlotte schob sie rasch in ihr Zimmer, damit der Großvater nicht sah, welche Schätze Ottilie mitgebracht hatte, und besorgte aus der Küche zwei Gläser.

»Ich hau ab«, sagte Ottilie, nachdem sie ein Glas Roten fast in einem Zug geleert hatte. »Meine jüdischen Kinder sind in Villefranche nicht mehr sicher. In Nizza auf dem Markt hat mir ein Polizist erzählt, dass Kopfprämien für die Ergreifung ausländischer Flüchtlinge ausgesetzt werden. Und ich kann sie kaum noch ernähren. Die Lebensmittelpreise auf dem Schwarzmarkt sind astronomisch geworden, das weißt du selbst. Ich muss weg.«

»Wie willst du es anstellen?«, fragte Charlotte. »Was wird aus den Kindern?« Und warum nimmst du mich nicht mit?, hätte sie am liebsten hinzugefügt. Ich bin deine Freundin. Lass mich nicht im Stich!

Ottilie war in Fahrt, trank zügig weiter und unterbreitete ihre Pläne. »Ich nehme den großen Dodge Station Wagon. Da packe ich zehn Kinder rein, wir haben schon das Einpferchen geübt, es war eine Mordsgaudi. Nur Didi und Wallace haben gemosert, sie bestehen darauf, vorn neben mir zu sitzen. Dann lade ich noch einen Anhänger voll – du rätst nicht, was da reinkommt.« Ottilie zündete sich eine Gitanes an, um den Effekt ihrer Enthüllung hinauszuzögern. »Eine Ziege und ein Schwein!« Sie blies den Rauch in Charlottes verwundertes Gesicht. »Da staunst du, was, meine Kleine? Überleg mal, wie viele Grenzkontrollen ich zwischen Frankreich, Spanien und Portugal bis Lissabon passieren muss, um dort eine Schiffspassage nach New York zu erwischen. Mit einem Auto vollgeladen mit Kindern unbestimmter Herkunft. Womit hat man eine Chance? Mit Bestechung natürlich. Geld hat jeder, es ist wertlos. Das Einzige, was im Augenblick zählt, sind Lebensmittel. Und am besten blökende, meckernde, quiekende Lebensmittel. Ich sage dir, die Idee ist einfach genial. Die jüngeren der Kinder singen schon: ›So komm 'mer nach Amerika rein, mit 'ner Ziege und 'nem Schwein.‹«

Charlotte wusste nicht, was sie von diesem auftrumpfenden Optimismus halten sollte. Vielleicht hatte Ottilie schreckliche Angst vor der Fahrt ins Ungewisse und musste sie hinter diesem kraftmeierischen Gerede verbergen, vielleicht setzte auch der Wein eine Euphorie in ihr frei, die jeder Berechtigung entbehrte. Charlotte sah ihre Freundin an. Wie immer trug Ottilie ein viel zu groß gemustertes Kleid in viel zu grellen Farben, um ihre Vitalität zu unterstreichen. Sie war ihr fremd geworden, und trotzdem wünschte Charlotte sich nichts sehnlicher, als dass sie bliebe oder sie mitnähme in das gelobte Land.

Ottilie redete weiter: »Ich habe in der Ermitage einen Verwalter eingesetzt, einen Beamten aus Villefranche, der alles regelt, was mit der Municipalité zu tun hat. Denn natürlich komme ich zurück, wenn der Krieg vorbei ist. Alexander bleibt mit vier Kindern in der Villa, er sorgt für sie. Die beiden französischen Kinder sind nicht jüdisch und daher nicht gefährdet. Die belgischen Kinder aber sind Juden, wir haben alle Verwandten benachrichtigt, sie sollen die Kinder zu sich holen, sobald es ihnen möglich ist. Du kannst jederzeit zurück in die Ermitage, wenn …« – sie suchte nach einer passenden Formulierung –, »… wenn du es hier nicht mehr aushältst. Ich überlass dir Alexander. Er ist ein schwacher Mensch, er kann deine Stärke gebrauchen.«

Ottilie öffnete die zweite Flasche Wein. Die paar Kilometer nach Villefranche fände ihr Auto im Schlaf, keine Angst. Charlotte nippte noch immer an ihrem ersten Glas. Mit Ottilies Weggang wurde die letzte Bastion geschleift. Wenn selbst sie die Côte d'Azur verließ, war die Kapitulation besiegelt.

Viele Stunden am Tag schloss Charlotte sich in ihr Zimmer ein und malte, reagierte nicht auf das wütende Klopfen und verärgerte Gezeter des Großvaters. Je länger sie aber in sich ging, um aus dem Dunkel der Erinnerung ihre Kindheit und Jugend und das am tiefsten aufwühlende Ereignis ihres jungen Lebens, ihre Liebe zu Amadeus Daberlohn, in Bilder zu fassen, je mehr wurde ihr klar, dass sie ihr Werk nur würde vollenden können, wenn sie sich von ihrem Großvater trennte. *Ich war todunglücklich, als ich merkte, daß meine alte Verzweiflung über gewisse Menschen wieder Oberhand bekam und mich in den Zustand einer langsamen Lethargie zurückwarf [...] Alle Menschen wurden mir zuviel. Ich mußte noch weiter in die Einsamkeit, ganz fort von allen Menschen. Dann könnte ich vielleicht finden, was ich finden mußte, nämlich mich selbst.*

Sie musste sich eine eigene Wohnung suchen, wenigstens ein Zimmer für sich allein, wo niemand sie störte.

Von ihrer Großmutter hatte sie Schmuck geerbt, goldene Ringe mit Smaragden und Rubinen, Perlenketten. Aber in Nizza wollte kein Juwelier mehr »Judengold« kaufen, die Nachfrage blieb weit unter den Angeboten, der Preis für Preziosen war so gesunken, als wäre aller Schmuck billiges Talmi. So konnte sie sich kein teures Hotel leisten, wollte es auch nicht. Den Gedanken, in die halb leere Ermitage zu Alexander Nagler und den dort verbliebenen Kindern zu ziehen, verwarf sie ebenfalls. Sie musste etwas anderes finden, eine einsame Zelle, eine Enklave, in der sie ganz auf sich gestellt war.

Zwei Tage lang durchstreifte Charlotte Villefranche und Beaulieu, wanderte straßauf, straßab, kam schließlich nach Saint-Jean-Cap-Ferrat. Vor jeder Bäckerei und Alimentation hielt sie und fragte die Kundinnen, ob sie wüssten, wo sie ein Zimmer mieten könne. Einige sahen sie mit dem Blick an, den Charlotte schon zur Genüge kannte: Da magst du noch so gut französisch sprechen und überhaupt nicht jüdisch aussehen, aber irgendeinen Grund wirst du schon haben, hier als Emigrantin zu leben. Manchmal lag eine Spur von Mitleid in dem Blick, häufiger jene gewisse Kälte, mit der sich Menschen gegen aufkommendes Mitgefühl wappnen. Mehrfach wurde ihr die Ermitage als Zufluchtsort empfohlen. Da lebe doch diese verrückte Amerikanerin, die führe ein offenes Haus. Une maison ouverte, damit umschrieben die Leute das, was sie nicht aussprechen wollten, das aber ungesagt in ihren Gesichtern geschrieben stand: ein Haus für Emigranten, ein Haus für Juden, ein Haus für Fremde, die die friedliche Idylle in ihrem Ort störten. Würde man, wenn die Ermitage eines Tages als Zufluchtsstätte für Illegale entdeckt war, nicht die alteingesessenen Bürger mitverantwortlich machen für dieses Versteck?

Am Nachmittag des zweiten Tages schloss Charlotte eine Wette mit dem Schicksal: Entweder finde ich noch heute ein Zimmer oder wenigstens eine Adresse, an die ich mich wenden kann, oder ich bringe mich wirklich um. Sie war ganz ruhig bei diesem Gedanken, kein Anflug von Panik. Wie oft hatte sie in wirren Nächten schon Möglichkeiten erwogen, sicher und möglichst schmerzfrei ihrem Leben ein Ende zu setzen. Sich aus dem Fenster zu stürzen, kam nicht infrage. Das Risiko, als Krüppel zu überleben, war zu groß. Und: Sich zu töten wie ihre Mutter, wie ihre Großmutter, würde sie damit nicht das Gesetz der Familie besiegeln? Die Prophezeiung ihres Großvaters erfüllen?

Sie weigerte sich, daran zu glauben, dass in ihrem Erbgut der Selbstmord als Schicksal eingeschrieben war. Zumindest sollte er auf dem Entschluss eines freien Willens beruhen. Ertrinken, hieß es, sei ein vergleichsweise milder Tod. Aber würde sie es fertigbringen, einfach ins Meer zu spazieren, in die sinkende Sonne zu gehen wie in einem Hollywood-Film, abzutauchen, die Lungen weit zu öffnen, damit salziges Wasser hineinströmte? Würde sie, die exzellente Schwimmerin, dem natürlichen Reflex widerstehen können, an die Oberfläche zu schnellen, das Wasser auszuspucken, die Haare aus dem Gesicht zu schleudern und wieder zur Küste zu schwimmen? Sie musste auf andere Lösungen sinnen.

Und überhaupt liebte sie das Leben, immer wieder sang sie die Worte wie den Refrain einer Operettenarie: Ich liebe das Leben, ich liebe das Leben.

Eine Bäckerei am Hafen von Cap Ferrat würde der letzte Ort sein, an dem sie nach einer Adresse fragte. Durchs Schaufenster sah sie eine junge Frau hinter der Theke stehen. Das war ein schlechtes Zeichen, nur die Alten kannten sich in den Dörfern und kleinen Städten wirklich aus. Sie wartete vor der Boulangerie, bis sie leer war. Die junge Frau schaute sie ohne Misstrauen an, das war etwas Neues, fast als wäre Charlotte eine Klassenkameradin, die lange im Ausland gelebt hatte.

»Ganz einfach ist es nicht«, sagte sie zögernd. »Die meisten Familien vermieten nur im Hochsommer ein oder zwei Zimmer an Touristen, nach der Saison nutzen sie die Räume wieder selbst. Und jetzt im Krieg bleibt ohnehin vieles geschlossen.«

Es war still in dem Laden, in den hinteren Räumen des Hauses weinte ein kleines Kind. Aber die junge Frau schien es nicht eilig zu haben. Schließlich riss sie eine Papiertüte von dem Bündel, das an einem Fleischerhaken an der Wand hing, und schrieb eine Adresse darauf. »Fragen Sie da mal nach. Das ist ein kleines Hotel, mehr eine Pension. Sie liegt auf dem Hügel, in der Avenue Denis Séméria. Madame vermietet ihre Zimmer das ganze Jahr über.«

Das Hotel Belle Aurore lag in schönster Aussichtslage auf halber Höhe über dem Meer. Es war ein zweistöckiger Bau mit großem Garten und nach Süden ausgerichteter Terrasse. Die Fenster, auch die bodentiefen Fenstertüren, waren mit grünen Holzläden geschlossen.

Es öffnete niemand, als sie den Türklopfer betätigte. Eine Katze mit blondem Fell strich durch den Vorgarten und beäugte sie gelangweilt. Sie war müde, ihr war warm, die Bluse klebte unter den Achseln. Ob sie sich auf die Straße setzen und warten konnte, bis jemand kam? Einfach einschlafen, nichts mehr spüren, den Blick aufs Meer mitnehmen in die Ewigkeit, das wäre …

»Qu'est-ce que vous désirez, Mademoiselle?« Charlotte schrak zusammen. In der Tür des Hotels stand eine Frau mittleren Alters in einem gestreiften Kleid, sehr formell angezogen für den warmen Tag. Charlotte stotterte und suchte nach Worten. Obwohl sie inzwischen fließend Französisch sprach, brachte sie ihr Anliegen nur mühsam vor: Sie brauche ein Zimmer, sie wolle malen. Nein, sie würde mit absoluter Sicherheit keine Herren empfangen. Nein, sie brächte kein Grammofon mit, nein, sie sei keine Sängerin, eine Malerin. Ihre Großmutter, mit der sie zusammengelebt habe, sei gestorben. Ja, sie könne die Miete zahlen, gern drei Monatsmieten im Voraus.

Die Frau zögerte. Sie spürt meinen Wahn, dachte Charlotte, sie hat Angst, sich eine Verrückte ins Haus zu holen.

Die Frau – auf der Tüte hatte neben »Belle Aurore« als Name der Besitzerin »Madame Marthe Pécher« gestanden – trat einen Schritt zur Seite und ließ Charlotte ins Haus. Sie ging voraus durch das Entree in einen dunklen Flur, stieg die Treppe zum ersten Stock hoch und öffnete die Tür zu einem Raum, der durch Fensterläden völlig abgedunkelt war. Es roch dumpf, und es war totenstill. Als Madame die Läden öffnete, ergoss sich Helligkeit in den Raum, schrill und schmerzhaft. Charlotte warf sich in dieses Licht, gönnte den Augen den Schock, sah zwischen halb geschlossenen Lidern das Meer, weiß und satinglänzend in der Nachmittagshitze. Oui, Madame, très bien. Oui.

Das Zimmer war klein, spartanisch eingerichtet: ein Bett, ein Tisch, ein Stuhl, ein kleiner Schrank. Auf dem Steinfußboden lag ein gewebter pinkfarbener Teppich. Die Wände waren weiß geschlämmt. Im Hochsommer würde sie es wegen der intensiven Sonneneinstrahlung auf der Westseite nur hinter geschlossenen Fensterläden aushalten können. Aber ein offener Spalt würde ihr immer noch genügend Licht für ihre Arbeit lassen.

Hinter einem altmodisch mit einem Gobelin bezogenen Paravent, auf dem die *Jungfrau mit dem Einhorn* aus dem Musée de Cluny in Paris dargestellt war, befand sich ein Waschbecken. So hatte sie fließendes Wasser, das sie nicht nur brauchte, um sich zu waschen, sondern auch zum Malen.

Eine Stunde lang saß Charlotte auf dem Stuhl, den sie sich ans Fenster gerückt hatte. Reglos wie eine Skulptur, die Hände im Schoß übereinandergelegt, als wollte sie etwas empfangen, das von oben kam: einen Segen vielleicht oder ein göttliches Geschenk. Das Geschenk erreichte sie: Es war die Schönheit, die sie umfing, das Gefühl, dem Grauen der letzten Monate trotzen zu können, weil es die Anmut dieser Bucht von Saint-Jean gab, die den Krieg dort draußen und den Aufruhr in ihrem Innern überdauern würde. Sie schaute über den Hafen hinweg bis zur äußersten Spitze des Caps, der Pointe de Saint-Hospice, zog mit ihren Augen langsam die Linien zwischen Meer und Land nach, verweilte bei den Zypressen und Pfefferbäumen, die in den Gärten wuchsen, den majestätischen Palmen und Pinien, erhob sich schließlich und seufzte: »Eh bien.« Hier konnte sie sich der Einsamkeit verschreiben. *Denn [...] sie mußte für eine Zeit von der menschlichen Oberfläche verschwinden [...] um sich aus der Tiefe ihre Welt neu zu schaffen.*

Sie fuhr mit dem Bus nach Nizza und kaufte in einem Geschäft für Malerbedarf Stapel von Zeichenblöcken, Pinsel, Farben, Spachtel, Terpentin, Transparentpapier, auf das sie die den Bildern zugehörigen Texte schrieb. Später würde sie ihre Texte mit dem Pinsel direkt auf die Bilder malen. Anschließend versorgte sie sich in einer Alimentation am Hafen von Saint-Jean mit Konserven, Brot, Tomaten und Oliven und schaffte ihre Einkäufe in ihr neues Domizil.

Madame Pécher wurde nach einigen Tagen unruhig. Da hatte sie einem deutschen Fräulein ein Zimmer vermietet, einer Waise, die offenkundig ihre Eltern und jetzt noch die Großmutter verloren hatte. Ihrem perfekten, nahezu dialektfreien Französisch nach zu urteilen, lebte sie schon lange in Frankreich. Das Mädchen war ihr furchtlos und zugleich schutzbedürftig vorgekommen. Dabei wirkte sie keineswegs zerbrechlich, im Gegenteil: Ihr Gesicht hatte etwas Rundlich-Gesundes, die Wangen waren rot wie bei einem Mädchen vom Lande, die braunen, natürlich gewellten Haare trug sie streng aus dem Gesicht gekämmt. Sie betonten das Einfache der Erscheinung.

Sie hätte aus der Gegend stammen können. In ähnlich freudlosen Kleidern steckten junge Frauen aus den Dörfern, die in der Stadt als Zimmermädchen Arbeit suchten. Es musste wohl der Ausdruck ihrer Augen gewesen sein, in denen Madame Pécher etwas gesehen hatte, dem sie nicht hatte widerstehen können: einen starken Willen, gepaart mit Unsicherheit und Zweifeln. Ein wahrlich seltsames Geschöpf.

Charlotte, so hatte sich das Fräulein vorgestellt, war unsichtbar, ein Geisterwesen. Nur dreimal am Tag tauchte sie aus ihrem Zimmer auf, wenn sie die Toilette auf dem Gang benutzte. Sie ging nie aus dem Haus. Sie schien auch nie zu schlafen. Einmal hatte sich Madame ein Herz gefasst und an der Tür gelauscht. Das Fräulein hatte unaufhörlich gesummt, leise, aber vernehmbar. Madame kannte die Lieder nicht, es waren Melodien voller Sehnsucht, so kamen sie ihr vor.

»Geht es Ihnen gut, Mademoiselle? Ist alles in Ordnung?«

»Bien sûr, Madame«, hatte das junge Fräulein von innen gerufen. Und nicht einmal die Tür geöffnet.

Madame Pécher ging in den Garten und schaute zu dem Zimmer hoch. Die Fenstertür stand weit offen, davor war eine Staffelei aufgebaut, die Malerin war unsichtbar. Nur ein leises Singen wehte aus dem Zimmer.

Am Abend stellte Madame eine kleine Terrine mit Steckrübensuppe vor das Zimmer, klopfte an die Tür, verschwand aber, bevor sie geöffnet wurde. Als sie zwei Stunden später nach oben kam, stand das Tablett mit der leeren Terrine vor der Tür – sauber ausgewaschen –, ein Zettel lag dabei: »Vielen Dank. Sie sind sehr gütig. Aber bitte versorgen Sie mich nicht mit Essen. Ich habe alles, was ich brauche.« Genau daran zweifelte Madame erheblich.

Sie sprach mit ihrem Mann. Dieser sagte nur: »Mach dir keine Sorgen. Lass das Mädchen in Ruhe. Ich glaube, die weiß, was sie will. Aber erlass ihr die Miete. Nach Geld sieht sie nicht aus.«

Der Mensch sitzt am Meer. Er malt. Eine Melodie kommt ihm plötzlich in den Sinn. Indem er sie zu summen beginnt, bemerkt er, daß die Melodie genau auf das, was er zu Papier bringen will, paßt. Ein Text formt sich bei ihm, und nun beginnt er die Melodie mit dem von ihm gebildeten Text zu unzähligen Malen mit lauter Stimme so lange zu singen, bis das Blatt fertig scheint. (4155-5)

Charlotte hätte nichts anderes malen mögen als Sonnenaufgänge und Mondnächte – und immer aufs Neue den Blick aus ihrem Fenster aufs Meer, der sich zu allen Tages- und Jahreszeiten veränderte. Stattdessen aber musste sie ihre Lebensgeschichte weiterdichten, die Figuren ihrer Jugend auf der Bühne arrangieren, ihnen Stimmen verleihen. Helle und düstere Stimmen, komische und groteske Gesichter und immer mittendrin sie selbst, Charlotte Salomon.

Bilder fielen in sie ein, sie kamen aus der Luft, aus dem flirrenden Sonnenlicht auf dem Meer, aus der Erinnerung an Melodien, an Filmszenen, an Konzerte, an Gerüche und Worte. Manchmal arbeitete sie wie im Rausch, legte den Pinsel tagelang nicht zur Seite.

Aber es gab auch Phasen des Zögerns und Zauderns, die mit Zweifeln behaftete Wahl des Motivs, die Fragen nach Farbgebung und Perspektive, nach der Kommentierung mit Worten und Musik, die Mühen der Komposition.

Sie kannte den Schmerz, der sie ergriff, wenn im Malen die Erinnerung so *seeleneindrängerisch* wurde, dass sie Schüttelfrost bekam, der Körper gegen die Zumutung der inneren Bilder rebellierte. (4155, 4156)

Und sie kannte die Einsamkeit, die sich nachts ihrer bemächtigte, wenn alle Geräusche in der Villa und im Garten verstummt waren, wenn nur noch das unaufhörliche Singen der Zikaden und das gelegentliche Bellen eines Hundes zu hören waren in einer Welt, in der die Menschen ausgestorben schienen.

Marthe Pécher legte ihr die Zeitung hin, wenn neue Kriegsnachrichten Schlagzeilen machten. Wenn sie durch Zufall Charlotte im Entree oder auf dem Flur sah, lief Charlotte rot an, als hätte man sie bei unziemlichem Tun erwischt. »Ach, Charlotte, wollen Sie nicht heute Abend mit den anderen Gästen des Hauses auf der Terrasse essen? Es gibt auch ein Glas Wein.«

Charlotte schüttelte heftig den Kopf.

Marthe reagierte verbindlich: »Tant pis. Vielleicht ein anderes Mal.«

Manchmal sprach Marthe sie auf ihr gedämpftes Singen ohne Worte an. »Seit Tagen summen Sie so ein berührendes Lied. Es muss Ihnen viel bedeuten. Ich glaube, ich kenne die Melodie. Helfen Sie mir weiter!«

»Es ist eine Arie des Orpheus aus der Oper von Gluck.«

»Ja, natürlich. ›Orphée. J'ai perdu mon Eurydice, /Rien n'égale mon malheur! …‹« Marthe Pécher lachte: »Die traurigsten Lieder sind doch immer die schönsten, n'est-ce pas?«

Aber Madame Pécher konnte auch irren, wenn sie von der Musik auf Charlottes Stimmung zu schließen versuchte: »Sie trällern heute so vergnügt, ma petite. Haben Sie etwas Schönes geträumt, oder malen Sie etwas Schönes?«

»Ich male den Tod meiner Mutter«, sagte Charlotte.

In Saint-Jean-Cap-Ferrat wurde es Winter. Charlotte zog die Strickjacke enger um ihre Schultern. Im Zimmer gab es keine Heizung, die Kälte kroch vom Boden hoch, die Füße, in dicke Strümpfe gesteckt, wurden nur noch im Bett warm. Bis auf die Vermieter war die Pension jetzt leer; die nächsten Gäste würden erst im Mai erwartet, wenn mitten im Krieg überhaupt noch Urlauber an die Côte d'Azur kämen. Sie konnte ungestört arbeiten.

Lange genug zögerte sie es hinaus wie eine Aufgabe, von der man sich überfordert fühlt. Über dreihundert Bilder hatte sie inzwischen gemalt, hatte ihre Eltern verheiratet, sich auf die Welt gebracht, den Selbstmord ihrer Mutter bewältigt, die Geschichte ihrer Stiefmutter Paulinka aufgerollt, ihr Studium an der Kunsthochschule, den Aufstieg der Nazis: Jetzt gab es kein Ausweichen mehr, sie musste Amadeus malen. Sie musste den Teufel austreiben, dem sie den Namen Daberlohn gegeben hatte, dem Götterliebling Amadeus die Türen öffnen.

Jahrzehnte würden nicht reichen, um alle Bilder festzuhalten, die in ihrer Seele waren. Aber die Zeiten erlaubten es nicht, in Jahrzehnten zu denken. Sie musste einfach anfangen, das erste

Bild malen, dann das zweite, irgendwann das zweihundertste, einfach immer weiter. Sie öffnete den Wasserhahn und ließ das Wasser eine Weile laufen. Das Geräusch beruhigte sie mehr als der gleichmäßige Wellenschlag des Meeres in der Ferne, der ohnehin nur nachts und bei einer bestimmten Windrichtung zu hören war. Als gäbe das Wasser ihr das Gefühl, noch etwas zum Leben zu haben, Wasser zum Trinken, Wasser zum Malen. Auch wenn sonst nicht viel übrig geblieben war.

Das Blatt blieb lange weiß. Immer wenn sie den Stift ansetzen wollte, schien ihr jemand in den Arm zu fallen. Amadeus hatte so viele Gesichter, dass der Versuch, eines von ihnen zu bannen, sie ins Unsichere führte, bis ihr schwindlig wurde und er sich gänzlich entzog. Einmal stand er als jugendlicher Gott vor ihr, als selbst ernannter Prophet, dann als monströses Geschöpf, das anderer Menschen Gefühle mit Füßen trat, dann wiederum sah sie ihn als empfindsamen Mann, der schwer traumatisiert aus dem Krieg nach Hause gekommen war und sich zu heilen suchte. Er tauchte aus dem Nebel auf als ein Begnadeter, ein Verrückter, ein Entrückter, ein Liebender, ein Selbstsüchtiger, ein Philosoph, ein Lebensfremder, ein Todessüchtiger, ein Prometheus, der Zeus herausforderte.

Säße er jetzt neben ihr, würde er wie immer in Augenblicken der Nähe seine Brille abnehmen, die Gläser behauchen, und sie, ohne den Beschlag wegzuwischen, wieder aufsetzen, lange zurechtrücken und Charlotte dann einen Vortrag über Nietzsche halten, Zarathustra zitieren: *Die Welt ist tief, und tiefer, als der Tag gedacht. Tief ist ihr Weh. Lust – tiefer noch als Herzeleid – Weh spricht vergeh, doch jede Lust will Ewigkeit, will tiefe, tiefe Ewigkeit.* (4692)

Sie würde sich, wie so oft, einfach dumm vorkommen. Und gleichzeitig an seinen Lippen hängen.

Auf den ersten Bildern erscheint immer wieder Amadeus' Kopf, in unterschiedlichen Anordnungen vervielfacht. Die schwere, dunkelblaue Brille hat Charlotte zum Markenzeichen stilisiert. Sie gibt den Gesichtern Kontur und unterstreicht den Blick eines Mannes, der verloren und melancholisch in die Ferne schaut, als suchte er sein Zuhause im Nirgendwo.

Sich selbst malt sie als das schüchterne Mädchen jener Tage: mit treuherzigem Blick und geschlossenem Mund. Aber Amadeus, die Lichtgestalt, gerät ihr unvermittelt in Wort und Bild aus den Fugen. Sie teilt drei Bilder vertikal in zwei Hälften. Auf der linken Seite erscheint jeweils untereinandergereiht im Profil Charlottes Kopf, mal geradeaus schauend mit geöffneten, mal geneigt mit geschlossenen Augen. Auf der rechten Seite des Bildes ist, ebenfalls im Profil und Charlotte direkt gegenüber, Amadeus' Kopf gemalt, auf dem ersten in parallelen Reihen achtzehnmal, auf dem zweiten achtmal, auf dem letzten zweimal.

Während Charlotte ihren eigenen Gesichtern eine natürliche Farbe gibt, beigeblass, der Mund leicht gerötet, die Haare in Nuancen von Braun, führt sie auf dem ersten Bild Amadeus' Köpfe in provozierendem Rot aus, von Hellrosa über Purpur bis zu einem satten Lila. Die Haare deutet sie nur durch blaue Wellenlinien an. Die Köpfe neigen sich alle Charlotte zu, die Augen malt sie übergroß, die Pupillen ebenfalls rot, den Blick starr auf das Gegenüber gerichtet: insistierend, hypnotisierend. Eine vielköpfige Hydra nimmt Maß an ihrem Opfer. Du wirst meiner Liebe nicht entgehen!

Durch die sich aufeinandertürmenden Köpfe windet Charlotte wie auf einem Band den Text. Nur Amadeus spricht, Charlotte bleibt stumm, nimmt entgegen, was er sagt: *Es zeugt immerhin von einigem Mut, den Sie da aufbringen. Vielleicht sind Sie gar nicht so schüchtern, wie Sie tun, sondern ein ganz ›gefährliches‹ Mädchen. Nur sind Sie noch schrecklich verkrampft: Menschenkind, nehmen Sie doch mal die Arme auseinander, es gehörte Ihnen mal einen kräftigen Stoß in einen gewissen Körperteil.* (4624)

Noch furchterregender wirken Amadeus' Köpfe auf dem zweiten Bild. Die Haare, jetzt blaue Wellenlinien auf kontrastierendem Schwarz, lassen die immer stärker ins Rot anlaufenden Köpfe wie aus dem Höllenfeuer hervorstechen. Wieder redet nur er, offenbart seine Absichten und gibt dem Mädchen Anweisungen: *Nach Ihren verschiedenen Gesichtsausdrücken zu schließen, sind Sie ein ganz dankbares Objekt für mich. Nur müssen Sie Ihr Gesicht etwas mehr beherrschen – es brauchen nicht gleich alle Leute zu wissen, was Sie denken.* (4625)

Auf dem dritten Bild schließlich verschwindet Charlotte als Person: Zwei Köpfe sind noch erkennbar, der erste im Viertelprofil, der zweite nur noch in der Andeutung einer Nase, eines geschlossenen Lids, des roten Mundes. Amadeus aber bleibt in seiner furchteinflößenden Röte als Gegenüber präsent. Zwischen den Köpfen steht als Text nur eine Frage Charlottes, die sich in Großbuchstaben wie eine Trennwand zwischen den Gesichtern aufbaut: *LIEBEN SIE MICH EIGENTLICH?* (4626, Abb. 22*)

Aber Fräulein Charlotte, hätte Professor Bartning sie bestimmt gefragt, warum malen Sie diesen einzelnen Kopf zigmal und immer wieder? Wollen Sie ihn auslöschen, ihn vernichten? Und warum entgleist Ihnen dieses menschliche Antlitz [– Antlitz war ein Lieblingswort Bartnings gewesen –] immer mehr? Schauen Sie, auf diesen Bildern gleicht der Mann doch einem …, er würde stottern, weil der sanfte Professor Bartning immer zu stottern anfing, wenn er etwas Unangenehmes sagen musste, … einem Primaten. Ist es das, was Sie zeigen wollen?

Sie hätte keine Erklärung geben können, Professor Bartning zufriedenzustellen. Sobald sie Amadeus als Objekt in den Blick nahm, verselbständigte sich ihr Malen, trennte ihn von der realen Person, zersetzte die Porträts mit Bosheiten, mit Verzerrungen und stellte den Mann als ein Monstrum bloß, als einen gnadenlosen Zyniker, der mit ihrer Liebe gespielt hatte und in einem Augenblick intimer Nähe plötzlich zum Telefon greifen konnte, um Paulinka zu vermelden, dass er die »Zwischenzeit« bis zum Treffen mit seiner Madonna gerade mit einer Schülerin überbrücke.

Sie hatte ihn durchschaut. Er war ein Egoist. Seine Philosophie war Wortgetöse. Seine Psychologie Unterwerfung unter seinen Narzissmus, seine Worte tönendes Erz, seine Liebe eine klingende Schelle. Aber es unterliefen ihr malend auch Entwürfe, in denen der Glanz ihrer Liebe hervorbrach. In denen sie ihn als einen außergewöhnlichen Menschen sah, einen Mann, der dachte, was nicht alle dachten, der nach seinen Ideen lebte. Dann verblasste das aggressive Rot, der Pinsel tauchte wieder in alle Farben von Blau und mischte sie zu einem hymnischen Rausch.

Der Rausch kam und verflog. Immer wieder. Sie liebte einen Unwürdigen, wollte sich zugleich als Liebende retten. Bald hing Amadeus hundertfach, aberhundertfach an den Wänden ihres Zimmers, schaute sie an, wenn sie morgens aus dem Bett kroch, verfolgte sie mit seinen großen Augen, wenn sie das Licht löschte. Er war so allgegenwärtig, dass sie Zeit und Raum vergaß. Er verschlang sie.

Doch eines Morgens, als sie die grünen Fensterläden öffnete, spürte sie milde Frühlingsluft ins Zimmer strömen. Die Sonne ging auf, das Meer hatte die winterliche Metallfarbe verloren und versuchte sich in frischem Blau, die Mandelbäume im Garten hatten Knospen angesetzt. Charlotte streckte die Arme weit aus, wie ein Mensch, der lange in einer Höhle zusammengekauert gelegen hat und jetzt das Tageslicht begrüßt. Erst leise, dann immer jubelnder formte ihre Stimme die dritte Arie aus der Bach-Kantate »Wir danken dir Gott«. Sie konnte gar nicht aufhören zu singen, schwang sich ins bräutliche Jerusalem, schweifte zur Arie aus Bachs Weihnachtsoratorium:

Bereite dich, Zion, mit zärtlichen Trieben,
Den Schönsten, den Liebsten bald bei dir zu sehn!
Deine Wangen – Müssen heut viel schöner prangen,
Eile, den Bräutigam sehnlichst zu lieben!

Aus der Musik stieg keine Heilserwartung auf, aber einen Atemzug lang das Gefühl, in einer himmlischen Stadt über alle Erdenschwere zu triumphieren. Sie nahm alle Blätter von den Wänden, schichtete die Amadeus-Porträts sorgfältig in ihren Koffer, verstaute ihn unterm Bett. Alle Wände waren jetzt weiß und leer, sahen aus wie neu verputzt.

Sie rückt ihren Stuhl ans offene Fenster, sucht sich ein größeres Format an Zeichenpapier, fixiert ein frisches Blatt auf ihre Staffelei und mischt Farben auf der Palette. In einem Taschenspiegel betrachtet sie ihr Gesicht, die leicht geröteten Wangen, den entspannten Mund, von einem Lächeln umspielt, die Augen noch im Glanz von Bach-Gejauchze und Frohlocken. Sie muss diesen Augenblick einfangen, ihr Selbst festhalten, wie sie es lange nicht oder noch nie erfahren hat: so eins mit sich.

Sie beginnt zu malen. Ein Brustbild en face vor einem Fensterrahmen, durch den Rahmen blaut das Meer. Das Porträt einer Malerin, nicht mit Pinsel und Palette ausstaffiert, um sich als Künstlerin auszuweisen, sondern mit offenen Augen, zum Schauen bestellt. Auf den bisherigen Bildern hat sie sich immer in ein blaues Kleid gesteckt, oder in ein anthrazitfarbenes. Jetzt trägt sie rote Farbe unvermischt und kräftig auf, um mit dem Spachtel den größeren Flächen einen pastosen und reliefartigen Effekt zu verleihen. Nur die Begrenzung der Schultern und des Kragens zieht sie in einem dunkleren Rot mit dem Pinsel nach – sie prüft die Wirkung: So mutig hat sie selten eine Farbe verwendet. Das gleiche Rot wird sie auch auf ihre Lippen legen, für eine Frau, die sich nie schminkt, ein kleines Wunder. Exceptionel! Und als hätte sie den Mut zu plakativen Farben entdeckt, wählt sie für das Gesicht ein intensives Ockergelb, tupft sich ein paar rote Punkte auf die Ohrläppchen wie Parfüm. Sonst hat sie immer ihre Frisur auf Bildern vernachlässigt: in schmutzigem Braun ein paar Strähnen ins Gesicht fallen lassen, im Profil die halblangen Haare zu einer spießigen Außentolle gekämmt. Jetzt bleibt ihre Stirn frei, wie um sie der Welt zu bieten. Die Augen, die sie gern geschlossen hält und die bislang in ihr Inneres blickten – oft hat sie nur einen waagerechten Strich gemalt –, sehen weit geöffnet den Betrachter an. Für die Pupille wählt sie ein unwirklich leuchtendes aquarellenes Blau: Schaut mich nur an, ich bin es, Charlotte Salomon, 25 Jahre alt, Malerin, wohnhaft in Saint-Jean-Cap-Ferrat, einem der schönsten Küstenorte Frankreichs.

Sie ist ganz in der Wirklichkeit ihres Exils und zugleich in einem Reich, in dem sie alle Fesseln abgestreift hat und sich als frei erfährt. Keine Fragen sind hier eingeschrieben, weder solche nach dem Leben noch nach dem Theater. Das Ich wendet sich der Welt zu und erhält eine Antwort: in seinem Wesen angenommen zu sein. Charlotte erinnert sich, wie Professor Bartning am ersten Tag des Semesters einen Satz aus Goethes *Wahlverwandtschaften* an die Tafel geschrieben hat: »Man weicht der Welt nicht sicherer aus als durch die Kunst, und man verknüpft sich nicht sicherer mit ihr als durch die Kunst.« Als eifrige Studentin hatte sie sich diese Maxime auf die erste Seite ihres Sudelbuchs notiert.

Sie hängt das Bild nicht auf. Anders als ihre Tagesproduktionen sonst, die sie zum Betrachten an die Wände pinnt, schlägt sie das Bild, sobald die Farben getrocknet sind, in Zeitungspapier ein und legt es in das unterste Fach ihres Schranks. Dort sieht es aus, als hätte jemand den Boden ausgelegt, um das Holz zu schonen.

Am nächsten Tag amüsiert sie sich bei dem Gedanken, was mit ihrem Selbstporträt wohl alles geschehen könnte, spielt Möglichkeiten durch: Marthe Pécher könnte das Bild nach dem Krieg – es musste eine Zeit kommen, die »nach dem Krieg« hieß – finden und ein bisschen gerührt an Mademoiselle Charlotte denken, die jetzt wieder in Deutschland lebte und in Belle Aurore glücklich gewesen war. Oder: Ein Zimmermädchen reinigt nach Charlottes Auszug die Räume und wirft das Zeitungspapier mit Inhalt in den Abfalleimer. Ein Kind findet ihr Selbstporträt, fischt es aus dem Abfall und faltet sich einen Papierhut daraus. Oder: Ein späterer Gast stößt durch Zufall auf das Bild, betrachtet es lange und begibt sich wie eine Figur in einer romantischen Novelle auf die Suche nach der geheimnisvollen jungen Frau, in deren Augen ein seltsames Leuchten steht.

Vielleicht hat sie das Bild ja auch gar nicht gemalt, sondern nur erträumt.

An einem heißen Sommertag des Jahres 1942 wässerte Marthe gerade die Blumen und Sträucher im Vorgarten, als Charlotte auf den Weg zum Haus einbog.

»Was ist Ihnen denn passiert, Sie sehen ganz erschöpft aus?«

Charlottes Kopf war hochrot angelaufen.

Immer vergisst die junge Dame, einen Hut aufzusetzen, wenn sie in die Sonne geht, dachte Marthe. Schien denn in Deutschland niemals die Sonne?

»Ach, ich war in Nizza, zu Fuß. Die Busse fahren nur noch unregelmäßig.«

»Bei dieser Hitze sind Sie zwanzig Kilometer gelaufen? Aber Charlotte! Monsieur hätte Sie doch mit dem Auto fahren können. Warum haben Sie nicht gefragt?«

Charlotte zögerte. Wem, wenn nicht Marthe, konnte sie erzählen, was ihr in Nizza widerfahren war. »Ich war bei der Gendarmerie in Nizza, es gibt da ein neues Gesetz, dass sich alle ausländischen Juden melden und registrieren lassen müssen.«

Marthe fiel beinahe die Gießkanne aus der Hand. Dieses deutsche Gretchen sollte eine Jüdin sein? Nie und nimmer wären sie oder Monsieur auf die Idee gekommen. Und jetzt war dieses Geschöpf freiwillig zur Gendarmerie gegangen, hatte sich präsentiert und gesagt: Seht her, ich gehöre zum Stamme Israels? Das konnte doch nicht wahr sein.

»Sie haben sich freiwillig und ohne Not der Administration gestellt?«

Charlottes Röte im Gesicht vertiefte sich. »Ich bin da wohl sehr deutsch. Wenn es ein Gesetz gibt, meine ich es befolgen zu müssen.«

Marthe hätte am liebsten gesagt: Sie sind nicht nur deutsch, Sie sind auch strohdumm. Wie naiv darf man denn in diesen Tagen sein!

»Und was ist passiert?«, fragte sie stattdessen.

»Sofort nach der Anmeldung wurde ich in einen Bus geschoben, der vollgestopft mit Menschen war, der Motor lief schon. Da ging ein Gendarm durch die Reihen, fasste mich am Arm, zerrte mich zur Tür und sagte: ›Steig aus, steig aus, vite, vite! Geh nach Hause, tout de suite, komm nie mehr wieder!‹«

»Wahrscheinlich hat er Sie für eine Französin gehalten, so gut wie Sie Französisch sprechen!« Marthe, die Kontakte zur Résistance hatte, hielt sich zurück, um Charlotte nicht zu sehr zu erschrecken. Aber sie wusste, wem die junge Deutsche entronnen war: der sicheren Deportation.

Im Nachhinein war Charlotte doch der Schreck in die Glieder gefahren. Vielleicht wäre ich wieder in ein Lager gebracht worden, kam es ihr in den Sinn. Vielleicht wieder nach Gurs? Eine Weile traute sie sich nicht mehr aus dem Haus. Sie rettete sich in die Arbeit, malte unaufhörlich. Wenn sie malte, hatte sie keine Angst.

Das Theater ist tot

Im Frühsommer 1942 fühlte Charlotte, dass sie ihr Werk zu Ende bringen müsse. Wie jemand, der eine Konventionalstrafe erwartet, wenn er nicht rechtzeitig mit der Arbeit fertig wird, malte sie Bild um Bild, als produziere sie einen Film, bei dem eine riesige Anzahl von Einstellungen notwendig ist, um eine Sequenz zu ergeben. Jeden Abend heftete sie ein Bild an die Wand ihres Zimmers, an manchen Abenden auch zwei oder drei oder vier, aber sie wurde mit den Erinnerungen ihres Lebens nicht fertig.

Wie eine Getriebene malt sie immer wieder die Geschichte vom Leben und Sterben der Großmutter. Deren Sturz aus dem Fenster ist zwar zwei Jahre her, aber die Verstörung sitzt tief, die Zeit hat den Schmerz nicht abmildern können, auch nicht den Zorn darüber, dass sie die Großmutter nicht hat retten können und damit ihrem Großvater und seinen defätistischen Prophezeiungen recht gegeben hat. Sie schleudert diese Wut aus sich heraus, Farben und Formen springen wild umher, sie kann beides nicht zügeln. Die Personen verlieren Gesicht und Statur, jede Anmutung von Ähnlichkeit, am Ende schreien die Farben um Hilfe, weil es für die Menschen keine mehr gibt.

Die Erinnerung an Gurs verkürzt sie auf wenige Bilder, wird immer ungeduldiger, wechselt auf den letzten Blättern vom Bild zum Wort, schreibt nur noch Buchstaben mit dem Pinsel, große kalligrafisch ausgeführte Lettern in unterschiedlichen Farben, aus denen Texte werden, um die Frage kreisend, warum sie dieses *verrückt besondere* Werk beginnen und jetzt abschließen muss. Sie spricht von sich in der dritten Person, von einem Wesen, einem Objekt, als hätte sie ihre menschliche Identität verloren: *So erwachte in einem zugleich leidendem und etwas darüberstehendem Wesen ein Gefühl von grösster Hilflosigkeit aller Menschen die sich an Strohhalmen festzuhalten versuchten bei schrecklichsten Gewitterstümen. Bei allergrösster Schwäche jedoch wollte sich unser Objekt nicht in den Kreis der Strohhalmsucher hineinziehen lassen und blieb allein mit ihren Erlebnissen und ihrem Pinsel.* (4921)

Noch einmal beschreibt sie mit Worten, was sie zuvor in Bilder gefasst hat, die Liebe zu Amadeus, die Ehe der Großeltern, Heirat ihrer Eltern, Tod der Mutter, den Aufstieg der Nazis in Deutschland, das Paradies der Ermitage, Ottilie Moores Güte, des Großvaters Niedertracht, ihre Flucht ins klösterliche Leben in Belle Aurore – alles ruft sie im Text ein weiteres Mal auf, als traute sie den Bildern nicht, in die sie bereits die Motive ihres Lebens verwoben hat. (4921-4931-4) Die Ergüsse münden in dem Postskriptum: *Der Frühling kam. Ich mußte es vollenden! Koste es, was es wolle. Was geht mich Polizei [oder] Großvater an. Ich muß zurück zu* – hier bricht der Text ab. (4931-4)

Was ihren Großvater betraf, war sie alles andere als unbekümmert. Seine Briefe waren in den letzten Monaten immer wütender und verzweifelter geworden, sie musste fürchten, dass er sie bei der Polizei anzeigte, weil sie nicht für ihn sorgte. Außerdem konnte er nicht mehr in die Ermitage zurück, wo er trotz Ottilies Rauswurf immer wieder Wochen in ihrer Obhut verbracht hatte. Auch wenn Ottilie früher gesagt hatte: »Mit dem bin ich fertig«, hatte sie Charlotte zuliebe dem alten Mann doch immer wieder die Tür geöffnet, wenn er Hilfe brauchte. Aber inzwischen war Ottilie mit ihrer Kinderschar in die USA gefahren. Ob sie angekommen war, wusste Charlotte nicht. Auch jetzt, ein Jahr später, nicht.

Sie will einen Schlusspunkt setzen, ihr Werk *vollenden,* ein letztes großes Bild malen und mit dem Ende einen Anfang markieren, den Blick auf etwas Neues, eine Verheißung hellerer Tage.

Sie mischt alle Blautöne, die ihre Farbtuben hergeben, um das einzigartige Leuchten des Meeres zu fassen, dazu ein helles Braun wie die Farbe von Körpern, einen kleinen Tupfer Rot, etwas dumpfes Grün, vor allem aber Blau, Blau.

Ein königliches Blau für das Meer, intensiv, matt deckend. Auch die Berge tragen Blau, vereinigen sich mit dem Wasser. Davor eine Figur, eine Frau mit dem Rücken zum Betrachter, auf ihren Füßen hockend über ein Blatt Papier gebeugt, über das sie mit einem Pinsel fährt: Sie malt. Sie malt sich malend und den Gegenstand ihres Malens, das Meer. Aber sie malt nicht mit Farben auf eine leere Fläche. Das Blatt Papier, auf dem ihr Bild erscheinen soll, ist entweder völlig durchsichtig, oder – wahrscheinlicher – es existiert gar nicht. Der Pinsel zieht den Bildrahmen nach, der das Meer einfasst, ein Fenster zum Ozean, und das Meer gibt als Wasser die Farbe, die sich selbst malt. (4925, Abb. 23*)

Aus der Ferne taucht eine Erinnerung auf, ein paar Sätze aus Heinrich von Kleists »Empfindungen vor Friedrichs Seelandschaft«: »... daß man Alles zum Leben vermißt, und die Stimme des Lebens dennoch im Rauschen der Fluth, im Wehen der Luft, im Ziehen der Wolken, dem einsamen Geschrei der Vögel, vernimmt. [...] Ja, wenn man diese Landschaft mit ihrer eignen Kreide und mit ihrem eigenen Wasser mahlte; so, glaube ich, man könnte die Füchse und Wölfe damit zum Heulen bringen.«

Charlotte hatte diese rätselhaften Sätze früher nicht verstanden, begriff sie auch jetzt nicht. Aber es faszinierte sie die Idee, das Meer mit dem Wasser des Meeres zu malen, die Abbildung und das Material des Abgebildeten eins werden zu lassen, damit etwas Neues entstehe. Was war das? Die perfekte Illusion? Oder das vollkommene Kunstwerk, das als sein Höchstes zurückkehrt zur Natur? Etwas Unerreichbares jedenfalls, kaum menschlich, jenseits des Menschlichen, nur Tiere zum Heulen bringend – oder Gott zu einem Lächeln?

Charlotte drückt weiße Farbe auf ihre Palette, taucht den Pinsel ins Wasser, gibt der Fläche des Meeres glitzernde Streifen und dem Horizont am rechten oberen Rand einen weißen Durchbruch im blauen Gewölk. Oder ist dieser Bereich des Papiers einfach unbearbeitet? Zeigt sie hier das Material, auf dem das Abbilden abgebildet wird?

Wenn Charlotte sich auf diesem Bild mit einem durchsichtigen Zeichenblock voller Meerwasser malt, dann ist das Meer ihr Leben, der Rahmen, in den sie es fasst, hält es in einer Schwebe, verwandelt es in Theater. Und das schreibt sie auf den Rücken der Figur und gibt damit ihrem Werk den Titel, dort mit Fragezeichen hinter beiden Möglichkeiten, hier auf ihrem Rücken als reine Alternative – und weitet diese zu einem metaphysischen Dilemma: »Leben? oder Theater?«.

Sie war erschöpft, ausgelaugt wie am Ende einer langen Reise. Nahezu zwei Jahre lang war sie gewandert: zwischen den erinnerten Ereignissen ihres Lebens und deren Umwandlung in ein ästhetisches Spiel. War ihr damit die Befreiung von den Verstörungen der Vergangenheit gelungen, die ihr Dr. Moridis versprochen hatte? Sie wusste es nicht. Es musste sich erweisen.

Es kostete sie viel Zeit, ihr Werk zu ordnen. Sie sortierte

von den mehr als 1300 Blättern 769 Bilder aus, legte in zeitlicher Chronologie eine Reihenfolge fest, hängte einige Bilder als Annex an und datierte ihr Werk:

Der Verfasser
St. Jean August 1940/42
Oder zwischen Himmel
Und Erde außerhalb von unserer Zeit
im Jahre 1
des neuen Heiles

Den Zettel mit dieser Notiz legte sie zu den Bildern und verschloss ihr Opus magnum in einem Koffer.

Der Abschied von Marthe Pécher, von ihrem Zimmer, dem Blick aufs Meer, »dem Rauschen der Fluth, dem Wehen der Luft, dem Ziehen der Wolken«, in denen sie die Stimme des Lebens vernommen hatte, fiel ihr schwer. Das Fenster mit den grünen Läden hatte ihr den Weg in eine Offenbarung von Schönheit und Sinnhaftigkeit geöffnet. So schmerzhaft es gewesen war, in ihre Kindheit und die Geschichte ihrer Eltern, in die Suizide ihrer Familie und schließlich in die unerwiderte Liebe zu Alfred Wolfsohn, ihrem Amadeus Daberlohn, einzutauchen, als so reinigend hatte sie das Erinnern, Wiederholen und Durcharbeiten in ihrer Malerei empfunden und in dieser Form des Seelentheaters eine Erweiterung ihres Selbst erfahren, das Vergessenes und Verdrängtes einschloss: *Alle Wege lernte ich gehen und wurde ich selbst.* (4931, 4932)

Aber sie war noch an kein Ende gekommen, mit dem Malen nicht, nicht mit dem Weg in ihr Inneres. *Unbeendigt zu Ende,* so empfand sie ihr Werk. Der Wechsel von Belle Aurore zur Villa Eugénie in Nizza erschien ihr als ein Schritt *von tiefster*

Sonnenhelle in gräuliche Dunkelheit. Aber sie beugte sich dem Unvermeidlichen. Sie war für ihren Großvater verantwortlich. Er war alles, was ihr an Familie geblieben war. Und immerhin verdankte sie ihm, dass sie nicht in Gurs an Typhus gestorben war.

Seit dem Spätherbst 1942 stand das Département Alpes Maritimes unter italienischer Besatzung. Deutsche und italienische Truppen hatten als Reaktion auf die Landung der Alliierten in Nordafrika den Süden Frankreichs besetzt und unter sich aufgeteilt. Unter den Juden an der Côte d'Azur machte sich eine vorsichtige Erleichterung breit. Italien schien ihre Deportation weniger strikt oder gar nicht zu praktizieren. Alexander Nagler lud sogar italienische Soldaten zu sich in die Ermitage ein, wo an manchen Abenden heftig getrunken, geraucht und Karten gespielt wurde. Gemeinsam hörte man Rundfunksendungen in der Hoffnung, dass die Niederlagen der deutschen Truppen im Osten ein baldiges Ende des Krieges bedeuten würden.

Auch Charlotte verfolgte mit ihrem Großvater die Nachrichten. Sie war weniger optimistisch, dass sich der Krieg einem Waffenstillstand näherte. Schlimmer aber als die Schlachten in Europa empfand sie die Gefechte in den eigenen vier Wänden. Sie konnte ihren Großvater und die täglichen Streitereien mit ihm nicht ertragen, aber sie brachte es auch nicht über sich, ihn völlig seinem Schicksal zu überlassen.

Der tägliche Kleinkrieg zerrüttete sie. Diesen *Hampelmann,* diesen *Flächling,* diesen *kleinen Spießbürger* zu pflegen, ging über ihre Kraft.

»Kannst du nicht irgendetwas Vernünftiges kochen?«, nörgelte er ständig. »Was hat dir deine Stiefmutter denn beigebracht? Der Mensch lebt nicht vom Gesang allein. Immer diese graue Bohnensuppe ohne eine Faser Fleisch. Grauenvoll.«

»Großpapa, es ist Krieg«, versuchte Charlotte ihn zu besänftigen. »Die Lebensmittel sind rationiert. Es gibt nichts zu kaufen.«

»Wenn du wirklich wolltest, würdest du schon etwas auftreiben«, hörte er nicht auf zu klagen. »Morgen gehe ich selbst auf den Markt.«

»Mach das ruhig. Dann wirst du sehen, dass es außer Steckrüben und Kohl nichts gibt. Selbst Kartoffeln sind eine Kostbarkeit.«

»Du bist ja froh, wenn du mich bald verscharren kannst. Dann kannst du dich endlich ausleben.«

»Geh jetzt bitte ins Bett. Oder ich gehe ins Bett. Ich werde mir das nicht länger anhören.«

Charlotte stürzte in ihr Zimmer und warf sich aufs Bett. Sie zitterte am ganzen Leib. Er hatte ja recht: Sie wäre froh, wenn er sterben würde. Sie konnte die täglichen Quälereien, die sinnlosen Vorwürfe einfach nicht mehr ertragen. Der Mann war gebrechlich, er litt unter Bluthochdruck, sein Herz war schwach, aber die Stärke seiner Selbstsucht hielt ihn zusammen. Schließlich war er der Herr Sanitätsrat Dr. Grunwald aus Berlin, der verlangen konnte, dass sich alle seinen Bedürfnissen und Wünschen unterwarfen. Und wenn außer seiner Enkelin niemand mehr übrig geblieben war, so musste sich eben Charlotte nach ihm richten und alles tun, um ihm das Leben angenehm zu machen. Dass nur sein Zimmer geheizt wurde, während der Brennstoff rationiert war, und er das meiste und das Beste aß, während Charlotte sich mit dem beschied, was er übrig ließ, war selbstverständlich. Dass es zu den Mahlzeiten keinen Wein mehr gab, war der Gegenstand täglichen Lamentierens. Klar, dass Charlotte ihm den Wein aus Bosheit vorenthielt, denn dass es in Frankreich keinen Wein mehr zu kaufen gab oder er unerschwinglich teuer war, das galt ihm gerade so viel, als hätte der Himmel über Berlin das Regnen eingestellt.

Charlotte konnte sich nicht beruhigen. Am liebsten würde sie nachhelfen, den Großvater ins Jenseits zu befördern. Er hatte längst vergessen, dass er wie viele Emigranten vor zehn Jahren Opiate und Gifte ins Gepäck gesteckt hatte, falls die Flucht nicht wie geplant verlief. Dann wollten er und Marianne selbst Herr über ihr Leben sein.

Nicht er, aber Charlotte wusste, wo die Tropfen aufbewahrt waren. Sie würde Schluss mit diesem unwürdigen Theater machen, in dem sich ein alter Mann aufspielte wie ein altassyrischer Despot, der seine Untertanen anbrüllt und köpft. Schluss, Schluss. Finita la commedia.

Es war Zeit für seinen Gute-Nacht-Tee, Ludwig Grunwald liebte ihn besonders süß.

Am nächsten Morgen sah er gut aus, die Wangen waren gerötet, die Augen funkelten unternehmungslustig: »Ich werde hinunter in die Stadt gehen, um dir zu beweisen, dass es etwas auf dem Markt zu kaufen gibt.«

»Großpapa, es fegt ein eiskalter Wind durch die Straßen. Du wirst dir den Tod holen.«

»Papperlapapp«, sagte Ludwig Grunwald.

Sie empfahl ihm, den dicken Wintermantel anzuziehen und einen Hut aufzusetzen.

Natürlich setzte er keinen Hut auf.

Charlotte holte Papier und Stift hervor und begann einen Brief an Amadeus zu schreiben, den fernen Geliebten. Ihm jetzt das Herz auszuschütten, war wie ein Rückfall in eine Krankheit. Aber sie konnte nicht anders, als müsste sie in die Krankheit flüchten, weil sie das Gesundsein nicht ertrug, ließ sie noch einmal ihre ganze Liebe zu ihm hervorbrechen, steigerte sich fiebrig und wie außer sich in die Vergötterung hinein: *Geliebter Freund – Ich danke Dir wie ich Dich liebe so hat noch nie ein Mensch einen anderen geliebt – wie ich Dir danke so hat noch nie ein Mensch einem anderen gedankt […] Je mehr ich beim Zeichnen und bei jeglicher ununterbrochener Arbeit Befriedigung empfand – desto mehr –*

Geliebter dachte ich an Dich und an die Wahrheit Deiner Gedanken […] Du hast meinen Ehrgeiz so angestachelt dass ich mir vornahm den anderen Menschen zum Trotz und Dir zum Gewinn ein großer Mensch und Künstler zu werden.

Im Rausch des Schreibens nahm sie kaum wahr, dass die Wohnungsglocke läutete. Aus Bosheit hatte der Großvater natürlich wieder den Schlüssel vergessen, das machte er immer so. Sie ließ es eine Weile klingeln. Schließlich ging sie an die Tür, schaute gar nicht hinaus, sondern brummte nur: »Komm schon rein!« Erst als sie keine Schritte hörte, sondern merkwürdiges Geschnaufe, drehte sie sich um. Drei Nachbarn trugen ihren Großvater über die Schwelle. Charlotte erkannte den Apotheker.

Monsieur sei kurz vor dem Haus ohnmächtig auf der Straße zusammengebrochen. Sein Gesicht war grauweiß, die Augen geschlossen, der Mund eingefallen, als hätte er sein Gebiss verschluckt. Die Männer brachten ihn in sein Zimmer, legten ihn aufs Bett. Der Arzt sei schon benachrichtigt. Es dauerte eine beträchtliche Zeit, bis dieser eintraf, er konnte nur noch den Tod des Großvaters feststellen. Auf dem Totenschein wurde sein Name falsch vermerkt, kein Titel, kein Beruf (sans profession), als Todesursache war Schlaganfall (attaque d'apoplexie) eingetragen.

Dr. Ludwig Grunwald starb am 12. Februar 1943, 83-jährig. Nach seiner Beerdigung am darauffolgenden Tag, bei der Charlotte als Einzige hinter dem Sarg stand, fuhr sie in die Ermitage. Sie fand Alexander mit zwei Kindern, die noch in der Ermitage lebten, in der Küche. Er hatte Nudeln gekocht und schüttete aus einem Glas Tomatensoße darüber. Der Keller Ottilie Moores schien noch andere Schätze zu beherbergen als püriertes Gemüse: Der Directeur des Hauses roch deutlich nach Pastis oder Cognac.

»Mein Großvater ist tot«, flüsterte sie.

Nagler nahm Charlotte in die Arme und hielt sie lange fest. Erst als die Kinder unruhig wurden, weil die Tomatennudeln auf dem Herd nach allen Seiten rote Spritzer versprühten, ließ er von ihr ab.

In der Nacht nahm er sie mit in sein Bett, aber sie war zu erregt, um sich ausruhen zu können in der Umarmung eines Mannes, den sie nicht liebte. Sie ahnte schon jetzt, dass sie bei ihm keinen Halt finden würde, dass im Gegenteil sie ihn stärken musste: *Ich wusste, dass er ganz allein war ziemlich schwach in Charakter und nicht mit Freunden umgeben [...] Ich hatte solches Bedürfnis zu lieben – nur einen Menschen zu haben – dem ich glaubte nützen zu können – von dem grossen in mir aufgespeicherten Überschuss an Kraft und Glauben etwas abgeben zu können.* So blieb sie bei Alexander. Sie hatte ja nur noch ihn.

Aber Amadeus' Schatten war übermächtig. Sie musste den Brief weiterschreiben, den sie am Todestag des Großvaters begonnen hatte, wenngleich sie wusste, dass dieser den Empfänger nicht erreichen konnte, ja dass sie nicht einmal versuchen würde, ihn abzuschicken. Wohin denn auch?

Gab es für ihre Bilder keinen Adressaten, nur einen fiktiven Betrachter, so fand sie für diesen Brief jetzt ein Du, an das sie sich richtete, auch wenn es so fern war, so unerreichbar und mehr eine sakrale Instanz als eine reale Person: *Du gabst mir Mut und Kraft lebend zu werden. Durch grausamste Finsternis führtest du mich in die Unsterblichkeit der hellsten Südsonne. --- Ich – glaubte an – Dich. Ich glaubte an eine mir unbekannte instinktive Kraft in Dir – die [...] jetzt ihre Triumphe feiert.*

Sie ließ die Erinnerung schweifen, berief die Erfahrung einer gottähnlichen Offenbarung, als Amadeus in ihr Leben trat. *Ich war ein kleines Mädchen nicht sehr begabt nicht sehr schön nicht sehr fleissig sehr bequem unbeherrscht und egoistisch – wie man sagte. Da – kamst Du und ich liebte Dich bedingungslos. Du merktest es obwohl ich Dich – wie es nur zu natürlich war keineswegs interessierte –*

Warst Du irgend wie berührt von dieser Liebe die für Dich durch's Feuer ging. Du warfst mir Brotsamen hin und ich wurde Dein Hund. […] Du sagtest mir ich sei begabt obwohl alle Welt das Gegenteil behauptete. Du nahmst mich sogar in Schutz gegenüber der Frau – die Du liebtest – Du hast gewusst – mir einen Platz im Leben zu geben.

Sie schrieb atemlos, ohne Punkt und Komma, schrieb wie um ihr Leben, steigerte sich in eine Ekstase hinein, als müsste sie ihre ganze seelische Liebes- und Leidensfähigkeit noch einmal verbrauchen, bevor sie erlosch.

Der Brief endete mit einer Art hymnischem Gesang:

Da war es mir – als ob mir eine Stimme zuriefe: Das Theater ist tot! Vielleicht Liebster ist es wirklich so dass mit diesem Krieg auch das Theater das die Menschheit sich gegenseitig vorgespielt hat zu Ende geht – dass die gesamte Menschheit

Durch
Schwerstes
Leid und Er-
Leben ge
prüft ei
nem
wahre
rem
leben
digeren
Leben
entge
gen
geht.
Ich danke dir
beinahe möchte
ich sagen
Amen

Dunkles Licht

Ein paar Tage nach dem Tod des Großvaters verließ Charlotte die Wohnung in Nizza und zog zu Alexander Nagler und den zwei französischen Kindern, die er noch betreute, in die Ermitage. Die belgischen Kinder waren von Verwandten abgeholt worden. Sie hatten Unterschlupf in der Schweiz gefunden.

»Gibt es irgendwo Packpapier?«, fragte sie am ersten Morgen nach dem Einzug noch vor dem Frühstück. Alexander half ihr, die Gouachen aus dem Koffer zu holen und in Pakete zu verpacken. Er war ja in allem ein unpraktischer Mensch, aber immerhin konnte er Bindfäden verknoten. Für die Bilder interessierte er sich wenig, bewunderte aber deren Anzahl: »Wie kann ein Mensch nur so viel malen?« Er zückte eilfertig den Füller, um etwas auf das Packpapier zu schreiben, den Inhalt oder den Eigentümer oder beides.

»Schreib: ›Eigentum von Ottilie Moore‹, das reicht.«

»Und wo soll ich die Pakete aufbewahren? Der Keller ist ziemlich feucht.«

»Lass nur, ich weiß schon einen sicheren Ort.«

Charlotte verstaute die schweren Pakete auf dem Fahrrad und schob das Rad zu Dr. Moridis. Der war erstaunt, sie zu sehen, und freute sich augenscheinlich: »Charlotte, Sie sind zurück aus Ihrer Einsiedelei? Wie geht es Ihnen? Kommen Sie doch herein, um einen Tee mit Odette und mir zu trinken!«

»Ich habe Ihnen viel zu verdanken, Dr. Moridis. Nein, ich möchte nicht stören, nur etwas abgeben.« Damit reichte sie dem Arzt die Pakete. »Heben Sie das gut auf, Dr. Moridis, es ist mein ganzes Leben.«

Er blickte sie erstaunt an, ihre Worte hatten wohl unpassend feierlich geklungen. Aber sie drehte sich schnell um und fuhr in der Dunkelheit in die Ermitage zurück. Sie wusste, Dr. Moridis würde ihr »ganzes Leben« getreulich beschützen und es ihr zurückgeben, wenn sie wieder in Freiheit lebte, oder es Ottilie Moore aushändigen. Falls sie nach Villefranche zurückkehrte.

Sofort nach ihrem Einzug überließ Alexander ihr die Kinder. Überließ ihr die Küche, den Garten. Nur den Keller, den behielt er für sich.

Die zwei Kinder, Maurice und Isabelle, acht und fünf Jahre alt, waren von Verwandten aus der Auvergne in die Ermitage gebracht worden. Die Kinder hatten mit ansehen müssen, wie ihre Eltern von der Gestapo verhaftet, geschlagen und verschleppt wurden, nicht weil sie Juden waren, sondern Mitglieder der Résistance. Sie waren erwischt worden, als sie Sprengkapseln an Eisenbahnschienen befestigten.

Ottilie hatte die Adresse der Verwandten hinterlassen, hatte Alexander geraten, die Kinder abholen zu lassen. Nach der Besetzung Südfrankreichs würden die Kinder zu Hause in einem Dorf in der Auvergne weniger gefährdet sein als in Villefranche. Alexander hatte zwei Briefe geschrieben; sie waren nicht zurückgekommen, aber auch nicht beantwortet worden.

Isabelle adoptierte Charlotte sofort als ihre Mutter, hing ihr den ganzen Tag am Kleiderzipfel, wollte immer von ihr getragen, in den Arm genommen werden, regredierte zu einem Baby. Charlotte war das lästig, alles in ihr sträubte sich gegen die aufgezwungene Mutterrolle, doch Isabelles Schicksal verbot es, das Kind zurückzuweisen. Wenn aber Isabelle in Babysprache lispelte: »Belle willi Milli«, wurde Charlotte streng: »Du bekommst nur Milch, wenn du wie ein vernünftiger Mensch sprichst.«

Maurice war genau das Gegenteil. Er ließ niemanden an sich heran, seine Stirn war immer in eine senkrechte Falte gezogen, was bei dem Kindergesicht merkwürdig aussah, halb bedrohlich, halb lächerlich. Er redete so wenig, dass Charlotte manchmal zweifelte, ob er des Sprechens überhaupt mächtig war. Alexander fühlte sich durch den schweigenden Protest des Jungen provoziert und konnte es nicht lassen, ihn zu hänseln.

»Ob uns der Kartäusermönch wohl heute mit einem Wort beehrt? Oder wenigstens mit einem Kopfnicken?«

Charlotte trat Alexander unter dem Tisch auf den Fuß, der wusste sehr genau, was das bedeutete: Verdammt, hör auf! Weißt du denn, was der Junge durchgemacht hat? Er hat mit ansehen müssen, wie seine Eltern misshandelt wurden. Manchmal sagte Charlotte auch laut: »Man sollte nur reden, wenn man etwas zu sagen hat.«

Dann schaute Maurice sie mit großen Augen an. Der Blick war keineswegs voller Dankbarkeit, aber auch nicht so leer wie gewöhnlich, als zöge der Junge für einen kurzen Augenblick eine Lamelle seiner Seele hoch.

Der Winter war regnerisch gewesen. Doch der Frühling 1943 kam mit Brausen. Schon Ende Februar trieben die Büsche und Stauden Knospen, färbten sich in lichtes gelbes Grün, im März lag auf den Mandelbäumen ein Hauch von Rosa.

»Kannst du nicht versuchen, auf dem Schwarzmarkt Gemüsesamen aufzutreiben? Möhren, Zucchini, Zwiebeln, Salat, Bohnen. Und Tomaten natürlich. Vielleicht könnten wir etwas anpflanzen?« Charlotte hatte keine Ahnung von Gartenarbeit, aber meistens stand auf den Samentütchen, wie man die Pflanzen zog. »Wir können auch Vittoria fragen, wie man ein Beet anlegt. Stell dir vor, wenn wir im Sommer eigenes Gemüse ernten würden!«

Drei Tage später kam Alexander mit diversen Samentütchen nach Hause. Charlotte holte sich aus dem Gartenhaus Spaten und Hacke und suchte Maurice. Der saß beim alten Brunnen und schnitzte an einem Stück Holz herum. Bald sah man die beiden an einer Ecke des Parks den Rasen ausheben und die

Erde bearbeiten. Der schmächtige Maurice entwickelte erstaunliche Kraft mit dem Spaten. Noch erstaunlicher aber war, dass er eine Ahnung zu haben schien, wie man Gemüse pflanzte. Er gab Charlotte Anweisungen: »Der Boden muss noch lockerer werden. Die Möhren brauchen Sonne. Viel mehr Abstand.« Der kleine Kartäuser redete, als wäre er tatsächlich in einem fiktiven Kloster zuständig für den Nutzgarten gewesen.

Isabelle schaute den beiden beim Gärtnern zu und nölte. Sie war eifersüchtig auf ihren Bruder.

Am Abend tat Charlotte der Rücken weh. Sie lag in Alexanders Armen.

»Für die Gemüsesamen habe ich eins dieser alten Ölgemälde eingetauscht, die noch von deinen Großeltern stammten.«

»Gut so«, wollte Charlotte sagen, aber sie brachte nur noch ein schläfriges Gemurmel zustande.

Am nächsten Tag arbeiteten Maurice und Charlotte weiter in ihrem Gemüsegarten. Charlotte hatte sich alles leichter vorgestellt: Samen in die Erde, Wasser daraufgießen – und fertig. Maurice schüttelte immer wieder den Kopf, Zucchini mussten vorkeimen, Tomaten in Töpfen vorgezüchtet und die Keimlinge später pikiert werden. Gurken waren sehr empfindlich und brauchten viel Sonne und Feuchtigkeit.

Sie hörten nicht, dass an das schwere Metalltor geklopft wurde. Nur Isabelle hatte ein feines Ohr und trompetete: »Besuch für uns!«

Charlotte zog die dicken, mit Erde verklebten Gartenhandschuhe aus und lief zum Eingang des Anwesens, wo schon Alexander stand, das Tor einen Spaltbreit geöffnet, und mit unsichtbaren Besuchern sprach. Dann ließ er sie ein.

Es war ein Paar, Mann und Frau mittleren Alters, die aussahen wie Bauern, die sich für eine Beerdigung umgezogen hatten: schwarzer Anzug, schwarzes Kleid, dunkle Hüte. Die beiden wirkten linkisch und gehemmt, fremd in den Kleidern, fremd in dieser Umgebung. Maurice schaute nur kurz auf und widmete sich wieder seinen Samentütchen. Isabelle versteckte sich hinter Charlotte, hielt sie am Kleid fest, wagte aber einen neugierigen Blick auf den Besuch. Es waren die Verwandten aus der Auvergne, Onkel und Tante der beiden Kinder.

»Maurice, kennst du uns nicht mehr?«, fragte die Frau schüchtern.

Isabelle fing sofort zu weinen an und steigerte ihr Geheule zu einem Crescendo, das den Onkel vor Verlegenheit die Augen verdrehen und die Hände reiben ließ. Charlotte führte den Besuch ins Haus. Sie bestand darauf, dass das Paar über Nacht blieb, gern auch ein paar weitere Nächte, damit sich Isabelle und Maurice an sie gewöhnen könnten. Aber der Onkel winkte ab, sie könnten nicht lange bleiben, der Hof, die eigenen Kinder, die Milchkühe …

Das gemeinsame Abendessen verlief in angestrengter Atmosphäre. Maurice hatte sich in sein Schweigen zurückgezogen, Isabelle hielt sich an ihrer Puppe fest und fing an, am Daumen zu lutschen, während die Tante davon sprach, wie der Alltag unter deutscher Besatzung immer schwieriger würde, wie sie Schweine und Rinder abliefern müssten, die für die deutschen Soldaten geschlachtet würden. Der Onkel nahm einen Pastis, den Alexander ihm anbot. Über das Schicksal der Eltern von Maurice und Isabelle sprachen sie nicht.

Am nächsten Morgen verabschiedete sich die Familie. Sie würde einen langen Weg vor sich haben. Monsieur fuhr eine Art Lieferwagen, der ihm auf dem Hof nützlich sein mochte, für eine Strecke von rund sechshundert Kilometern aber denkbar ungeeignet war.

»Ihr werdet uns wieder besuchen«, versicherte Charlotte der kleinen Isabelle. Maurice versprach sie nichts. Er gab ihr die

Hand und sagte, als hätte er sich plötzlich zu einer wagemutigen Erklärung durchgerungen: »Vous êtes une femme au grand cœur.«

»Warum hat dich Maurice denn plötzlich gesiezt?«, fragte Alexander, als er das große Metalltor hinter der Familie geschlossen hatte.

»Ich weiß es nicht.« Charlotte ging in den Garten und sammelte die übrig gebliebenen Samentütchen ein, legte sie ungeöffnet in einen Tontopf im Gartenhaus.

»Jetzt haben wir nur noch uns«, sagte Alexander am Abend nach seinem dritten Pastis.

»Das klingt wie eine Drohung«, antwortete Charlotte lachend.

Es wurde Mai. Die Côte feierte die Schönheit der Landschaft, als gäbe es nichts, was die Herrlichkeit auf Erden störte.

Ihre Periode blieb aus. Die Ernährung, sagte sich Charlotte. Die ewigen Steckrüben- und Topinambursuppen konnten nicht gesund sein, der Mangel an Vitamin C machte dem Organismus zu schaffen. Essen war ihr gleichgültig. Wie hatte sie ihren Großvater verachtet, dessen ganzes Denken seiner letzten Jahre um kulinarische Genüsse gekreist war.

Nur manchmal träumte Charlotte von frischen Erdbeeren. Was für ein Fest war es immer gewesen, wenn Auguste im Juni die ersten Früchte mit dicker Schlagsahne zum Nachtisch servierte. Als sie noch klein war, hatte sie dann vor Begeisterung in die Hände geklatscht: Endlich war Erdbeerzeit, die schönste Zeit des Jahres.

Nur ihr Vater hatte jedes Jahr einen Einwand parat: »Diejenigen, die Erdbeeren lieben, landen alle in der Hölle«, sagte er lächelnd, sobald Auguste die Beeren auftrug. Doch diese antwortete genauso vorhersehbar, die Stimme ein einziger Tadel: »Aber Herr Professor!« Manchmal rutschte ihr der Vorwurf schon heraus, bevor Albert wieder Höllenqualen prophezeit hatte. Dann mussten alle lachen, Auguste an erster Stelle.

Erst als Charlotte in die zehnte Klasse des Gymnasiums ging, hatte der Vater ihr seinen rätselhaften Satz erklärt. Zur Eröffnung der Erdbeersaison holte er aus dem Bücherschrank einen Kunstband mit Bildern von Hieronymus Bosch und schlug die Seite mit dem Triptychon *Der Garten der Lüste* auf: Im Mittelteil laben sich Menschen in paradiesischer Nacktheit an allerlei Früchten, vor allem an Erdbeeren. Einige sind überdimensional groß als Symbole erotischer Lust gemalt. Aber die Idylle eines Garten Edens, wo Natur und Lust sich innig verbinden, trügt: Auf der rechten Tafel des Triptychons wartet schon die Hölle mit monströser und grauenvoller Folter.

Charlotte ging in die Praxis von Dr. Moridis. Odette, die ihrem Mann als Assistentin half, nahm sie gleich unter ihre Fittiche. »Das ist normal, dass der Körper auf die Entbehrungen reagiert. Vielen Frauen geht es so, machen Sie sich keine Gedanken«, beruhigte sie Charlotte. »Aber geben Sie morgen Urin ab und kommen übermorgen in die Sprechstunde. Dann sehen wir weiter.«

Dann sahen sie weiter. Als Dr. Moridis sagte: »Ma petite, Sie sind schwanger«, konnte sie das nicht glauben. Sie, Charlotte, war doch keine Frau, die Kinder gebären konnte. Das hielt sie für ganz und gar unmöglich. Sie musste Dr. Moridis so fassungslos angesehen haben, dass dieser hinter seinem Schreibtisch hervorkam, sich neben sie setzte und ihre beiden Hände fasste: »Charlotte, die allermeisten Kinder kommen zum unpassenden Zeitpunkt. Und sind dann doch das größte Glück der Eltern – fast immer. Haben Sie keine Angst. Ich werde Sie betreuen.«

Odette war nirgends zu sehen, als sie die Praxis verließ.

Sie musste erst mit sich ins Reine kommen, musste den

Gedanken, Mutter zu werden, wachsen lassen wie den Zellklumpen in ihrem Leib, der ein Mensch werden wollte.

»Ich bin schwanger«, sagte sie schließlich eines Abends, als Alexander und sie im Salon der Villa saßen wie an allen Abenden. In den Silberleuchtern brannten Kerzen, Alexander rauchte. Im Radio lief eine Übertragung von *Pelléas et Mélisande.* Alexander hatte schon drei Anläufe unternommen, einen anderen Sender zu finden, und dreimal hatte Charlotte gebeten: »Lass doch!« Ihr Gesicht lag im Schatten. Sie wiederholte: »Ich bin schwanger.«

Alexander reagierte zunächst nicht, trank einen großen Schluck Cognac. Fiel ins Brüten.

»Es ist schön, dass du so viel dazu zu sagen hast.« Charlottes Stimme klang ungewöhnlich heiter.

»Lass es wegmachen«, antwortete Nagler. »Ein Kind geht jetzt einfach nicht, geht absolut nicht.«

Charlotte knibbelte das heruntergelaufene Wachs einer Kerze ab, knetete es zu einem kleinen Ball, der warm in ihrer Hand lag. »Ich habe schon alles durchdacht. Eine Abtreibung ist unmöglich. Ich kenne nur einen Arzt, Dr. Moridis. Niemals würde ich ihn fragen. Er ist ein Freund, er würde seine Zulassung als Arzt verlieren und ins Gefängnis wandern.«

»Für Geld finden sich andere Ärzte.«

»Sie finden sich nicht. Das Risiko ist viel zu hoch. Und wenn ich erwischt würde, erwarten mich zwanzig Jahre Zwangsarbeit. Abtreibung ist fast noch schlimmer, als Jude zu sein.«

Alexander Nagler schwieg. Noch nie in seinem Leben hatte er Entscheidungen treffen müssen. Jetzt stand er vor einem Problem, das er nicht lösen konnte. Charlotte schlang die Arme um seinen Hals.

»Sieh es so, Alexander: Das Kind wird uns schützen. Die Nazis deportieren doch keine Säuglinge.«

Alexander Nagler fing an zu schluchzen. »Ich bin doch kein Vater, ich nichtsnutziger Kerl.«

Dann musste sie jetzt eben stark für drei sein, dachte Charlotte. Stark sein hatte sie schließlich gelernt.

Nachts wurde sie wach, spürte eine Hand auf ihrem nackten Leib, eine Hand so sanft wie die einer Frau. Sie stellte sich weiter schlafend, weil sie nicht wollte, dass diese Hand aufhörte, sie zu liebkosen.

Dann drängte sich Alexanders Mund an ihr Ohr: »Wir heiraten, Charlotte, wir heiraten, was sagst du dazu? Und ich bin verrückt auf unser Kind.«

Wir winden dir den Jungfernkranz

»Bei euch hat es kein einfacher Standesbeamter getan, euch haben gleich vier Herren getraut. Welche Ehre!«, rief Emil Straus, als er die Heiratsurkunde, die Alexander nachlässig auf einen Beistelltisch gelegt hatte, in Augenschein nahm. Die Hochzeitsgäste sahen ihn verwundert an. Was meinte Straus?

»Na, hört euch das doch einmal an: Da hat Monsieur Paulin Gastaud unterschrieben, und der ist Officier de L'État-Civil par délégation – stellvertretender Standesbeamter klingt im Vergleich doch etwas schäbig. Außerdem ...« – jetzt legte Straus Pathos in seine Stimme – »... war ein Chevalier de la Légion d'Honneur anwesend, auch noch ein Adjunktus des Bürgermeisters von Nizza, und zu guter Letzt der Träger einer Medaille Militaire, was vielleicht dem Eisernen Kreuz in Deutschland entspricht. Da wir aber nur einen Mann gesehen haben, muss Monsieur Gastaud all diese Titel in Personalunion führen. Was hat sich der französische Staat für eine Mühe gegeben, Monsieur Alexandre Nagler und Mademoiselle Charlotte Salomon nicht nur standesamtlich, sondern auch standesgemäß unter die Haube zu bringen.«

Alle lachten, auch die französischen Gäste, obgleich Georges Moridis, der Trauzeuge des Paares, leicht missbilligend die Stirn fältelte: Warum machte sich Emil Straus über die Titel des Standesbeamten lustig? War es etwa in Deutschland nicht üblich, hinter dem Namen Funktionen und Ehrentitel zu führen? Wenn Straus sich mokieren wollte, dann wäre Naglers Berufsangabe eher ein Anlass: »Directeur de Garderie d'enfants« klang, gelinde gesagt, ziemlich hochstaplerisch, wenn man bedachte, dass die letzten Kinder schon vor einigen Wochen aus dem Heim abgeholt worden waren. Charlotte hingegen war »ohne Beruf« registriert worden – als bedeutete Malerin zu sein gar nichts. Manchmal verstand Dr. Moridis die Deutschen nicht.

Aber da Odette, seine Frau, herzlich über Strausens Einlassung lachte, sparte er sich eine Entgegnung. Wie gut, dass diese Hochzeit einen so heiteren Verlauf nahm, wo doch die Auspizien für das Paar eher düster waren. Darüber aber konnte man morgen nachdenken und Alexander und Charlotte Ratschläge geben, heute wollte er das Glück des Paares teilen. Und es war glücklich, stellte Moridis befriedigt fest. Nagler, der auf ihn oftmals einen so passiven und in praktischen Dingen lebensuntüchtigen Eindruck machte, hatte es doch tatsächlich geschafft, ein Zicklein zu beschaffen; geschlachtet hatte es der Metzger in Villefranche, und Vittoria, die treue Seele der Ermitage, hatte einen ausgezeichneten Braten geschmort. Dazu servierte sie Kartoffelscheiben, in Olivenöl und Rosmarin geröstet, und haricots verts mit viel Knoblauch. Und das mitten im Sommer 1943, da alle Lebensmittel rationiert waren.

Es gab nur eine einzige Flasche Rotwein, einen St. Émilion aus dem Jahr 1936, den Alexander Nagler auf dem Schwarzmarkt ergattert hatte, ein königlicher Tropfen. Da die Braut aus bekannten Gründen keinen Wein trank, blieb den übrigen Gästen ein ganzes Glas. Moridis und Emil Straus schauten sich beim Zuprosten an, als wollten sie sagen: Santé, Kamerad, wann ist dieser verdammte Krieg endlich vorbei, damit wieder jeder von uns eine ganze Flasche leeren kann. Vittoria Bravi, die nicht zufällig diesen Familiennamen zu tragen schien, strahlte: Der Tisch war mit Damast gedeckt, das Essen auf feinem Porzellan angerichtet, der Wein entfaltete sein Bouquet in böhmischem Kristall. Eine Hochzeit war eine Hochzeit, ihr mussten Lichter aufgesetzt werden; das nervöse Flackern der Kerzenflammen in den silbernen Leuchtern lag nur am Luftzug, der durch die geöffneten Fenster vom Park her in den Salon der Villa drang.

Emil Straus hatte erst gar nicht der Einladung zur Hochzeit folgen wollen. Er war Charlotte zugetan, aber Nagler konnte er nicht leiden. Ein Schwächling, ein armseliger Typ. Mit ihm konnte man über nichts reden, weil er einfach nichts im Kopf hatte. »Man soll es nicht glauben, aber es gibt auch dumme Juden«, hatte er nach der ersten Bekanntschaft mit Nagler gesagt. Aus ihm sprach die Verachtung des deutschen Bildungsbürgers für einen Mann, der nichts gelernt, nie gearbeitet, nur das viele Geld seines Vaters ausgegeben hatte.

»Es fehlt ihm eben Charlottes Niveau«, hatte seine Frau geseufzt und Straus hatte geantwortet: »Er hat überhaupt kein Niveau« – und dann doch seinen dunkelblauen Anzug und die goldenen Manschettenknöpfe herausgesucht.

Nach dem Dessert erhob sich die Braut. In ihrem schwarzen Kostüm mit der weißen Bluse wirkte sie sehr deutsch und sehr förmlich. Ein weißes Hochzeitskleid wäre kaum erschwinglich gewesen, hätte Charlotte auch nicht tragen wollen. Doch nur

Vittoria wusste, dass sie sich ihre Hochzeitsgarderobe aus dem Frack und dem besten Oberhemd ihres verstorbenen Großvaters hatte nähen lassen. Welch feiner Ironie doch das Fräulein fähig war: Niemals hätte der Herr Dr. Grunwald seine Zustimmung zu dieser Heirat gegeben, eine Ehe seiner Enkelin Charlotte mit diesem Niemand von Alexander Nagler wäre in seinen Augen eine eklatante Mesalliance gewesen.

Charlotte trat ans Klavier, schlug ein paar Akkorde an, um die kleine Hochzeitsgesellschaft, die inzwischen bei Café und Cognac angekommen war, zum Verstummen zu bringen. Mit feiner Stimme, nur in den Höhen etwas zittrig, sang sie »Wir winden dir den Jungfernkranz«. Alle vier Strophen. Es waren die einzigen deutschen Laute, die bei dieser Feier erklangen. Hilde Straus wurde sentimental ums Herz, Naglers Augen glänzten, aber das konnte vom Alkohol kommen, dem er auch am Tag seiner Hochzeit reichlich zusprach. Der Wein in Ottilies Keller mochte schon seit Monaten ausgetrunken sein, doch der Vorrat an Hochprozentigem schien noch nicht zur Neige zu gehen.

Emil Straus kehrte den Pädagogen heraus und hielt Dr. Moridis einen Vortrag über deutsche Romantik in der Musik. Dem Musikliebhaber Georges Moridis hätte er nichts darüber erzählen müssen.

Wahrscheinlich kannte aber nur Charlotte Webers *Freischütz* gut genug, um zu wissen, dass die Brautjungfern alles andere als einen heiteren Jungfernkranz winden. In tiefstem Erschrecken brechen sie ihren Reigen am Hochzeitsmorgen ab, als Agathe die Schachtel öffnet, in der ihr Brautkranz liegen soll. Kein Brautkranz aus weißen Rosen findet sich darin, sondern eine schwarze Totenkrone. Und hat Agathe in der Nacht nicht schon geträumt, ihr Liebster habe sie in Gestalt einer weißen Taube erschossen? Düstere Vorzeichen kündigen eine Katastrophe an. Charlotte aber brachte die Zeilen ohne »plötzliches Verstummen« zu einem harmonischen Ende, die »veilchenblaue Seide« riss nicht entzwei. In der Oper gab es schließlich ein Happy End. Beim Applaus lachte sie und vollführte einen mädchenhaften Knicks.

Nachdenklich gingen Odette und Georges Moridis vom Hochzeits-Déjeuner nach Hause in die Rue Maréchal Joffre. Odette hatte ihren Mann abhalten können, zum Empfang in die Ermitage mit dem Rad zu fahren, auf dem er in diesen Tagen wie festgewachsen war und von Termin zu Termin eilte. Sie ahnte, dass es nicht nur um Krankenbesuche ging. Er hatte sich der Résistance angeschlossen, und diese Umtriebe machten ihr Angst, raubten ihr den Schlaf, während Georges ruhig neben ihr lag und schlief, als wäre Sorglosigkeit die Patin seiner Nächte.

An diesem Abend erlebte sie einen Mann, dessen Schweigen ihr fremd war. »Was ist mit dir los?«, fragte sie.

»Diese Dummköpfe. Diese Kinder«, polterte Moridis los. »Alexandre ist achtunddreißig Jahre alt, aber er ist ein Hampelmann, naiv, blauäugig und so ahnungslos, dass es verboten gehört. Und Charlotte sollte, nachdem sie mit ihrem Großvater in Gurs gewesen ist, ebenfalls wissen, was ihr und ihrem frisch Angetrauten droht.«

»Sie haben eben Hoffnung. Sie sind in Hoffnung. Die Liebe macht sie optimistisch.«

»Glaub mir, die Liebe macht sie blind. Mir ist beinahe das Herz stehen geblieben, als sie dem Standesbeamten ihre korrekten Adressen angegeben haben. Wozu nur? Ein Blick ins Register, und die Gestapo hat sie in einer halben Stunde verhaftet.«

»Sie sind Deutsche«, wagte Odette einen Einwand.

»Du meinst gesetzestreu? Oder sentimental? Nagler ist Österreicher, aber das macht offenbar keinen Unterschied. Warum, frage ich dich, müssen diese Kinder überhaupt heiraten? Sie können doch als Liebespaar leben. Wer kümmert sich in diesen Zeiten um bürgerliche Moralvorschriften?«

»Sie ist schwanger«, wandte Odette ein. »Da verlangt der Ehrenkodex von einem Mann zu heiraten … Und Charlotte, so unabhängig sie auch zu sein scheint, hat vielleicht Sehnsucht nach Normalität, nach Geborgenheit. Solche Gefühle können stärker sein als die Vernunft.«

»Odette, es ist ja schön, dass du die beiden verteidigst. Aber verstehst du nicht, dass ich Charlottes wegen leide? Nagler ist mir ziemlich gleichgültig, ein Mann ohne Charakter, der sich von Ottilie Moore wie ein Schoßhund hat behandeln lassen. Aber Charlotte ist eine besondere Frau, einzigartig tapfer und einzigartig verletzlich. Eine exzellente Malerin. Ich will, dass sie überlebt. Und diese Hochzeit hat ihre Chancen radikal verringert.«

Odette sah ihren Mann an. Er liebte diese junge Frau, kein Zweifel. Aber er liebte sie auf eine Weise, die die Ehefrau nicht beunruhigen musste. Sie wusste, was ihn an Charlotte faszinierte: dass sie eine Künstlerin war, im Gespräch bis zur Unhöflichkeit einsilbig, aber sobald sie einen Zeichenblock in die Hand bekam, vor Geschichten überquoll, vor Bildern und Worten und vor Musik.

»Den Nagler, so liebevoll er sich auch heute gezeigt hat, hätte ich erwürgen können. Diese Dummheit! Sagt der Standesbeamte, der ja eine Ahnung von arischen und nichtarischen Namen hat: ›Monsieur Nagler, Sie als Nichtjude dürfen keine Jüdin heiraten.‹ Es wäre eine Möglichkeit gewesen, der Farce ein Ende zu bereiten. Einfach zu erwidern: ›Monsieur, das habe ich nicht bedacht!‹ Aber was schreit unser Tölpel, ganz aufgebracht: ›Wir sind doch beide Juden.‹ Das haben sie nun im Register: zwei Volljuden, voll geständig, voll mit korrekten Adressen versehen, sich voll der Gestapo ausgeliefert. Aber Alexandre Nagler hat seine Ehre verteidigt! Der macht mich krank.«

Georges Moridis legte den Binder ab und hängte die Anzugjacke an den Haken. Er hatte sich in Hitze geredet.

»Georges, was wissen wir denn, was Einsamkeit in Menschen anrichtet.«

»Ach, hör mir doch auf. Charlotte hat sich monatelang in Cap Ferrat freiwillig weggesperrt, nichts gesprochen in dieser Zeit, außer einigen Halbsätzen mit ihrer Pensionswirtin. Dafür hat sie gemalt, manisch, besessen, autistisch – und jetzt, wo sie wieder unter Menschen ist, soll sie so sehr unter Einsamkeit leiden, dass sie sich einem Mann wie Nagler an den Hals werfen muss?«

»Vielleicht hat sie ein Geheimnis.«

»Charlotte *ist* ein Geheimnis.«

Odette wurde es langsam zu viel. »Georges, lass sie, es sind freie Menschen, du kannst sie nicht retten, wenn sie es nicht wollen.«

Das war nun genau das Verkehrteste, was Odette hatte sagen können; die Miene ihres Mannes verfinsterte sich. »Sie sind genauso Opfer der Nazis wie unsere Landsleute, dass du das nicht verstehst. Wenn sie es nicht begreifen, muss ich sie begreifen lehren. Morgen fahre ich in die Ermitage. Es gibt Verstecke in den Bergen, auch heimliche Orte in Nizza. Charlotte hat mir erzählt, dass Marthe Pécher Verfolgten eine Wohnung als Versteck zur Verfügung stellt. Marthe ist auf Charlottes Seite, sie ist eine gute Frau. Sie können entkommen, sie müssen es nur wollen!«

Odette sagte nichts mehr an diesem Abend. Sie legte eine Schallplatte mit Beethovens Streichquartett Nr. 132, das ihr Mann so liebte, aufs Grammofon. Deutsche Musik war im besetzten Frankreich inzwischen verpönt. Als machte Musik einen Menschen zum Kollaborateur.

Die spirituelle Schönheit des dritten Satzes »Heiliger Dankgesang eines Genesenen an die Gottheit, in der lydischen Tonart« verfehlte nie ihre Wirkung auf Georges Moridis. »Mit innigster Empfindung« fühlte er sich eingebunden in eine Utopie, in der Musik Krankheiten heilte, auch die des Geistes und der Seele. Die Welt kam in Ordnung. Für diesen Abend wenigstens.

Im Versteck

Nach der Hochzeit bedrängte Georges Moridis das Paar zu fliehen, die Ermitage und Villefranche zu verlassen. Er gab ihnen eine Adresse in Monaco und half ihnen, über die Grenze zu kommen. Fast willenlos ließen sie alles mit sich geschehen. Alexander Nagler hatte noch genügend Geld für die Miete eines Einzimmer-Appartements, aber es fehlte ihnen der Blick aufs Meer. Zwar konnten sie unbehelligt an der Promenade spazieren gehen, dennoch fühlten sie sich in Monaco ausgesetzt wie auf einem fremden Planeten. Die Julihitze lastete auf der schattenlosen Stadt, machte ihr Zimmer tagsüber unbewohnbar und überfiel sie in den Nächten mit bangen Träumen. Charlotte litt an Brechreiz. Es gab keine Küche in ihrem Appartement, so saßen sie oft schon in den frühen Morgenstunden in einem Café, um Charlottes Magen mit einer Tasse Tee zu beruhigen. Tagelang sprachen sie nur ein paar Sätze miteinander, eine tiefe Ermattung hatte sich ihrer bemächtigt, dämpfte alle Sinne.

»Ich kann hier nicht leben«, sagte Alexander nach drei Wochen. »Und ich möchte auch nicht, dass unser Kind hier geboren wird.«

Charlotte wollte weiterhin in Monaco bleiben, sie fühlte sich hier sicherer als in Villefranche. Anders als Alexander wusste sie nach der Erfahrung von Gurs, was die Deportation in ein Arbeitslager bedeutete. An etwas anderes als ein Arbeitslager dachte sie wie die meisten Juden nicht, das hätte ihre Vorstellungskraft überstiegen. Die Zuversicht, das ungeborene Kind werde sie schützen, könnte sich als hinfällig erweisen. Auch das ahnte sie.

Als die Gerüchte zunahmen, Monaco würde ebenfalls bald von der deutschen Wehrmacht besetzt, weshalb auch hier Juden nicht mehr lange sicher wären, änderte Charlotte ihre Meinung.

Sie packten die wenigen Sachen zusammen, die sie mitgebracht hatten. Wahrscheinlich würde niemand ihre Entscheidung verstehen, nach Villefranche zurückzukehren. Aber wenn sie überall unerwünscht und gefährdet waren, dann wollten sie sich lieber in Villefranche der Bedrohung aussetzen. Die Ermitage war ihnen Heimat geworden, hier gehörten sie hin. Dr. Moridis würde sicher enttäuscht über ihre Rückkehr sein, vielleicht sogar aufgebracht. Schließlich hatte er Risiken auf sich genommen, um sie außer Landes zu bringen. Vittoria Bravi würde sorgenvoll den Kopf schütteln und Charlotte umarmen wie eine verlorene Tochter: caro uccelletto, cara colombina. Vögelchen, Täubchen.

Im September 1943 kapitulierte Italien. Die Deutschen rückten in Nizza ein, unter ihnen einer der gefürchtetsten Judenverfolger, der SS-Hauptsturmführer Alois Brunner, ein enger Mitarbeiter Adolf Eichmanns. Mit Unterstützung der Vichy-Regierung ging er daran, Südfrankreich »judenfrei« zu machen. Im Hotel Excelsior in Nizza richtete er sein Hauptquartier ein. Hier wurden die verhafteten Juden gesammelt, unter Druck gesetzt und gefoltert, damit sie die Namen von Verwandten und Bekannten verrieten. Anschließend ging es nach Drancy nahe Paris, von wo aus die Züge in die Vernichtungslager nach Osten fuhren.

Für Charlotte und Alexander war es gefährlich geworden, in der Ermitage zu wohnen. So bezogen sie das kleine, auf dem Areal versteckt liegende Gartenhäuschen; das erschien ihnen sicherer als die Villa. Nur im Schutz der Dunkelheit gingen sie noch einkaufen und verhängten die Fenster. Das Anwesen der Ermitage lag wie ausgestorben da.

Es war nicht die Angst, die ihr Leben verdüsterte, vielmehr die Trostlosigkeit des Alltags, die Wiederholung der immer gleichen schalen Rituale von Essen, Trinken und Schlafen. Sie trauten sich kaum einmal, im Park der Ermitage spazieren zu gehen, geschweige denn ans Meer, wo jetzt deutsche Soldaten patrouillierten. Dabei waren sie unauffällig, denn auch Alexander sah nicht jüdisch aus, und Charlotte hatte seinen arisch klingenden Familiennamen angeheiratet. Aber jede Kontrolle konnte ihre Identität enthüllen, sie mussten vorsichtig sein.

Nicht schwimmen, nicht zu allen Tages- und Nachtzeiten aufs Meer blicken zu können, weil Büsche und Bäume die Aussicht vom Gartenhaus verstellten, darunter litt Charlotte am meisten. Als sie vor dreieinhalb Jahren hier angekommen war, voller Widerstreben, voller Widerstand gegen die »verordnete« Heimat, hatte sie das Meer als ihr großes persönliches Glück entdeckt, als eine metaphysische Macht, die ihr eine neue Form von Heimat schenkte. Sie hatte das Meer in all seinen Facetten erlebt: als zornige Naturgewalt, wenn Westwinde es aufwühlten, wobei der Mistral nur selten die geschützten Buchten erreichte. Als heiteres Elysium göttlichen Wohlgefallens, wenn tintenblauer Sommerhimmel das Wasser färbte. Und wie oft hatte sie im Winter allein auf dem steinigen Strand von Villefranche oder Saint-Jean-Cap-Ferrat gesessen, wenn die Farbe des Wassers so hell war wie ihre Haut, die lieblichen Buchten in diffusem Zwielicht verschwammen und die Zypressen nur noch wie verblasste Ausrufezeichen die Silhouetten der an den Hang geduckten Dörfer einfassten.

Jetzt war ihr das Meer genommen, das Gartenhaus zum Gefängnis geworden, in dem Alexander Platzangst entwickelte und sie selbst sich eingezwängt fühlte wie in einem zu eng geschnittenen Kleid.

Sie hatte Alexander lieben gelernt. Er war ein schwacher Mensch, aber er hatte seine Schwäche angenommen. In den ersten Monaten, als sie mit den Großeltern in der Ermitage gelebt hatte, war ihr manchmal zu Ohren gekommen, wie sich die Kinder über ihn lustig machten: Monsieur Alexandre bellt mal wieder. Monsieur Alexandre schreit mal wieder. Monsieur Alexandre gibt Befehle. Monsieur Alexandre tut mal wieder so, als wäre er der Chef. Ja, die Kinder hatten ihn manchmal in die Rosenbüsche geschubst, wo er, betrunken, wie er war, liegen blieb. Didi hatte ihn sogar einmal öffentlich als einen »schmierigen, schleimigen Schmarotzer« beschimpft. Wahrscheinlich war sie eifersüchtig auf den Liebhaber ihrer Mutter.

Charlotte hatte damals nicht auf Nagler geachtet, er war ihr gleichgültig gewesen. Später hatte ihr seine Schwägerin Annie Einzelheiten aus seinem, wie sie sagte, verkorksten Leben erzählt. Er stammte aus reichem Elternhaus, der Familie gehörten Banken in Czernowitz und Wien. Als Kind hatte er einen schweren Unfall gehabt, eine Lampe war auf seinen Kopf gefallen, deutlich sichtbar verlief eine Narbe vom Ohr zum Hals. Seine Kopfhaut war geschädigt, er trug ein Toupet. Die Verunstaltung hatte Minderwertigkeitsgefühle ausgelöst, die er durch herrisches Gebaren zu kompensieren suchte. Er war ein schwacher Schüler, hatte keine Matura gemacht, nie studiert, auch keine andere Ausbildung absolviert, nie gearbeitet. Die Eltern hatten ihn verwöhnt. Zusammen mit seinem Bruder Hans und Annie und deren Baby war er mithilfe von Schleppern, denen die Brüder ein Vermögen gezahlt hatten, über die Alpen nach Südfrankreich geflohen. Annie hatte über ihre Mutter Kontakt zu Ottilie Moore geknüpft, und so fanden die vier österreichischen Flüchtlinge bei ihr Unterschlupf.

Die Strapazen der Flucht hatten offenbar Alexanders letzte Energie aufgebraucht, er ließ sich gehen, trank zu viel, lernte nur rudimentär Französisch und ließ sich als Ottilies Liebhaber nach ihren Launen benutzen. Annie sagte: »Wo andere Menschen ein Rückgrat haben, verläuft bei ihm eine Gummilitze.«

Charlotte kam es vor, als hätten die Ehe und die kommende Vaterschaft Alexander verändert, das Beste in ihm geweckt, das bisher verschüttet gewesen war. Er war behutsam geworden, suchte sie zu beschützen. Seine fixe Idee war, dass sie als werdende Mutter jeden Tag frisches Gemüse essen müsse. So ging er, trotz aller Gefahr, entdeckt zu werden, im ersten Morgengrauen auf den Markt, um ein paar Karotten zu besorgen. Meistens hatten die Gemüsehändler ihre Ware noch nicht ausgepackt, wenn er kam, manchmal zuckten sie nur mit den Schultern: Heute gibt es nur Steckrüben und Kohl. War es ihm aber gelungen, ein paar Zucchini oder eine Aubergine zu ergattern, kam er stolz wie ein Kind, das einen Pokal beim Turnfest gewonnen hat, nach Hause. Charlotte war gerührt, auch wenn Auberginen ein trostloses Gemüse sind, wenn man keinen Tropfen Olivenöl im Haus hat.

Er schien wie befreit, musste er doch nicht länger die ungeliebte Rolle eines Directeur spielen; aller Statussymbole beraubt, durfte er jetzt er selbst sein. Nur das Trinken konnte er nicht lassen.

Und das Lesen, das ihr Versteck als einzige tag- und leider nicht nachtfüllende Beschäftigung erlaubte, war ihm ein Graus. Er schlich sich bereitwillig ins Haupthaus und holte Lektüre aus Ottilies Bibliothek, die französischen Klassiker des 19. Jahrhunderts, Flaubert, Stendhal, Balzac, Zola, Maupassant, die Charlotte verschlang. Er war auch guten Willens, selbst ein Buch aufzuschlagen. Aber *Madame Bovary* langweilte ihn schon nach wenigen Seiten, und Stendhals *Rouge et Noir* war viel zu voluminös, um überhaupt damit zu beginnen. Er setzte ein entschuldigendes Lächeln auf: »Erstens reicht mein Französisch bei Weitem nicht aus, um Bücher zu lesen, und mein Intellekt wohl nicht, um sie zu verstehen.« Charmante Selbsterkenntnis, dachte Charlotte.

Manchmal las sie ihm etwas vor oder übersetzte aus dem Französischen, ein Wort von Flaubert wie: »Alles kann man sich in der Einsamkeit aneignen außer Charakter«, oder einen Aphorismus

Stendhals aus dessen Werk über die Liebe: »Wahre Liebe macht den Gedanken an den Tod zu etwas Gewöhnlichem, Erträglichem, des Schreckens Barem, zu einem einfachen Gleichnis oder zu einem Preis, den man für gewisse Dinge gern bezahlt.« Aber die Gedanken der Dichter setzten bei Alexander keine Fantasien frei. Über Liebe, Tod und Einsamkeit wollte er nicht reden.

Er wollte auch nicht Schach spielen. Ob er es konnte, sagte er nicht.

Die Nächte waren beunruhigend ruhig. Verlangsamte Zeit. Charlottes Gedanken wurden träge wie ihr Leib, aus dem ein Wesen Kraft abzog, das ihr fremd blieb, als gehörte es in eine andere Welt. Nein, sie sprach in den dunklen Nächten nicht mit dem werdenden Kind, das vollkommen vegetativ eine Existenz beanspruchte, ohne Rücksicht auf ihre Gefühle zu nehmen. Dieses Wesen war noch kein Teil ihrer selbst, ihres Lebens, aber es würde dazu werden, sobald es geboren war. Vor der Geburt fürchtete sie sich nicht. Dr. Moridis hatte ihr versprochen, eine erfahrene Hebamme zu schicken, wenn es so weit war. Vielleicht würde die sich mehr um den närrischen Vater kümmern müssen als um sie. Alexander war jetzt schon so aufgeregt, als stünde die Entbindung unmittelbar bevor. Dabei sah man von der Schwangerschaft bislang wenig, ihr Bauch war kaum gerundet, nur die Brüste spannten.

»Wie ist es in Wien?«, fragte sie manchmal.

Alexander zuckte nur mit den Schultern. »Wie soll es schon sein? Wien ist groß und schön, und antisemitisch war es schon vor Hitler. Reich zu sein ist lange ein Schutz gewesen. Aber unser Vermögen ist geschwunden, das Bankhaus geschlossen, die Villa konfisziert.«

Dennoch malte Charlotte sich zwischen Schlafen und Wachen aus, wie es wohl wäre, nach dem Krieg in Wien zu leben. Er musste ja irgendwann zu Ende gehen. Die BBC belebte seit

Wochen die Hoffnung, dass sich die Lage der deutschen Truppen verschlechterte. Die Front sei überdehnt, hieß es, im Osten gebe es Rückschläge, der russische Winter stehe vor der Tür und es sei nur eine Frage der Zeit, wann die Amerikaner in den Krieg eingriffen. Charlotte sog solche Nachrichten förmlich in sich hinein, damit sie wuchsen wie der Fötus in ihrem Leib. Nach Berlin würde sie nicht mehr zurückkehren. Berlin war für immer das Reich der Finsternis. Es sollte ihr niemand sagen, sie habe dort eine glückliche Jugend verlebt. Berlin hatte als Heimat ausgedient.

Manchmal dachte sie an Paulinka und ihren Vater. Malte sich ein Wiedersehen aus, sie, Charlotte, mit einem Kind im Arm und einem Ehemann an ihrer Seite. Sie stellte sich Alberts verblüfftes Gesicht vor, in dessen Augen seine Tochter ein Kind oder ein junges Mädchen geblieben war. Paulinka aber würde in die Hände klatschen, sich freuen und sagen: »Hauptsache, das Kind sagt nicht Oma zu mir.«

Drei Jahre lang hatte sie kaum etwas von ihnen gehört. Nach dem Tod der Großmutter war ein ziemlich förmlicher Kondolenzbrief angekommen, den sie seltsam, beinahe lächerlich gefunden und den ihr Großvater höhnisch kommentiert hatte. Charlotte hatte den Verdacht, dass die Post der Eltern vielleicht überwacht würde oder sie Kontrollen fürchteten. Jedenfalls fand sie in dem Brief nicht die Sprache, die sie von ihrem Vater und Paulinka gewöhnt war. Seither waren ihm nur wenige Nachrichten gefolgt, immer über eine Kontaktperson, eine Schweizer Freundin Paulinkas. Schließlich war auch diese Verbindung abgebrochen. Ob ihr Vater und Paulinka inzwischen in Amerika waren? Oder hielten sie sich in Amsterdam versteckt und trauten sich nicht zu schreiben? Schon lange hatte Charlotte keine Adresse mehr von ihnen.

»Warum malst du eigentlich nicht mehr?«, fragte Alexander sie eines Tages.

»Ich habe zu viel gemalt. Ich brauche eine Phase der Abstinenz. In meinem Kopf sind keine Bilder mehr, jetzt will ich mich erst einmal sattlesen. Da habe ich viel nachzuholen.«

Aber sie verstand, was Alexander eigentlich fragen wollte: Warum malst du kein Bild von mir, deinem Ehemann?

Das war sie ihm schuldig, und als sie vorschlug, er solle ihr Modell sitzen, fühlte Alexander sich geschmeichelt. Charlotte entwarf ein Brustporträt in Aquarellfarben, das einen Mann mittleren Alters zeigt, der Kopf ist in ungesund grünlichen Farbtönen gehalten, die Stirn ohne Haaransatz, um den Mund spielt ein verlegenes Lächeln. Die Liebe hatte sie nicht eben inspiriert, ihrem Modell Glanz und Leben einzuhauchen. (5116, Abb. 24*) Alexander aber war zufrieden. »In meinem Elternhaus hingen an den Wänden nur Gemälde bedeutender Persönlichkeiten. Vielleicht wird eines Tages dieses Bild eine Villa in Wien zieren.«

Keine Antwort

Jemand musste sie verraten haben. Jemand musste sich die tausend Francs, die für eine Denunziation gezahlt wurden, oder andere Vorteile davon versprochen haben, Charlotte und Alexander Nagler an die Schergen Alois Brunners auszuliefern.

Der Sohn des Apothekers war es nicht gewesen. Aber als am Abend des 21. September 1943 Gestapo-Männer in der Apotheke auftauchten, mit »Heil Hitler« grüßten und in herrischem

Ton fragten, an welcher Straße die Villa Ermitage liege, gab er Auskunft. Er fühlte sich überrumpelt, hatte Angst vor den Folgen, eine falsche Adresse zu nennen. Dabei hätte er Charlotte und Alexander Nagler warnen können, die Telefonnummer von Vittoria Bravi wusste er auswendig. Sie hätte zu Fuß das Gartenhäuschen erreicht, während der Lastwagen der Gestapo sich noch die ersten schmalen Serpentinen zur Rue Victor Cauvin hochschraubte. Und Vittorias Mann war jahrzehntelang Gärtner in der Ermitage gewesen, der kannte das Gelände in- und auswendig, jeden Schlupfwinkel, jedes mögliche Versteck.

Alexander war Stammkunde in der Apotheke, immer brauchte er Magentabletten. Der junge Apotheker kannte ihn gut, auch sein Fräulein Braut. Er hätte nur anzurufen brauchen, dann wären den beiden zehn Minuten geblieben wegzulaufen – immerhin zehn Minuten, im Dunkeln konnte man sich leicht unsichtbar machen.

Er schloss die Apotheke und zog sich in das kleine Kabuff hinter dem Verkaufsraum zurück, in dem er sonst Pulver mischte oder mit der Pipette Tropfen in kleine Flaschen umfüllte. Dort saß er reglos, ihm war kalt, obwohl der frühe Herbsttag noch warm wie ein Sommertag gewesen war. Der Abend dehnte sich, Dunkelheit breitete sich aus, er zündete kein Licht an. Sein Vater hätte sich nicht einschüchtern lassen, da war er sich sicher. Einmal hatte er einem deutschen Soldaten die Stirn geboten, als der in der Apotheke eine Frau im Rollstuhl rüde zur Seite schob, um schneller bedient zu werden: »Lieutenant, das können Sie in Deutschland machen, nicht aber bei uns.«

Am nächsten Morgen rief der junge Apotheker die Nummer von Vittoria Bravi an, ließ das Telefon lange läuten. Es hob niemand ab. Da wusste er Bescheid.

Biografische Anmerkungen zu den Personen

Charlotte und Alexander Nagler wurden am 21. September 1943 im Gartenhaus der Villa Ermitage von der Gestapo verhaftet, auf einen Lastwagen gezerrt und zum Hotel Excelsior nach Nizza gebracht, der Sammelstelle für gefangene Juden. Am nächsten oder übernächsten Tag wurden sie mit dem Zug ins Lager Drancy bei Paris geschickt, von dort aus am 7. Oktober in einem Viehwagen nach Auschwitz-Birkenau deportiert. Männer und Frauen waren auf dem Transport getrennt, dreieinhalb Tage später öffneten sich die Türen. Es war der 10. Oktober, der Tag nach Jom Kippur, dem höchsten jüdischen Feiertag. Charlotte Nagler, geborene Salomon, und ihr ungeborenes Kind wurden unmittelbar nach ihrer Ankunft in Auschwitz ermordet, Alexander Nagler kam zunächst ins Arbeitslager und starb im Januar 1944.

Paula Lindberg-Salomon und Albert Salomon erfuhren Mitte März 1939, dass ihre Verhaftung unmittelbar bevorstand. Ein Schwede, den Paula durch ihre Beziehungen zum Widerstand kannte, besorgte ihnen gefälschte Pässe. Am 18. März verließen sie zu unterschiedlichen Tageszeiten ihr Haus in der Wielandstraße, trugen nur Handgepäck bei sich, fuhren ohne Geld und ohne Schmuck – beides wäre verdächtig gewesen – mit getrennten Zügen nach Holland. In Amsterdam erwartete sie Kurt Singer und half ihnen, eine Wohnung zu finden. Albert Salomon begann sofort, Holländisch zu lernen und noch einmal Medizin zu studieren, da sein deutsches Examen nicht anerkannt wurde. Nach der Besetzung der Niederlande durch deutsche Truppen im Mai 1940 tauchten Albert und Paula Salomon unter, wurden im März 1943 denunziert und verhaftet und ins Durchgangslager Westerbork deportiert. Beide meldeten sich als Helfer in der Krankenbaracke des Lagers. Als Albert unter Androhung des Todes verpflichtet wurde, Zwangssterilisationen an jüdischen Frauen vorzunehmen, bestand er darauf, dass er und seine Frau in Amsterdam medizinische Instrumente beschaffen müssten. Sie erhielten eine Reisegenehmigung von 48 Stunden, die sie nutzten, um mithilfe von Widerstandskämpfern erneut unterzutauchen. Sie überlebten in verschiedenen Verstecken in Südholland. 1946 bestand Albert Salomon das niederländische Staatsexamen in Medizin und erhielt seine Approbation. Er richtete sich eine Privatpraxis in seiner Wohnung in Amsterdam ein. Auch Paula, deren Karriere als Sängerin durch die Nationalsozialisten zerstört worden war, begann wieder zu arbeiten, fädelte sich ins Amsterdamer Konzertleben ein und engagierte sich als Gesangspädagogin. Beide beantragten nie eine Wiedergutmachung.

Albert und Paula Salomon hüteten Charlottes Werk, das ihnen Ottilie Moore 1947 übergeben hatte. Über den Kontakt zu einem befreundeten Kurator kam es 1961 im Museum Fodor in Amsterdam zu einer ersten Ausstellung mit Bildern aus dem Zyklus *Leben? oder Theater?*. 1962 folgte eine Wanderausstellung in Israel, 1965 wurde das Werk erstmals in Deutschland – in Berlin, Frankfurt und Baden-Baden – gezeigt. 1971 vermachten Albert und Paula Salomon *Leben? oder Theater?* dem Joods Historisch Museum in Amsterdam.

Paula Salomon-Lindberg wurde regelmäßig zu den Salzburger Festspielen eingeladen und gab dort Meisterkurse in Gesang. Albert Salomon starb 93-jährig am 7. Mai 1976 in Amsterdam. Er hat Deutschland nie wieder betreten. Paula Lindberg-Salomon starb im Jahr 2000 im Alter von 102 Jahren. 1986 war sie anlässlich einer Ausstellung mit Werken Charlottes zum ersten Mal wieder nach Deutschland gereist. Drei Jahre später, 1989, stiftete sie einen nach ihr benannten internationalen Liedwettbewerb, den die Universität der Künste in Berlin durchführte.

Alfred Wolfsohn verließ Berlin im Mai 1939. Eine seiner zahlreichen Freundinnen, seine Schülerin Alice Croner, verhalf ihm noch rechtzeitig zur Flucht nach London, seine kranke Schwester, die von ihm abhängig war, ließ er zurück. Trotz seiner 45 Jahre meldete er sich zu einem Pioneer Corps und wurde 1940 als Soldat nach Frankreich geschickt. Nach dem Krieg vollendete er sein Orpheus-Buch und schrieb eine Autobiografie. Durch Vermittlung einer Freundin, Ingrid Faraday, traf er 1947 Paula und Albert Salomon in Amsterdam und erfuhr durch sie von Charlottes Schicksal. Seit ihrer Abreise nach Südfrankreich hatte er nie wieder etwas von ihr gehört. In einem Text, »Die Brücke«, beschreibt er ein Aquarell, das Charlotte ihm 1938 geschenkt hatte, und deutet es als Selbstporträt Charlottes: »Wurzellos schwebt eine Birke in der Luft, als könne sie nicht auf eigenen Füßen stehen. Nur die äußerste Krone des Baumes scheint sich zu behaupten und nicht aufzugeben.«

Wolfsohn arbeitete weiter als Gesangspädagoge, gründete das Alfred Wolfsohn Voice Research Centre und widmete sich in Theorie und Praxis der Erweiterung des menschlichen Stimmumfangs. Als Paula Salomon-Lindberg in den fünfziger Jahren am Salzburger Mozarteum unterrichtete, vermittelte sie ihm dort einen Kurs, obwohl sie ihn nach wie vor für einen Dilettanten hielt. In Salzburg konnte man nichts mit diesem verschrobenen Menschen anfangen, der tiefer als Sarastro und höher als die Königin der Nacht singen wollte. Seine Schülerinnen verehrten ihn, alle wurden von ihm verführt und alle hintergangen. Mit Ingrid Faraday hatte er einen Sohn, die Vaterschaft wurde geheim gehalten.

Alfred Wolfsohn hat Charlottes Zyklus *Leben? oder Theater?* nie in Gänze gesehen. Sein Gesicht ist 1387-mal darin abgebildet. Das Ehepaar Salomon gab ihm den Katalog, der im Jahr 1961 anlässlich der ersten Ausstellung von *Leben? oder Theater?* im Fodor-Museum in Amsterdam erschienen war. Nach Aussage Paula Salomons hatte er gesagt: »Gott, das hatte ich nicht geahnt«, und war in Tränen ausgebrochen. Wolfsohn starb im Jahr 1962 in London an den Spätfolgen einer Tuberkulose.

Kurt Singer war zur Zeit der Reichspogromnacht am 9. 11. 1938 in New York. Freunde beknieten ihn, in den USA zu bleiben. Aber er flog nach Europa, zunächst nach Rotterdam. Dort hörte er auf die Warnungen der Freunde und kehrte nicht nach Deutschland zurück. 1943 wurde er in Holland verhaftet und nach Theresienstadt deportiert, wo er sich im musikalischen Leben des Ghettos engagierte. Er starb am 7. Februar 1944 im Alter von 59 Jahren an den Folgen der Haftbedingungen in Theresienstadt.

Ottilie Moore kam nach dem Krieg nach Villefranche zurück, lebte aber nicht mehr in der Ermitage, sondern in einer kleinen Familienpension in der Altstadt. Sie war völlig vereinsamt, hatte keine Freunde, schien auch verarmt zu sein. Die Nachbarn schnitten sie. Es hieß, sie habe mit den Deutschen kollaboriert. Ob dieser Verdacht entstanden war, weil sie Charlotte Salomon und Alexander Nagler im Stich gelassen hatte, war nicht herauszufinden. Dass sie vielen Kindern das Leben gerettet hatte, zählte nicht mehr. Vielleicht wurde Ottilie Moore auch Opfer einer Stimmung nach dem Krieg in Frankreich, die von unterschiedlichen Emotionen geprägt war: der Scham darüber, den Verbrechen der Deutschen tatenlos zugesehen zu haben, der kollektiven Verneinung jeder Kollaboration, der Verdrängung der Vergangenheit und dem neu erwachenden französischen Nationalismus. Ottilie Moore machte es ihren Mitmenschen leicht, sie zu verachten. Sie war schwer alkoholabhängig, torkelte schon am frühen Morgen betrunken durch die Gassen der Altstadt. Sie, die einmal so generös gewesen war, feilschte jetzt mit jedem Bäcker um den Preis einer Baguette.

Ihr Eigensinn war geblieben. Als sie sich im Jahr 1972 bei einem Sturz eine Hüfte gebrochen hatte, kam sie ins Krankenhaus und wurde eingegipst. Die Anordnung, im Bett zu bleiben, schlug sie in den Wind; als sie auf eigene Faust und auf einem Bein das Krankenhaus verlassen wollte, stürzte sie über die Eingangstreppe und brach sich das Genick.

Die Ermitage gibt es nicht mehr, auf dem großen Gelände stehen inzwischen Eigentumswohnungen.

Die Bilder Charlotte Salomons, die sich im Besitz Ottilie Moores befanden, sind verschollen.

Marthe Pécher war in der Résistance aktiv. Mit ihrem Mann hatte sie in Nizza drei Appartements gemietet, die ihnen als Versteck für verfolgte Juden dienten. Waren es Paare oder Familien, wurden die Mieter als Marthes entfernte Verwandte ausgegeben. Bei alleinstehenden Frauen spielte Monsieur den Nachbarn vor, er nutze die Wohnung als Liebesnest.

1951 verkauften Marthe Pécher und ihr Mann die Pension Belle Aurore. Sie fürchteten, der Koreakrieg könnte sich zu einem dritten Weltkrieg ausweiten, und wanderten nach Brasilien aus, nach São Paulo, wo Marthes Mann nach wenigen Jahren starb. Marthe Pécher verdankt man Einblicke in Charlottes Leben während der Zeit in Saint-Jean-Cap-Ferrat. 1981 schrieb sie aus São Paulo: »Während der vierzig Jahre hatte ich oft an dieses bewunderungswürdige und reine Mädchen gedacht, das, ohne jeden Zweifel zu der Kategorie der nicht eben zahlreichen Gerechten in der modernen Welt gehört.«

Belle Aurore wird heute unter dem Namen »Hotel und Spa La Villa Cap Ferrat« geführt. Eine Plakette und Bilder aus *Leben? oder Theater?* an der Wand neben der Eingangstür und an der Rezeption erinnern an den Aufenthalt der deutschen Malerin Charlotte Salomon. Ihr Werk *Leben? oder Theater?* liegt zur Ansicht aus.

Georges Moridis erfreute sich auch nach dem Krieg eines hohen Ansehens als Arzt und Mensch. Ob Albert Salomon und Paula Lindberg-Salomon ihn bei ihrem Besuch in Villefranche-sur-Mer im Jahr 1947 getroffen haben, ist nicht geklärt. Er starb im gleichen Jahr wie Albert Salomon, 1976, im Alter von 86 Jahren.

Zeittafel

1916	Albert Salomon, Chirurg und Offizier, heiratet die Hilfskrankenschwester Franziska Grunwald aus großbürgerlichem Hause.
16.04.1917	Geburt Charlotte Salomons in Berlin.
1921	Albert Salomon wird Privatdozent an der Berliner Universität.
22.2.1926	Selbstmord der Mutter Franziska Salomon, Charlotte ist acht Jahre alt.
Frühjahr 1927	Charlotte besucht das Fürstin-Bismarck-Gymnasium, eine Schule für höhere Töchter in Charlottenburg.
01.12.1927	Albert Salomon wird von der Berliner Universität zum Professor ernannt.
04.09.1930	Albert Salomon heiratet die Sängerin Paula Lindberg (geborene Paula Levi, 1897–2000).
30.01.1933	Ernennung Adolf Hitlers zum Reichskanzler.
19.03.1933	Paula Lindberg-Salomon tritt zum letzten Mal öffentlich als Sängerin auf. Einen Tag

später wird den jüdischen Bühnenkünstlern das öffentliche Auftreten untersagt.

29.03.1933	Albert Salomon wird die Lehrbefähigung an deutschen Universitäten entzogen.
06.07.1933	Kurt Singer gründet den »Kulturbund Deutscher Juden«.
09.09.1933	Charlotte Salomon verlässt freiwillig das Gymnasium wegen antisemitischer Diskriminierung.
Herbst 1933	Charlottes Großeltern Dr. Ludwig und Marianne Grunwald emigrieren nach Rom.
Herbst 1933	Charlotte geht in eine private Modezeichnerschule in Berlin (Feige und Strassburger), verlässt diese nach einem Semester, nimmt privaten Zeichenunterricht.
1934	Ludwig und Marianne Grunwald ziehen in die Villa Ermitage nach Villefranche in der Nähe Nizzas; noch im selben Jahr Treffen Charlottes mit den Großeltern in Rom.
Herbst 1935	Zum Wintersemester 1935/36 wird Charlotte Salomon zunächst auf Probe an den Vereinigten Staatsschulen für Freie und Angewandte Kunst (heute: Universität der Künste) angenommen.
07.02.1936	Charlotte wird als ordentliche Studentin immatrikuliert; Albert Salomon wird stellvertretender Direktor des Jüdischen Krankenhauses in Berlin-Weißensee.

1937	Charlotte verlässt die Kunsthochschule, da ihr ein Preis aberkannt wird, weil sie Jüdin ist. Alfred Wolfsohn kommt als Gesangspädagoge und Korrepetitor ins Haus Salomon.
10.11.1938	Unmittelbar nach der Reichspogromnacht (9./10. November) wird Albert Salomon verhaftet und ins Lager Sachsenhausen gebracht. Es gelingt Paula Salomon, ihn nach zwei Monaten aus der Haft zu befreien.
Januar 1939	Charlotte Salomon emigriert nach Villefranche zu ihren Großeltern Ludwig und Marianne Grunwald.
18.03.1939	Albert und Paula Salomon fliehen mit gefälschten Papieren nach Amsterdam.
01.09.1939	Mit dem deutschen Überfall auf Polen beginnt der Zweite Weltkrieg.
Anfang 1940	Charlotte zieht mit ihren Großeltern nach Nizza in die Villa Eugénie.
20.03.1940	Die Großmutter Marianne Grunwald nimmt sich vor Charlottes Augen das Leben. Erst da erfährt Charlotte von den vielen Selbstmorden in ihrer Familie, auch dem ihrer Mutter.
10.05.1940	Beginn des Westfeldzugs gegen Frankreich.
Juni 1940	Charlotte und ihr Großvater werden als »feindliche Ausländer« in Gurs in den Pyrenäen interniert. Wegen des hohen Alters

des Großvaters dürfen beide bereits im Juli das Lager verlassen und kehren nach Nizza zurück. Charlotte fällt in eine tiefe Krise. Ihr Arzt, Dr. Georges Moridis, gibt ihr den Rat, wieder zu malen und sich auf künstlerische Weise mit ihrem Leben auseinanderzusetzen.

22.06.1940 Deutsch-französischer Waffenstillstand in Compiègne.

Juli 1940 Frankreich wird in einen von deutschen Truppen besetzten Teil und dem Vichy-Regime unter Marschall Pétain geteilt.

Herbst 1940 Charlotte beginnt mit *Leben? oder Theater?*

Oktober 1941 Ottilie Moore kehrt in die USA zurück und nimmt einige der ihr anvertrauten Kinder mit.

Herbst 1941 Charlotte zieht in die Pension Belle Aurore nach Saint-Jean-Cap-Ferrat, arbeitet an ihrem Werk.

Herbst 1942 Charlotte geht zu ihrem Großvater nach Nizza zurück; im November wird die französische Mittelmeerküste von Italien besetzt.

12.02.1943 Tod des Großvaters. Charlotte zieht zu Alexander Nagler in die Villa Ermitage.

Mai 1943 Paula und Albert Salomon werden in Amsterdam verhaftet und ins Lager Westerbork gebracht.

17.06.1943 Charlotte Salomon heiratet auf dem Standesamt in Nizza Alexander Nagler.

08.09.1943 Nach dem Waffenstillstand Italiens mit den Alliierten besetzen deutsche Truppen die französische Mittelmeerküste. Unter der Leitung des SS-Hauptsturmführers Alois Brunner werden die dort lebenden Juden verfolgt und deportiert.

21.09.1943 Charlotte Nagler und Alexander Nagler werden verhaftet, zunächst ins Sammellager Drancy bei Paris gebracht und von dort aus nach Auschwitz deportiert.

10.10.1943 Charlotte Nagler wird unmittelbar nach ihrer Ankunft in Auschwitz ermordet, sie ist im fünften Monat schwanger. Alexander Nagler stirbt an den Folgen der Zwangsarbeit im Januar 1944.

18.11.1943 Albert und Paula Salomon nutzen eine Reisegenehmigung, um aus Westerbork zu entkommen und unterzutauchen. Sie überleben den Krieg.

1947 Albert und Paula Salomon reisen nach Villefranche. Ottilie Moore übergibt ihnen *Leben? oder Theater?*

Literaturverzeichnis

Salomon, Charlotte: »Ein Brief an Amadeus Daberlohn«, Februar 1943. Typoskript. Joods Historisch Museum, Amsterdam.

Salomon, Charlotte: *Ein Tagebuch in Bildern 1917–1943*. Vorwort von Paul Tillich. Einleitung von Emil Straus. Reinbek 1963.

Salomon, Charlotte: *Leben oder Theater? Ein autobiographisches Singspiel in 769 Bildern*. Mit einer Einleitung von Judith Herzberg. Köln 1981.

Salomon, Charlotte: *Leben? oder Theater?* (Hg.) Voolen, Edward van (u.a.). München 2004.

Alphen, Ernst van: »Autobiography as Resistance to History. Charlotte Salomon's Life or Theater?« In: E. van Alphen, *Caught by History. Holocaust Effects in Contemporary Art, Literature and Theory.* Stanford 1997.

Alphen, Ernst van, Dahmen, Sabine: »Charlotte Salomons Darstellung ihrer Kindheit und Jugend in Berlin.« In: Bauer, Barbara (Hg.): *Für ein Kind war das anders.* Berlin 1999, S. 340–363.

Alphen, Ernst van: »Resisting History in Charlotte Salomon's *Life? Or Theater?*« In: *Charlotte Salomon Through the Eyes of Jonathan Safran Foer, Bernice Eisenstein and Ernst van Alphen*. Joods Historisch Museum, Amsterdam, S. 28 ff.

Belinfante, Judith C.E., Fischer-Defoy, Christine, Petersen, Ad (Hg.): *Salomon, Charlotte: Charlotte Salomon, Leven? of Theater? – Life? or Theater?* Joods Historisch Museum, Amsterdam o.J. Darin: Defoy, Christine: »Life-Biography 1917–1943«, S. 15 ff.

Belinfante, Judith C.E.: »*Leben? oder Theater?* Anmerkungen zu einem Kunstwerk.« In: van Voolen, Edward 2004, S. 404–409.

Braggins, Sheila: *The Mystery Behind the Voice. A Biography of Alfred Wolfsohn.* Beauchamp 2012.

Buerkle, Darcy C.: *Nothing happened. Charlotte Salomon and an archive of suicide.* Ann Arbor 2013.

Buerkle, Darcy C.: *Historical Effacements. Facing Charlotte Salomon.* In: Steinberg 2006, S. 73 ff.

Dahmen, Sabine: »Bilder von Liebe und Tod in Charlotte Salomons *Leben? oder Theater?*« Typoskript: Magisterarbeit an der Universität Bonn, 1993.

Felstiner, Mary: »Create Her World ANEW. Seven Dilemmas in Representing Charlotte Salomon.« In: Steinberg 2006, S. 194 ff.

Fischer-Defoy, Christine: *Charlotte Salomon, Leben? oder Theater? Das Lebensbild einer jüdischen Malerin aus Berlin 1917–1943.* Bilder und Spuren, Notizen, Gespräche, Dokumente. Ausstellungskatalog, hg. von der Akademie der Künste und der Hochschule der Künste. Berlin 1986.

Fischer-Defoy, Christine: *Mein C'est La Vie-Leben in einer bewegten Zeit. Der Lebensweg der jüdischen Künstlerin Paula Salomon-Lindberg.* Berlin 1992.

Foenkinos, David: *Charlotte.* Paris 2014.

Koch, Gertrud: »Charlotte Salomons Buch *Leben oder Theater?* als historischer Familienroman.« In: Stephan, Inge (u.a.) (Hg.): *Jüdische Kultur und Weiblichkeit der Moderne.* Köln 1994, S. 103–118.

Koelle, Lydia: »... als ob man die ganze Welt wieder zusammenstellen müßte. Charlotte Salomons Wiederherstellung der Welt.« In: *Arcadia* 36.1 (2001), S. 58–88.

Lowenthal Felstiner, Mary: *To Paint her Life. Charlotte Salomon in the Nazi-Era.* New York 1994.

Moore, Wallace: »Brief an Mary Felstiner über Ottilie Moore«. Typoskript. Joods Historisch Museum, Amsterdam.

Olivier, Antje, Braun, Sevgi: »Nur in der Kunst das Leid überwinden. Am Beispiel der Charlotte Salomon. Ein jüdisches Familienschicksal aus Berlin.« In: *Anpassung oder Verbot. Künstlerinnen und die 30er Jahre.* Düsseldorf 1998, S. 197- 223.

Partsch, Susanna: »Charlotte Salomon. Anmerkungen zu einem Zyklus.« In: *Kritische Berichte: Zeitschrift für Kunst- und Kulturwissenschaften* 10 (1982), S. 49–56.

Pollock, Griselda: »Theater of Memory. Trauma and Cure in Charlotte Salomon's modernist Fairytale.« In: Steinberg 2006, S. 34 ff.

Schäfer, Barbara: *Oder etwas ganz verrückt Besonderes. Betrachtungen zu Charlotte Salomons »Leben? oder Theater?«.* Rundfunksendung vom 09.Februar 2003, Bayerischer Rundfunk 2.

Schmetterling, Astrid: *Charlotte Salomon 1917–1943. Bilder eines Lebens.* Frankfurt am Main 2001.

Schulz, Genia: »Geschriebene Bilder – gemalte Schrift. Impromptu zum Singespiel *Leben? oder Theater?* von Charlotte Salomon.« In: Stephan, Inge (u.a.) (Hg.): *Jüdische Kultur und Weiblichkeit der Moderne.* Köln 1994.

Schulze, Sabine: »Kunst! Und Leben, Charlotte Salomons Arbeit im Spiegel der zeitgenössischen Kunstströmungen.« In: van Voolen, Edward, 2004, S. 393 -403.

Steinberg, Michael P., Bohm-Duchen, Monica (Hg.): *Reading Charlotte Salomon.* Ithaca und London 2006.

Troller, Georg Stefan: »Charlotte Salomon.« In: *Ihr Unvergeßlichen. 22 starke Begegnungen.* Düsseldorf 2006, S. 243 ff.

Wolfsohn, Alfred: »Orpheus oder der Weg zu einer Maske.« Typoskript. Joods Historisch Museum, Amsterdam.

Wolfsohn, Alfred: »Die Brücke.« Typoskript. Joods Historisch Museum, Amsterdam.

Filme

Lotem, Yael: *Death and the Maiden.* 2014.

Troller, Georg Stefan: *Interview Paula und Albert Salomon.* Pariser Journal 1963.

Weisz, Frans: *Charlotte.* Spielfilm. 1981.

Weisz, Frans: *Leven? of Theater? – Life? or Theater?* Dokumentation über Leben und Werk von Charlotte Salomon. 2012.

Willmann, Sabine: *Das Leben, mein Schatz, ist bodenlos.* 1998.

Oper

Dalbavie, Marc-André: *Charlotte Salomon.* Oper in zwei Akten mit einem Vorspiel und einem Nachwort. Libretto von Barbara Honigmann nach *Leben? oder Theater?* von Charlotte Salomon. Regie: Luc Bondy. Salzburger Festspiele 2014.

Ballett

Bridget Breiner: *Der Tod und die Malerin.* Musiktheater im Revier. Gelsenkirchen 2015.

Dank

Besonderer Dank gebührt Anton Kras vom Joods Historisch Museum, Amsterdam, für seine Unterstützung bei der Sichtung der Quellen.

Inhalt

David Foenkinos

Charlotte

Der französische Romancier David Foenkinos wagt in seinem Roman über Charlotte Salomon viel – und gewinnt: Mit seiner poetisch reduzierten Sprache, seiner hohen Emotionalität, der Mischung von Tatsachen und Fiktion begeistert das Buch Leser und Kritiker auf der ganzen Welt. Ausgezeichnet mit den renommierten Literaturpreisen Prix Renaudot und Prix Goncourt des lycéens.

»Der Autor hat eine fabelhafte Methode gefunden, dieses dramatische Leben zu erzählen – klar, gerade, erschütternd schön.« *Elke Heidenreich in WDR 4*

»David Foenkinos riskiert alles und schafft ein großartiges literarisches Monument für die Malerin Charlotte Salomon.« *Elle*

Aus dem Französischen von Christian Kolb
240 Seiten
Broschur: ISBN 978-3-328-10022-5
E-Book: ISBN: 978-3-641-17252-7

Margret Greiner

Auf Freiheit zugeschnitten: Emilie Flöge

Modeschöpferin und Gefährtin Gustav Klimts

Emilie Flöge lernte als junges Mädchen Gustav Klimt kennen und führte mit ihm ein Leben lang eine Beziehung jenseits aller Konventionen. Vor allem aber war sie eine herausragende Modeschöpferin. Im Wien um 1900, wo Malerei, Architektur, Kunsthandwerk und Mode eine Blütezeit erlebten, schuf Emilie Flöge einen bahnbrechenden Mode-Stil, der die Frauen – fünfzehn Jahre vor Coco Chanel – von Korsett und Mieder befreite.

Eine ungewöhnliche Frau und Weggefährtin eines der bedeutendsten Künstler des 20. Jahrhunderts.

304 Seiten

Broschur: ISBN 978-3-442-71413-1